U0113687

纵横精华

历史的眼睛

刘未鸣　刘　剑　主编

镜头记录历史
新闻传播真情

中国文史出版社

目 录

办报醒世为社稷

——新闻事业家史量才

庞荣棣

我国杰出的新闻事业家史量才先生于 1912 年春，以 12 万元的代价盘进了席子佩所经营的《申报》。从此，开始了他独立办报的生涯。

史量才办报，一向把从事这项工作看成是"救国兴邦"，"为社会国家立一历史言论机关"的伟大事业。因而，他主张办报必须有独立、奋斗的精神。史量才制订的办报方针是："不偏不倚、言论自由、民众喉舌。"他经常告诫同人："国有国格，报有报格，人有人格。三格不存，国将不国，报将非报，人将非人。"在他 22 年的报业活动中，史量才在那政争迭起，党见纷争的时代，顶住了一次又一次的威逼、利诱，始终保持了《申报》的独立风格。

1915 年 9 月 12 日，袁世凯为称帝制造舆论，派人携 15 万元来沪运动报界，运动《申报》。对袁的倒行逆施，史量才极为不满，他严词拒绝了来人的贿赂，并于翌日登报，将这一丑闻公布于世。在重大政治斗争面前，《申报》首次亮出了自己的报格。

1917年，上海美专校长刘海粟为倡人体画，受到当局谩骂、围攻，直至追捕。他们著文登报对刘进行肆意攻击和诽谤。刘海粟为维护艺术的尊严，大无畏地挺身而出，与当局展开斗争。他撰文严词批驳封建卫道士们伪善、狰狞的面目。史量才不以刘海粟这样一个初出茅庐的小人物胆敢冒犯当局而拒绝发表其文章，他认为官家既已放火，岂能不允百姓点灯？

新闻贵在公正。史量才最痛恨国民党钳制舆论的措施。1927年，蒋介石在上海建立了庞大的新闻网，加强对舆论的垄断，并向各报社指派人员，安插到编辑部等要害部门。唯独《申报》不肯接受。史量才面对当局来人毫不迟疑，斩钉截铁地拒绝："报纸是天下之枢纽，万民之喉舌。《申报》决不为一党一家之言效力，派员决不接受！"

1931年11月底，国民党左派领导人邓演达被秘密杀害，宋庆龄激于义愤，写下了《国民党不再是一个革命集团》措辞尖锐激烈的宣言。文章指出，国民党谄媚帝国主义，背叛人民，是革命的罪人。史量才读罢此文，感慨万千地说："孙夫人和我都从斗争中认识了国民党反动派的本质，但她的斗争历史长，经验丰富，站得高，看得远，认识深刻，见解透彻，政治主张明确、坚定，我完全拥护。"当时没有任何一家报纸敢冒风险刊登此文，史量才却毫不犹豫地及时让《申报》刊登出来。并且利用日报公会会长之职，在公会会议上慷慨陈词："宋庆龄是国父孙中山的夫人，她的宣言，我们的报纸为什么不能发表？！"会后，各报都相继刊载了宋的文章。

在国难当头的日子里，史量才对蒋介石的反人民的独裁政策，进行了毫不妥协的斗争。他的抗日爱国立场得到全国民众的关注和赞扬。

"九一八"事变后，史量才对蒋介石一再退让不抵抗的政策十分气愤，9月23日便发表时评《国人猛醒》，指责当局"因循坐视，毫不自主，其将令文明古国大好山河，今日遂覆灭于杀人之手"！指责当局只顾党见之争，不顾国难当头。为了抵御日本侵略者，史量才发起组织"上海市民地方维持会"，并慷慨陈词："十九路军已奋起抗战，吾人伸头一刀，缩头一刀，如果退缩回避，恐仍不能保得生命财产，不如奋勇向前，抗日救国。我年近花甲，别无他求，但愿生前不做亡国奴，死后不做亡国鬼。"然而，由于蒋介石政府的不抵抗命令，军队得不到后援。史量才遂发动全市人民踊跃捐助，尽全力支持十九路军。他首先将自己的 7 万多美元（合 20 余万银圆）从银行取出，供战事急需。

1932 年 4 月，国民党与日本举行了停战会议。在这前后，《申报》连连发表时评，呼吁政府维护主权，指出："倘若今后政府仍不能下最后之决心，以民意为依归，则政府自弃于人民，断不为人民所拥护，断无久存之可能。"但是国民党政府置《申报》及人民的呼吁和忠告于不顾，一意孤行，于 5 月 5 日签订了丧权辱国的《淞沪停战协定》，出卖了国家主权。悲愤中，史量才更看清了国民党政府的腐败，更清楚地理解了共产党抗日反蒋主张。6 月，他对蒋介石不顾民族危亡一再对苏区红军进行军事围剿的行动深表不满。他与陶行知商谈后，连续发表了《剿匪与造匪》三篇时评，指出："举国之匪，皆黑暗之政治所造成。""所谓的匪，何莫非我劳苦之同胞，何莫非我饥寒交迫求生不得之良民。""剿匪其名，而剿民其实。"认为与其剿匪，莫如杀掉贪官污吏，整饬军纪。

7 月，《申报》如实报道了南京中央大学抗议官僚政客任校长的学潮，又发出时评指出"外患之刺激，政治之混乱，生活之不安"是学潮迭起的一般原因，而"官僚主义侵入"，"教育之日益败坏"是学潮的根本原因。

蒋介石对史量才公然反对他的"剿共"政策、立场明显倾向共产党极为恼怒，于是，亲自写下"申报禁出邮递"的手令，使《申报》停止邮递达 35 天之久，政治、经济损失都很大。面对强权压制，史量才极为愤慨，欲公开揭露蒋介石的无耻行径。但在他正与陶行知等商议，同当局周旋之际，蒋介石误以为史量才屈服了，便给《申报》解了禁。

《申报》受到的这一挫折，使史量才变得更加坚强了。他决定改革鸳鸯蝴蝶满天飞的副刊《自由谈》，聘请从法国留学归来、有抱负、有才华的黎烈文任主编。28 岁的黎烈文没有辜负总经理的重托，约请了鲁迅、茅盾、巴金等进步作家撰稿，使《自由谈》成为我国现代文学史上杂文发展兴旺的重要一页。国民党政府被匕首、投枪般的杂文刺痛了神经，责令史量才撤换主编，换上派员指导。史量才坚定地回答："《申报》以报养报，从未领取政府分文津贴，用人的事我自有主张，不劳局外人操心。"登门造访的市党部要人吴醒亚等，见无懈可击，便搬出"这是南京方面的旨意"，企图迫使史量才就范。谁知，史量才不但不买账，反而更以严词拒绝："《申报》产业属我个人，玉碎我自愿，黎烈文决不撤换，派员决不接受。如果一定要派员，《申报》宁可停刊不办。"又说："感谢诸公为《自由谈》惠临赐教，我想诸公也未必愿将《自由谈》变做不自由谈吧！"吴等色变而去。

蒋介石深为这张全国影响最大的报纸不肯合作而烦恼，硬的不行，于是决定采取软办法，企图给史量才一系列高级头衔，如上海市临时参议会议长等职来拉拢、收买他。然而，"富贵不能淫"，史量才不仅不为所动，其斗争反越见激烈、尖锐。

"物不变则质不纯，人不涉难志不明"，史量才在经历了血与火的考验后，欣然写下了这两句诗以勉励自己。《申报》的本意是不卷入政治旋涡，史量才本意厌恶党见之争，然而在社会实践中，真正的中立、超然世外的立场是不存在的。强烈的正义感使《申报》——史量才都卷入了政治旋涡，史量才和《申报》责无旁贷地站在正义一边。然而，在没有民主自由的黑暗旧中国，史量才最终仍没有逃脱蒋介石的罪恶子弹。

史量才："人有人格，报有报格"

张建安

提起民国间的报纸，影响面最大的应该是《申报》了。《申报》不仅是我国第一张具有近代意义的报纸，而且持续时间长。在其鼎盛时期，《申报》几乎成为当时所有报纸的代名词。

史量才是《申报》的总经理，称得上是一位超级富翁。更因为《申报》的影响，史量才实际上掌握着旁人无法比拟的发言权。这一发言权，势必要与政治发生牵扯。对此，史量才的思想有一个变化的过程。当他毅然决然地为"言论救国"而不惜得罪最高统治者的时候，民间也广泛传播开他的事迹。

最有名的一则故事是史量才与蒋介石的对话。

蒋介石特地召见史量才，要求《申报》发表言论时要注意影响，并不无威胁地说："我手下几百万军队，激怒他们是不好办的。"史量才非常反感，回答："《申报》发行十几万，读者总有数十万！我也不敢得罪他们。"蒋介石盯着史量才，说："史先生，我有什么缺点，你报上尽管发表。"史量才不卑不亢地回答："委员长！你如有不对的地方，我照登，绝不会客气。"二人不欢而散。

此故事还有另外的版本。其中一则是这样的：史量才接受某国民党政府要人的邀请，参加盛宴。席间，此要人故意宣传蒋介石的军威，称有雄兵千万，足以安内攘外。史量才听后，很不以为然，当着众人的面嘲弄道："我没有雄兵千万，但约莫估计，总有数千万读者拥护！"

史量才这种性格，势必会引起独裁者的嫉恨。

1934 年 11 月 13 日，沪杭公路翁家埠地段发生命案，六个黑色短衣打扮的特务拦路刺杀了史量才。这是一起周密部署的行动，组织者是戴笠，下达命令的正是蒋介石。

那么，史量才究竟是一个什么样的人？

"宁愿以直言开罪于人，决不愿谄谀人而乱是非"

史量才，原名家修，字量才，1880 年生于江苏省松江县泗泾镇。1901 年考入杭州蚕学馆，毕业后投身教育界，先后在育才学堂、江南制造局兵工学堂、务本女中、南洋中学等校任教。1904 年，史量才在上海创办女子蚕桑学堂，开创了我国女子教育之先河。同时，他还到苏州等地开拓蚕桑事业。1905 年，史量才与黄炎培发起江苏学务总会。三年后，史量才的目光开始转向报业，兼任起《时报》的主笔。《时报》创办人狄楚青特在报馆辟出一个房间，供报馆同人和教育界、学术界、金融界等各界人士广泛交流，展开讨论。史量才积极参与，认为兴教育、办报纸、开民智是救国救民的重要途径。他还积极参加江、浙两省收回路权运动，社会声望得以提高。辛亥革命爆发后，史量才参加江苏独立运动和南北议和会议等重要政治活动，曾被委任主持上海海关清理处及松江盐务局工作，以办事精干而获得好评。然而，史量才好直言，疾恶如仇，"宁愿以直言开罪于人，决不愿谄谀人而乱是非"，这种性格使他遭到了一些挫折，也因此看到了政界的黑暗，遂退出仕途，全身心投入新闻事业当中，与实业家张謇合资 12 万元购进了《申报》。

《申报》创刊于清同治十一年（1872 年），初由英国商人美查创办，以华人席子眉为经理，蒋芷湘为主笔。席子眉去世后，其弟席子佩继任经理。后来，美查返回英国，席子佩购得《申报》全部股权，使《申报》得以转入国人手中。但由于经营不善，《申报》并未得到发展，反而连年亏损，销售量仅 7000 多份。史量才接办后，聘请了得力人才，努力提高报纸的吸引力；他还争取到江浙财团的大力支持，购置了新式机器，并利用第一次世界大战的机会低价购入大量纸张，积极开展广告业务，拓宽发行渠道……最终使《申报》成为经济独立、无党派关系、完全商业化的报纸。由于其经营有道，《申报》发行量从民初的 7000 余份发展到民国 17 年公开宣布的 15 万份，成为全国影响最大的报纸。

1916 年，张謇等退股，《申报》报社成为史量才独家经营的企业，他自任总经理，并进一步向外扩展。1927 年，史量才买下了《时事新报》部分股权。1929 年又从美国人福开森手中购得《新闻报》的大部分股权。30 年代，史量才又创办《申报月刊》，编印《申报年鉴》，开办"量才业余补习学校""量才流通图书馆"等机构，不仅成为名副其实的报业大王，而且是一位举足轻重的社会活动家和实业家。

不过，史量才毕竟是一位民族资本家，在其发展的道路上，不免要受到官僚当局的压制。购买《新闻报》就是一例。

1929 年，雄心勃勃的史量才想要收购上海另一家报纸《新闻报》的股权，进一步实现自己的报业梦想，组建自己庞大的报业集团。当时，美国人福开森为《新闻报》的老板，拥有 65% 的股权。由于对国民党政府的怀疑，福开森害怕自己的产业流产，所以在《新闻报》蒸蒸日上的时候，决定卖掉股权，以获取高额利润。史量才认为这是千载难逢的良机，绝不能失之交臂。他与福开森多次秘密谈判，最终以 70 万元的价位达成协议，并签订了让股合同。但是，福开森暗中出卖股权的行为遭到了该报总经理汪伯奇的极大不满。汪伯奇不仅组织报社职工抵制史量才派人接收，而且联合虞洽卿等人一起反对史量才。此事越闹越大，为国民党当局插手此事提供了条件。

国民党当局早就注意上史量才了。他们认为《申报》本来就实力雄厚，影响力大；如果再加上《新闻报》，极有可能出现不可控制的局面。所以，国民党上海特别市党务指导委员会一边警告《新闻报》持股人不得出卖股权，一边呈请国民党中央收买福开森的所有股权。他们还发表致《新闻报》的公开信，说该报的大量股票被反动分子购买，一定要在两星期内将之收回。史量才本人也受到了恐吓，处境非常恶劣。这种情况下，史量才派出了与蒋介石有过交往的总主笔陈景韩活动，再加上邵力子也劝说蒋介石，认为政府不宜直接插手民间股权纠纷，蒋介石这才打消收买意图，但仍然给史量才以压力。史量才不得不撤回对《新闻报》接收人员的任命，转而将《新闻报》改组为华商有限公司，仍由汪伯奇任总经理。史量才只得将到手的部分股权转让给上海的工商界人士。最后的结果，史量才虽然仍持有 50% 以上的股份，但是他既不能担任董事长，也不能干涉报馆事务，以前的设想基本泡汤。

接着，史量才经历了日本人侵略中国的历史，他的思想发生了很大的改变。

爱国者的声音

史量才开始办报时，还不具有明确的新闻救国的思想，他是以实业来办报的，意图以实业救国。他办报以赢利为主导思想，政治态度比较保守，经常采用光报道不评论的方式。当遇到当局的"红灯"时，他常常采取躲避的行为，尽量避开政治大事，或者说一些模棱两可的话，让读者不知所云。

1931 年之前，史量才具有两面性：一方面，他促使《申报》走向现代化道路，加强了新闻性，并聘请了来自国内外的大量专职、兼职通讯员，以多种形式展示民国时期的风云变幻，激起读者的关注。他还重用黄远生、邵飘萍等目光犀利的记者，发表一些令世人瞩目的时局报道。正因为这样，《申报》受到了广大读者的欢迎；而另一方面，史量才又生怕自己的事业受到当局及外国势力的摧残，为求生存，也做了一些违心的不真实的报道。例如，在"五卅"惨案后，《申报》竟然刊出公共租界工部局恶意攻击中国人民爱国反帝运动的《诚言》第一期，遭受到中国各界人士的极大愤慨，革命报刊严厉批评《申报》为"帝国主义走狗的机关报"，呼吁人们不要订阅此报。虽然史量才意识到自己的错误，在《申报》上刊出道歉启事，并在原来刊登《诚言》的地方登出《辟诚言》一文，还自愿捐助银币，支持工人群众，但这一事件，还是暴露了史量才的局限性和软弱性。

"九一八"事变发生后，史量才突破了以往的局限，成为要求抗战、反对内战、正视危机、要求进步的爱国人士，《申报》也因此换了一个天地。

"九一八"事变爆发的第二天，《申报》就以自己采写的 47 条电讯和"日军大举侵略东三省"等为题，详细报道了事变的真相，指出日本侵略的性质。接着在 9 月 23 日，又针对南京政府的不抵抗政策，及时发表题为《国人乎速猛醒奋起》的时评，要求南京政府"应为维护国家维护民族，而作自卫之背城战"。当年 12 月，全国各地学生组成抗日请愿团齐聚南京，向南京政府举行爱国示威，受到血腥镇压。《申报》不顾最高当局的禁令，向全国真实报道了 27 日发生的"珍珠桥"惨案真相，并发表评论文章，支持学生的爱国运动。

国难当头之际，史量才积极投入爱国的洪流之中，他经常参加集会，与各界人士商讨反日对策，参加抗日救国的社会活动。他被增选为上海抗日救国委员会委员，负责主持国际宣传委员会和检查奸商偷售日货行为。在日本步步紧逼、谋占上海，而上海市政府按照南京政府旨意步步退让之际，史量才邀集20余名社会名士，在他的住宅成立"壬申俱乐部"，每周举行一次集会，讨论抗日对策。他多次向上海市长吴铁城提出准备自卫的建议，但均未受到采纳。

1932年1月28日，"一·二八"事变爆发，日军进攻上海。十九路军将领蒋光鼐、蔡廷锴不顾国民党政府的命令，率领将士奋起抵抗。史量才全力支持十九路军的爱国行为，为他们声援助威。1月29日，《申报》发表时评，呼吁中国民众，面对日本的步步紧逼，必须起来做正当防卫。1月30日、31日，陶行知执笔，为《申报》撰写《敬告国民》和《国家的军队》两篇时评，指出此次的上海之战是全民族的生死之战，十九路军是国民自己的军队，应对它负起完全责任，号召全国军队举起爱国旗帜，踏着十九路军的血迹，收复已失的河山。

1月30日，"一·二八"事变爆发的第三天，史量才发起组织了支持十九路军抗战的"上海市民地方维持会"。成立会上，史量才慷慨陈词："事已至此，伸头一刀，缩头一刀，我年近花甲，行将就木，他无所求，但愿生前不做亡国奴，死后不做亡国鬼耳！"史量才的言行深深激励了大家，他被众人推选为会长。

维持会成立后，史量才和维持会理事共同捐献巨款，资助中国"红十字"会组建伤兵医院，组织难民收容所，发动各界各阶层民众支援十九路军，收到各界捐款达93万元。史量才和他经营的《申报》在这一时刻，代表了一种正义的力量，得到了大多数中国人的支持。当宋庆龄在杨杏佛的陪同下与史量才商谈十九路军的军饷时，史量才很快将《申报》准备购买纸张的 7 万美元兑换成银圆捐给十九路军。他还跟宋庆龄、杨杏佛一起研究战局，向国民党政府提出好的建议，但当局根本不理，并且进一步采取了妥协退让的行为。1932 年 3 月 1 日，日军在太仓浏河大规模登陆，十九路军被迫撤离淞沪，国民党政府不顾民意，5 月 5 日与日本签订了丧权辱国的《淞沪停战协定》。史量才对此很不理解。

自始至终，史量才坚持抗战，反对内战。十九路军撤退，《申报》发表时评，疾呼："我军以敌重兵压迫，后援不至，已全线退却。国人乎，今日之事，吾人为救国计，惟有继续奋斗而已。复何言，复何言！"又强烈地呼吁："吾人惟有继续作艰难而持久之奋斗，毋灰心，毋气馁。吾人如能具持久抵抗之决心，则更大更光荣之历史，终当在吾人热血溅洒之下，展开于世人之眼前"，并将言论的矛头直接指向国民党政府，称："倘若今后政府仍不能下最后之决心，以民意为依归，则政府自弃于人民，断不为人民所拥护，断无久存之可能。"

奋勇前行争自由

鉴于史量才的声望及社会影响，国民党曾多方拉拢过他。然而，自"九一八"事变后，史量才对国民党的内战政策产生了强烈的不满。1932 年 3 月，国民党政府为应付舆论，召开掩人耳目的"国难会议"。主持筹备会议的汪精卫表示，会议将以讨论御辱、救灾、绥靖为内容，广泛征求各界的意见。史量才也被南京政府聘为出席会议的成员之一。史量才坚定地表明自己的立场，与马相伯等 66 名会员联合致电国民党政府，声明不参加会议。接着，4 月 1 日的《申报》还刊登时评，揭露"国难会议，一言以蔽之，不过为敷衍人民之一种手段，吾人是否应重视斯会，被征聘之诸君子是否甘为傀儡，其三思"。时评发表后，又有多人声明不参加此会。结果，原聘会员 500 人，真正到会的只有百余人。

"国难会议"后，国民党政府继续就一些议案向史量才等人疏通，史量才不改初衷，坚决反对国民党的"绥靖"政策。《申报》也继续发表时评，批判国民党的有关政策，抨击蒋介石"攘外必先安内"的方针，以致国民党报纸纷纷攻击《申报》"不明是非，思想'左'倾，为共产党效力"。

1932 年 6 月，蒋介石纠集 60 余万军队，对鄂豫皖革命根据地发动第四次"围剿"。史量才与宋庆龄、杨杏佛、陶行知、黄炎培等人士商谈后，决定由陶行知撰写时评，明确表明《申报》反内战的立场。6 月 30 日、7 月 2 日、7 月 4 日，《申报》刊出了陶行知的三篇时评，分别为《剿匪与造匪》《再论剿匪与造匪》《三论剿匪与造匪》，深刻揭露了国民党名为"剿匪"，实为剿民，这种不将枪口对外、反将枪口对内连续剿杀人民的战争，后果非常严重。文章称："今日之所谓匪者，与其谓由共产党政治主张之煽惑，毋宁谓为由于政治之压迫与生计之驱使。政治如不改革，民生如不安定，则虽无共产党煽惑，紊乱终不可免。"这样的时评引起了国民党的震怒，后来由蒋介石亲自批示："申报禁止邮递"，使《申报》面临危机。而《申报》的时评，蒋介石本来是没有看到的，他之所以能够得知，与国民党中央党部秘书长朱家骅的告发有关。而朱家骅之所以告发《申报》，又与"中大殴段学潮"有关。

朱家骅原为南京中央大学校长，在职期间因积欠学校经费达半年之久，引起了师生们的不满。但由于朱善于迎合上级，后不降反升，被改任教育部部长。中大校长一职因此虚悬。1932 年 6 月，朱家骅提请行政院派教育部政务次长段锡朋兼代中大校长。段锡朋是一官僚政客，根本不是校长的合格人选，中大的学生因此非常反感。等段锡朋到校后，不少学生一起来到校长室，向段当面质询。段锡朋摆起了官僚架子，申斥学生，甚至动手捉拿为首的学生。段的举动激怒了学生，学生们群起而打之，段多处受伤。此后，朱家骅和段锡朋立即将此事报告行政院，行政院当天就决定命令解散南京中央大学，并先后逮捕了60余名学生。

中大风潮发生的当晚，为掩盖事实真相，教育部电话邀请南京各报记者到部，分散油印稿件一份，要求各位记者照此稿拍发中大殴段学潮新闻。然而，《申报》却于7月1日刊登了钱芝生的《中大风潮原因》，"说明学潮的起因由于中大经费积欠甚巨，开学时教职员只领到月薪三成。学生因在沪战后筹款不易，应缴各费请由教授担保，分期缴清，先准注册上课，而朱家骅予以拒绝。以后师生请求拨英庚款利息为中大基金，而朱为英庚款董事长，又予以批驳，加之朱接任之始，以整饬学风为名，曾几次开除学生多名。平时对学生的请求，也总批驳不准。因此师生对朱极为不满……朱辞职离校后，学生又检举朱挪用水灾捐款3万余元，发给随朱去职的教职员薪金，呈请限朱即期归还，并撤职（教育部长职）查办。因此，师生和朱双方结怨甚深。后来政府决议以教次段锡朋兼代校长。学生认为段是朱的替身，所以加之殴辱，也是对朱积怨的发泄"。在文中，钱芝生还真实报道：由于段锡朋接事时的态度恶劣，所以激起了学生的愤怒而被殴打。

此文一出，无异于揭露了朱家骅的真实面目，引起了他对《申报》的仇恨。所以，当他发现《申报》中陶行知的文章时，马上向蒋介石告发。

蒋介石看后大发雷霆，迅速采取了高压政策。

蒋介石为什么会这样呢？马荫良透露了这样的细节：

事后有人告诉史量才："你在4月间批评国难会议，拆国难会议的台，直接对付汪精卫，蒋可诿称不知，同时由于蒋汪间的矛盾，对蒋并无不利。你对蒋批评也可以，但7月的批评，公然和蒋的'剿匪'政策唱反调。蒋以反共起家，以武力为统治基础，刺他要害，哪能不引起忌恨？哪能不动火？"史答："我父经营中药商业，讲信实，行直道。我经营新闻事业，岂能不讲信实，不行直道？我父临终时，恐我遇到有人作难，不惜委曲求全，陷入歧途，执手以行直为嘱。《申报》有十余万读者，我岂能昧着良心，不讲事实，欺骗读者？现在《申报》得人信任，是由许多朋友们协助而来，我岂能负我朋友？《申报》产业属我个人，玉碎我也自愿。苟且取巧，我素耻恶。"

1932年7月间，上海警备司令部按照蒋介石的命令，禁止《申报》邮递。史量才对此非常愤怒，意欲披露此事，后在宋庆龄等人的劝说下，决定想办法周旋疏通，尽快使《申报》继续运转起来。几经周折，蒋介石最后终于提出《申报》恢复邮递的三个条件：（一）《申报》时评要改变态度；（二）撤换总编辑陈彬和，陶行知、黄炎培离开《申报》；（三）国民党派员指导《申报》的编辑和发行。对此，史量才表示，时评的态度可以缓和；总编辑陈彬和自愿辞职；黄炎培是自己的朋友，不担任实职，由于生计，每月送一点钱，实际上不到报馆办公，也不负任何设计责任，希望不动；陶行知不是报馆的人，他的文章属投稿性质，以后可不再续登。但是，史量才坚决不同意国民党中宣部派人指导，认为《申报》是自力更生的报纸，从来没拿过政府的一点补贴，倘若政府硬要派人，《申报》宁可停刊。蒋介石无可奈何，只好允许《申报》恢复邮递。这样，《申报》在被禁邮达35天之后，再次与广大读者见面。

为"人格""报格"而牺牲

许多《申报》同人都记得史量才常说的话："人有人格，报有报格，国有国格。"

在原则问题上，史量才不会因强权的压制而退让。正如他对言论自由有一种执着的信念一样。当时，史量才力排众议延请黎烈文为《申报》副刊《自由谈》主编，黎又广邀进步作家为《自由谈》撰文，鲁迅、茅盾、巴金等人都常有文章发表。光是鲁迅，从 1933 年 1 月到 1934 年 8 月，就以各种笔名在《申报》发表 140 余篇战斗杂文。对此，国民党在上海的头目吴醒目等人采取各种手法，想要让史量才撤换黎烈文。史量才直截了当地答复："感谢诸公为《自由谈》赐教。不过，我想诸公也未必愿将自由谈变为不自由谈吧。"

1931 年 11 月，蒋介石暗杀了国民党左派领袖邓演达，此事内幕被宋庆龄获知后，非常愤怒，以"民权保障同盟会"的名义起草了一份英文《宣言》，谴责蒋介石的罪恶行径。该英文宣言由杨杏佛译成中文后，派人密送到史量才手中，希望设法公开发表。史量才为此积极行动，虽未在《申报》发表，但通过他的关系，《宣言》得以在某通讯社的刊物上登出。蒋介石对此怀恨在心，决议杀害杨杏佛与史量才。1933 年 6 月，杨杏佛遇刺，史量才成为下一个刺杀对象。

史量才早将生死置之度外。1932 年 12 月，宋庆龄等人组织了"中国民权保障同盟"，史量才不仅派《申报》原来的总编辑陈彬和、记者钱华参加"同盟"，出任总会和分会执行委员，他本人也以记者身份参加了"同盟"举行的记者招待会。在发言中，史量才表示坚决拥护"同盟"的政治主张，反对南京政府侵犯言论出版自由、非法迫害进步人士等行径，号召新闻界同人与"同盟"携起手来，共同战斗。

此后，史量才和《申报》不顾南京政府的种种禁令，如实报道"同盟"的宣言、电函以及各个时期的活动情况。史量才这种旗帜鲜明的态度，受到了各界爱国人士的尊敬，而国民党政府将他视为眼中钉，决意要铲除他。

1934年夏秋之际，蒋介石正式将暗杀史量才的任务交给特务头子戴笠。戴笠原本打算在上海租界动手，但没有找到合适的机会。后来，他们得知史量才将于1934年10月去杭州休憩，于是将暗杀地点定在沪杭途中的海宁境内。

10月6日，史量才赴杭休养。11月13日午后1点钟，史量才乘自备汽车，沿沪杭公路返回上海。与他同车的还有夫人、儿子咏赓、内侄女，以及咏赓的同学邓祖询，另加司机，共有6人。下午3点钟左右，汽车来到了海宁附近的翁家埠。这时，车前突然出现一辆京字72号汽车，挡住去路。接着，数名匪徒从车上跳下，用枪先后将司机及邓祖询打死。史量才等人见势不妙，迅速下车躲避。史夫人下车时跌伤，内侄女也在奔跑中被飞弹击中。只有史量才与咏赓继续奔逃，匪徒则在后面紧追不舍。史量才后来逃入一个茅屋，再由后门逃出，然而因不识路径，只好避匿于一个干涸的小塘内，不料被路上的匪徒发现，匪徒上前开枪，一弹穿过两耳，史量才倒在血泊中，咏赓也在竭力奔逃，虽有三个匪徒追击，打出子弹达20多发，但均未射中，最后，匪徒子弹告罄，便迅速离去，咏赓得以保命。

史量才之死，使新闻界失去了一个领袖级的"民众喉舌"，蒋统区变得更加黑暗。

《申报》所见牡丹社事件与日本蓄谋吞台

王日根

1868 年起，日本开始明治维新，资本主义制度迅速得以建立，日本国力迅速增强。军国主义获得了重新抬头的机会。

一

同治十三年（1874 年），《申报》接连报道日本人进入台湾东部的事件。台湾东部当时属于生番居住区，清王朝虽然于 1683 年统一台湾后，已经在台湾建立起完备的行政区划，但生番区域相对于熟番区域的官方管理仍然少得多。日本在自我外扩的过程中，曾把朝鲜作为侵略目标，却屡试不成，就继续驾船往南寻找目标。1874 年日本的一艘船只进入台湾东部生番的生活区域，遇到了生番的截杀，死伤数十人，对于充满了扩张欲而急于寻找借口的日本而言，这成了它侵入台湾的最好理由。

他们声称"今台湾之生番启衅寻怨，据险负隅，劫掠我国货财，戕贼我国人命，兹尔众士欲为君父雪耻，欲为死者洗怨，务宜奋勇"。当场同声敌忾，特以战舶三艘，立命驶赴三府，俟至三府之日，更令齐现所泊之船一艘，并速向台湾进攻。日本在到了台湾东部后马上便看中了这里"田壤沃厚，水土温和，且地藏五金"。《申报》认为"以常理揆度后势，东洋若果据台湾生番之地，则我两国必成肇衅之疮痍，两边之患将恒出而无暇日，往来文书繁难而无止期；两国自此以后，难揖和睦之好矣"。《申报》的眼光是敏锐的，一下看到了日本的险恶用心。

三月十六日，日本雇佣西国火船二艘，以供调兵载饷之用。清廷亦派兵船开始观望，以防备不虞。当时日本派了多少军队，并不明确，或说是一千，或说是五千，让人莫衷一是。

三月十七日，《申报》明确登载了长崎的一则新闻，计伐台所用诸船甚多，有战舰"的波千"一艘，内置阿墨士唐炮四大尊，"逆进考"战舰一艘，内置来复炮弹重六十四磅者六尊，阿墨士唐炮一尊，"加苏加乾"一艘，内置大炮七尊。水师提督名纳加马子，将乘"逆进考"船以往台湾。又有"阿师拉"一船，"尼羁勒"一船并"古罗打"一船，亦皆随师前往。据说"古罗打"还要先到厦门备买马牛。

三月二十二日，长崎的报上更详细地记录了日本派兵的状况。二十日时，由六百名士兵组成的陆路兵到达台湾，其中有火船三艘，一艘叫"牛约"，载银两兵饷，加上统帅我古马和参将美国人仁得勒，一艘叫"象可马酥"，载有士兵八百名。第二天又有一艘叫"约沙"的英国船驶来，船上有兵士五百八十名，加上部分军饷。第三天，又开来一艘叫"火攻马鲁"的日本船，船上有士兵二百余名。这样日本派来的士兵总数已逾五千之数。

二

日本的这种挑衅行动自然会引起清廷中有识之士的不满。他们认为日本太藐视堂堂中国了。面对这种状况，日本一度也曾产生"半途而废，退缩不前，将拟以所集师船转攻高丽"的念头，但中国朝廷的忽视却给了日本军国主义者以斗志。

中国完全可以把这当作日本的挑衅，实际上也已调兵到了台湾，目的在于"不使东洋逞志以夺我边陲"。国人认为"夫动兵戈，用兵旅，祸莫大焉。耗国帑，丧民命，无所不至也。然苟当时势已至于此，亦不可畏难而苟安也"，表达了爱好和平，却也不容日本肆意践踏中国主权之行为的决心。

当时关于两国间的讹言甚多，有的说日本征台曾得到中国的允准，也有的说，日本慑服于中国的军事实力不敢贸然行事，已准备"将聚集兵船移向高丽，索立条约"，而且高丽已从不与各国通商的故辙中走出，愿与东洋订立和约。俗话说"兵不厌诈"，战前的各种言论都不一定代表真实的情况。英国有一艘本来停泊在上海的叫"加马士"的练兵船，甚至经厦门前往台湾"旁观东洋伐生番之事"。

三月二十四日的《申报》说：日本四艘船于二十三日避"海面风大"于长崎外海口停泊，其后出海行泊于厦门，并要在厦门置领事衙门，以作接应之用，这次派兵共三千三百人，由外国人管领，所配兵器皆是本国精选出来的。

三月二十六日的《申报》分析说：日本还于厦门"以关权设领事衙门在彼"是看中了厦门是离台湾南部最近之码头，台湾一岛四围没有好的港口，所以选择了厦门这个可避风处，以求得到接应。日本声称出兵台湾是处理生番杀死日本人的事件，可日本却调用军队达七千人，耗费国帑至十兆之多，而且还配备西方军事指挥官，显然怀有更不可告人的险恶目的。《申报》说：日本国内已有人传言说，台湾生番所踞之地，于二百五十年前已皆东洋辖下，各乡村取名既多东音，而当地人亦多东洋人之后裔！这种强词夺理的编造与普鲁士侵占法国边郡编造的理由如出一辙，所以《申报》"所望于操政者不可深信其言以中其诡计，且为之思患预防焉可耳"。

同日《申报》附述了日本扩军之举，一方面在长崎大造运兵船，另一方面购买西方火船多只。日本公开称在收军，实际上是掩人耳目，盗人之铃而已。日本在高丽与台湾之间反复权衡，觉得直接用兵台湾不易达到目标，于是想以用兵台湾而令高丽心悦诚服。

台湾是福建省最要之边陲，闽疆兵勇对日本的出面入台似乎缺乏应对之心，加上日本口头上总是申言收兵，更加麻痹了清军。说到底，日本的收兵之谎言一方面也源于对中国的害怕，另一方面在日本国内也有反战之呼声，于是那些右翼分子们炮制了这些收兵谎言，不仅要瞒中国，而且也在瞒外国，进而转借以再瞒中国。

四月初六日报道引日本三月三十日《西字日报》说：日本采买西方火船四艘，任用西方海官四员，秣马厉兵的步伐在加快。《申报》认为"中国宜设法以明探东军之虚实精弱及备齐载运之充缺、遣兵之多少并战船之优劣，既知其详，宜随时酌量以防不测"。《申报》文章还认为："台湾系属海岛，距福建海滨约有二三百里，而东洋所恃者，在于战船之精且众也，或图将战船割断台湾来往之道，亦未可知。然中国之为计者，不如速调多兵以备不虞，且东洋兵所执之枪，皆属后门开者，其兵械可谓精矣，而中国防备之策，亦万不可忽焉。兵可千日不用，不可一日不修。亟宜设法广购精械、利器，庶几可以制服之也。"

四月初七日的报道说，日本购得的"德厄得"和"沙弗士自利"

两艘船已于当日晚和次日凌晨往台，除搭士兵五百余名之外，另附东洋木、铁、水作各匠多人，盖以起屋以备屯兵之用也。日本有一艘名叫"亚酥马乾"的铁甲船也于当日赴厦。日本征办生番只是幌子，真正目的在据有其地，进而设官移民，渐次以归兼并。

《申报》还提供了这样的消息，即旅日华人已闻风赴英国领事馆办理赴英之手续，这进一步表明了日本侵台之战的即将到来。

四月十三日《申报》登载"闻沈钦使将往台湾论"，认为沈葆桢赴台是合适人选。沈上任后即给日本人照会："台湾地方，无论生番、熟番，皆属中原地土。其中果有残害外邦过客，尽可知照中国为之查办，岂能径自兴师征伐，殊违万国公法！况番众亦好歹不一，如去年之有日本国民利八等遭风遇救，曾经番目款留，送由凤山县申详解沪回国，极称恭顺。即所谓被害者，闻皆遭风自毙，亦无实在残杀之据。然是否被害，自当中国派员严加查办。现在简派统军前来之陆军中将所部兵船已经抵口，应即转请朝廷撤回。"沈葆桢的照会义正词严，不失大国风范，明确指出了日本擅自出兵有违国际公法的本质，但沈葆桢很快被调离了台湾，日本军国主义者在台不再有强有力的对抗者。

日本方面还编造谎言称："明治四年十二月，我琉球岛人民六十六名遭风坏船，漂到台湾登岸，是处属牡丹社，竟被番人劫杀五十四名死之，十二名逃生，经蒙贵国救护送回本土，又于明治六年二月，我备中州人民佑藤利八等四名漂到台湾卑南番地，亦被劫掠，仅脱生命。幸蒙贵国恤典，送交领事，旋即回国。凡我人民叠受恩德，御感无涯。"日本强调它曾"招彼酋长，百般开导，使毋再蹈前辙，复云虽率兵前往，惟备土番抗抵，不得已始稍示膺惩，是贵国中将之意，但在惩办首凶以杜后患，并非必欲用兵"。竭力为自己的出兵辩护，欺骗善良的人们。

四月二十九日，《申报》发表文章表示：对于日本，唯有三条出路。

一是以理相拒，不容假道，这是上策。二是拒之不得，则系有意害我边疆；按万国公法，便可交战。生番在前，我师在后，日本能不畏首畏尾乎，这是中策。三是彼既轻视于我，犯我边疆，我亦伐其国土，高丽闻风慕义，必欣然相从，试问日本能复支乎，这是下策。中国人一直抱着和平的愿望，却屡屡得不到日本的友好回应。朱元璋时就是如此。

中国人始终这样认为："夫兵者，凶事也；不得已而用之。况兵连祸结，靡饷劳师，且推译万国公法之义，彼邦之君非大有横逆为害于我而不得理解者，不可加之以兵。今中外相睦，动须循理，不得不以万国公法为法也。"或许是当时中国反复的忍让，使日本军国主义分子有机可乘。他们不但不加以收敛，反而更加肆无忌惮。

三

其后的军事行动步伐变得更大了。日本军队中有美国的克色里任水师提督，瓦生任陆军千总，其目的显然绝不止于"教训"生番，而在于占领台湾，以侵占这块在海洋世界中具有重要地位的肥肉。尽管它的北方领土为俄罗斯占据，却不敢与俄对抗，而把矛头指向了中国的台湾。接着日本从美国购得铁甲船"土多瓦"号用于征台，在练兵过程中，仿照日耳曼、法国做法，号令严厉，士兵变得严肃整齐，日本军国主义由此急剧升温，其目的就在于以最先进之军事，实现其建立东亚霸权的野心。

面对日本的咄咄逼人之势，中国朝廷依然意见分歧，特别是那些主和者仍竭力阻碍中国发展军事，给了日本军国主义以私心膨胀的机会。但由于当时清政府还有调动军队的能力，精心的准备给日本以巨大的威慑。到该年的十月，日本甘愿撤军，接受了清政府对其被生番杀死人员的赔偿，和平地化解了这场危机。

日本之所以接受这样的结果，完全是军事实力尚不能战胜中国的结果。其后，他们扩大了"铁甲之坚也，火器之利也，战士之猛也，谋主之计深而虑密也"这些优势，先是在台湾东部生番居地横行霸道，既而不断把目光转向中国大陆，乃至发动了甲午战争和 20 世纪三四十年代的中日战争。

一代报界宗师张季鸾

李赋英 等口述

毛泽东曾说：只有你们《大公报》把我们共产党当人

1928 年 7 月 1 日的郑州火车站，在迎接北伐军总司令蒋介石北上的军人行列中，一个身穿竹布长衫、头发花白的男子格外引人注目，他就是《大公报》的总编辑张季鸾。作为关注时政的一份大报，《大公报》不能无视国家统一这一重大事件的发生。在多年好友、国民党要员陈布雷、张群等人的引荐下，张季鸾第一次见到了一年前被他痛骂过的蒋介石。令他没有想到的是，蒋介石不计前嫌，两人"悦然面晤"，交谈甚欢。

刘宪阁（历史学博士、教授）：蒋介石之所以会这样重视张季鸾和《大公报》，一方面是基于当时北方在他政治格局中的考量，需要重视北方的报纸。另一方面也因为有张季鸾好友陈布雷等人的居间调停。

据说，从见面的第一天起，蒋介石便尊称张季鸾为"先生"，此后十余年从未改变。而更令张季鸾心动的则是蒋公的一番郑重承诺——北伐统一后，他将图复兴、振国防、集民力，以达成中山先生之遗志。见完蒋介石之后，张季鸾发表社论《欢迎与期望》，他欢迎南方新生力量一扫北方的阴霾，更期望新政权能尽早将民主共和的承诺付诸实践。与此同时，蒋介石对张季鸾的好感也与日俱增。据说，他每日必看《大公报》，办公室、卧室、餐厅各置一份，以便随时翻阅。

1932 年 5 月，《淞沪停战协定》签字后，中日之间的军事对抗暂时告一段落，国民党宣传部决定对报刊进行整肃。大家一致认为《大公报》影响力过大，其言论常令政府尴尬畏惧。如何才能让张季鸾免开"不合时宜"之口呢？这天凌晨，一张 15 万元的交通银行汇票送进了大公报社。拿到汇票，张季鸾微微一笑。

张季鸾虽然拒绝收买，其人却越来越被蒋介石倚重。据说，蒋介石经常通过陈布雷约见张季鸾，并时常致电大公报编辑室，向张季鸾垂询国事。1931 年 5 月 22 日，《大公报》发行满一万号，蒋介石派人送来亲笔题写的贺词"耕耘与收获"。同一天，胡适也发来贺词，题为《后生可畏》。贺词说，《大公报》已经超过《申报》和《新闻报》，从一家地方性报纸晋升为全国的舆论重镇，并且当得起"中国最好的报纸"的荣誉。而之所以赢得这样好的荣誉，不过是因为他们在最低限度上做到了两条：第一，登载确实的消息；第二，发表负责任的评论。这两条原本是每一家报馆都应该尽到的责任，只是因为国内的报馆都不敢做、不肯做、不能做，而张季鸾居然肯努力去做。

尽管与蒋介石的关系日渐亲密，然而在许多重要问题上，张季鸾始终保持着民间报人的独立立场。《大公报》尤其令蒋介石不安的是张季鸾他们对中共的同情态度。1927 年 4 月 12 日，蒋介石以国民革命的神圣名义大开杀戒，血泊淹没了无数进步青年如花的面容。4 月 29 日，对共产主义并无信仰的张季鸾发表《党祸》，字里行间充满了人道主义的痛惜。

刘宪阁：自从共产党在农村开始活动以来，张季鸾和《大公报》就一直关注着这支力量的演变，特别是当它可能影响到中国政局发展的时候。

傅国涌（民间学者）：他始终认为，之所以在农村地区有那么多人愿意参加红军，都是因为当时的中国农村非常凋敝，国民党政府在很多政策上有问题。

1930 年至 1931 年，当蒋介石调集大批军队对苏区频频发动"围剿"之际，《大公报》却刊出"红军纪律严明，百姓拥护"、"吃民间饭，每人还给五百块钱"的消息。1934 年，《大公报》的子报《国闻周报》以连载的形式刊登了《赤区土地问题》，肯定苏区的某些制度值得认真思考、研究。

张育仁（重庆师范大学教授）：当时国民党骂共产党叫"共匪"，共产党骂国民党"蒋匪"，相互妖魔化。但是张季鸾很冷静，说不管怎么样，红军也好、共产党也好，它是当时社会影响很大的政治势力。中国上上下下的知识分子和普通民间百姓都不知道的话，这对中国来讲是没有什么好处的。

1935 年，《大公报》特派记者范长江报道了长征后九死一生到达陕北的红军。文章轰动全国，扩大了人们对共产党及红军的了解和认识。这些文章后来汇编成《中国的西北角》一书。

方汉奇（中国新闻学会名誉会长）：很多人是看了《大公报》的社论才开始了解共产党的政策和主张，如北上抗日、一致对外。所以从这些角度来看的话，他对共产党还是帮过忙，而且这个忙还不是小忙，是帮了大忙。很多人就是看了《大公报》的社论、看了《大公报》的报道而厌恶反对蒋介石政府的。

1937 年 2 月 15 日，范长江在津沪版《大公报》发表《动荡中之西北大局》，报道了共产党的抗日民族统一战线的方针政策，这与蒋介石在三中全会上的报告口径大相径庭。蒋介石大怒，申斥正在南京的张季鸾，认为不应当发表这样的文章，但张季鸾仍然坚持让《大公报》刊发范长江的通讯。

牛济（陕西省社科院研究员）：毛泽东在接见《大公报》记者孔昭凯的时候说，只有你们《大公报》把我们共产党当人。

刘宪阁：抗战爆发以后，张季鸾主持的汉口《大公报》相继披露过平型关大捷、叶挺将军以及毛泽东的一些重要讲话。从中可以看到张季鸾对共产党人是没有偏见的，他还是愿意承认这样一个党派，特别是在抗战这个大背景下，愿意打日本的话当然是支持的。

西安事变发生，《大公报》建议和平解决

1935 年春，日军对华北步步紧逼。张季鸾提出将《大公报》南迁至上海以备非常，胡政之不愿南迁，两人发生分歧。后来胡政之权衡利弊，认为张季鸾的建议有远识，便决定创办上海版《大公报》。1936 年 4 月 1 日，上海版《大公报》正式创刊。

1936 年，当蒋介石信心十足地准备给聚集在陕北的红军“最后一击”时，上帝之手出现了。12 月 12 日，张学良和杨虎城以一场突如其来的兵变将前来督战剿共的蒋介石扣押起来，要求他“停止剿共，立即抗日”。12 月 14 日，张季鸾在津沪版《大公报》发表《西安事变之善后》社评，向南京政府当局提出和平解决西安事变的建议。12 月 16 日，张季鸾发表《再论西安事变》，南京政府接受了张季鸾的建议，力促事变和平解决。12 月 18 日，张季鸾在津沪版《大公报》上发表《给西安

军界的公开信》，极力主张和平解决西安事变，要求立即释放蒋介石。南京政府将印有这封信的《大公报》翻印 40 万份，用飞机运到西安空投散发。《大公报》创造了中国新闻报纸的奇迹，展示出舆论宣传的强大威力，张季鸾用手中的笔影响着中国的政局。

据在《大公报》兼职的陈纪滢回忆，当时参加事变的几位东北军将领说：看了这篇社评，我们又激动又泄气。那篇文章说得入情入理，特别把东北军的处境与遭遇说得透彻极了，所以我们都受了莫大感动。大家都说，《大公报》不支持我们，还有什么话可说？随后我们拿着传单去见副司令。进了房间，只见副司令也在读那上面的文章，看完之后，他的神色也变了。1988 年在台湾举办的张季鸾百年诞辰纪念会上，耄耋之年的张学良依然一字不差地背出这封公开信。

牛济：西安事变发生以后，有个人就出主意，叫杨虎城的娘到西安来，众人跟他说，虎城现在把蒋先生都关起来了。娘一听说就坐轿到了新城广场：九娃九娃你出来，你这个高官厚禄都是蒋先生给的，你怎么能够把蒋先生扣起来呢。

刘宪阁：陕西人是非常敬重张季鸾的言论的。老太太就说了：张先生都这么说了，你肯定得听张先生的。

12 月 24 日，蒋介石被迫接受了停止内战、联共抗日、释放政治犯等条件。12 月 25 日，张学良送蒋介石离开西安，西安事变和平解决，第二次国共合作开始，抗日民族统一战线达成。12 月 26 日，张季鸾在津沪版发表《国民良知的大胜利》，欢呼西安事变的和平解决。他说，精神上更加团结的中国，从今天起将要进入一种新阶段。

刘宪阁：西安事变后毛泽东给周恩来发过一份电报，让他搜集西安的各份报纸，其中就包括《大公报》。起码我们可以从中认识到，对毛泽东来说，当时《大公报》是很重要的一个声音。

从未在敌人铁蹄下办过一天报纸

1937 年 8 月 13 日，日寇侵略上海，"八一三"事变爆发。8 月 17 日，张季鸾带领两位同人冒险离开上海，前往武汉，准备创办汉口版《大公报》。在敌机不时威胁下，舟车毛驴病不辍行，兼程抵汉。9 月 18 日，汉口版《大公报》创刊，张季鸾发表《九一八纪念日论抗战前途》。他断言中国能持久必能胜利，能全国动员则必能为最大限度之持久。他的文章刊出后，极大地鼓舞了全国军民的士气。

1938 年 3 月，台儿庄战役打响，李宗仁率部重创日寇。4 月 8 日，张季鸾在汉口版《大公报》发表《台儿庄胜利以后》。他说，台儿庄之捷只算是在卫国歼敌的光荣大路上走了一程。7 月 7 日，蒋介石发表《抗战周年纪念日告全国军民》文告，此文由张季鸾起草。文中说：国家至上、民族至上，军事第一、胜利第一。

刘宪阁：《大公报》最大的变化就是由过去的对日缓和、不主张马上对日抗战的报纸，变成了一个坚决主张抗战、宣传抗战到底的报纸。

国难当头，一张报纸能否苟安？张季鸾说，《大公报》不能在日寇的包围下窒息而亡。于是，这张承载中华民族独立精神的报纸开始了流亡之路。上海、汉口、重庆、香港、桂林等地都留下《大公报》流亡的身影。国难的痛苦，这张报纸感同身受。

牛济：《大公报》从来没有在敌人的铁蹄下办过一天报纸，这正是中国报人的气节。

国事飘摇的 1937 年夏，张季鸾 50 寿辰刚过，他唯一的儿子张士基出生了。张季鸾喜出望外，他对人戏称：多年奋斗，私人成绩仅此块肉略可告慰古人耳。孩子满月时，亲朋好友、国府高官赠送的金银饰物堆成了一座小山。

李赋英（张季鸾外甥女）：后来张先生就和他的夫人商量，说国难当头，我们的将士在前方流血牺牲，我们的民众在敌人的炮火中大量伤亡，我张某人怎么可以为得一子而收此巨礼呢？咱们捐献给租界的难民吧。他的夫人很明大义，后来全部都捐出去了。

多年以后，张士基说：父亲为我的礼物找到了一个最理想最难忘的存放之地。

牛济：他这个人为人非常清廉，在他过 50 岁生日的时候，有人送给他一万块钱，当时他经济拮据，却说：我在报社如同守节一样，现在到快立牌坊的时候了，我岂能为这一万块钱把牌坊丧失掉了。

在《大公报》上揭露汪精卫的卖国行径

1940 年 1 月，张季鸾在《大公报》上揭露汪精卫的卖国行径，号召人们抗敌锄奸，在国内外引起极大轰动。对日主和派从此偃旗息鼓，义愤填膺的各地民众纷纷铸造汪精卫夫妇跪像，警示汉奸及其卖国行为。

刘宪阁：《日汪秘约》披露以后，原来对汪精卫还抱有幻想的人终于彻底清醒了，汪精卫因为个人的私欲已经真正走到卖国的道路，不能够再为人们所认同。从香港《大公报》开始，国内各地坚持抗战的地方，都在转载并发表评论，而很多消息的源头也都是从《大公报》这边开始的。《大公报》的国际国内影响力，一下就打开了。

1941 年 5 月 15 日，《大公报》获得了美国密苏里大学新闻学院颁发的"新闻事业杰出贡献荣誉奖章"。这是一项极高的荣誉，此前，东方只有日本的《朝日新闻》得到过这项殊荣。颁奖词中说：该报能在防空洞中继续出版，在长时期中虽曾停刊数日，实具有非常之精神与决心，且能不顾敌机不断之轰炸，保持其中国报纸中最受人敬重，最富启迪意义，及编辑最为精粹之特殊地位。《大公报》自创办以来之奋斗史，已在中国新闻史上放一异彩，迄无可以颉颃者。

这是《大公报》，也是张季鸾一生的巅峰。

葬礼备极哀荣　蒋介石、周恩来等均到场致哀

战乱中颠沛流离的生活，高负荷的工作与精神压力，长期身患肺病的张季鸾刚过 50 岁，便已十分羸弱。

李赋英：他当时得的是肺结核，那个时候肺结核是不治之症，唯一的办法就是静养。可是，国难当头，张先生根本没有认为他应该休息，还是在拼命地工作。他抽烟抽得很凶，身体越来越坏了。

1941 年 9 月 4 日，蒋介石赶到中央医院，探望弥留之际的张季鸾。据报载，蒋握着张的手，望着他清瘦的病容，眼睛似有晶润，喃喃数语，情意深重。

9 月 6 日，报界宗师张季鸾在重庆辞世。撒手人寰时，他粗布长衫的口袋里，只有 10 元法币。妻子陈孝侠说：张家"上无片瓦，下无寸地"。孤儿寡母的生活，全靠《大公报》同人及亲朋照顾。张季鸾没有给后人留下任何财产，只有他的精神风骨令人仰止。

张季鸾的葬礼备极哀荣，前往吊唁的既有国府最高统帅蒋介石，国民党大员孔祥熙、宋子文、于右任等人，也有来自中共高层的周恩来、董必武和邓颖超等人。

张育仁：张季鸾鞠躬尽瘁，真正是累死的，抗战累死的。国共两党和民间的各派政治势力举行了陪都历史上对一个新闻工作者的最隆重的悼念活动。在中国历史上，找不到第二个人获得如此高的哀荣。

1942 年 4 月 29 日，张季鸾魂归故里，灵柩抵达西安，3000 余人在西安西郊迎候。9 月 5 日，全国新闻界及陕西各界公祭张季鸾大会在兴

善寺举行，蒋介石亲临致祭。9月6日，西安南郊竹林寺举行张季鸾公葬典礼，当日西安下半旗志哀，十万余人公葬了一代宗师张季鸾。

张季鸾去世不到十年，属于他的时代在中国大陆戛然而止。此后，他渐渐被人遗忘，他的墓园也在历次政治运动中历尽劫波，变得面目全非。但是张季鸾的精神却在历史长河中熠熠生辉。他用30年的时光，3000余篇稿件，在中国新闻史上留下了灿烂的光芒。于右任说：先生积30年之奋斗，对国家有大贡献，对时代有大影响，其言论地位在国家、在世界并皆崇高。

（凤凰卫视《我的中国心》栏目供稿）

愿作壤土细流之献

——老报人王芸生与共产党的交往

王 鹏

王芸生（1901—1980）是我国老一辈新闻工作者，无党派爱国民主人士，曾任《大公报》总编辑；新中国成立后，历任第一届政协会议代表，第二、三、四、五届全国政协常委，中华全国新闻工作者协会副主席及中国日本友好协会副会长等职。新中国成立前夕，他应毛泽东主席之邀，从国统区秘密来到解放区，利用《大公报》这一舆论阵地为配合新中国成立做了有力的宣传。作为一个自诩"清高"的老报人，之所以能够接受共产党的主张，投身于人民解放的洪流，是与中共老一辈革命家成功开展统战工作分不开的。那么，中共为什么要把《大公报》作为争取的对象呢？

《大公报》创办于 1902 年，到抗战时期已颇有影响。《大公报》是一份民族资本投资，以"文人论政、文章报国"为特征的报纸。为了体现独立办报的公允性，报社内有"四不"的社训，即"不党、不卖、不私、不盲"，因而其言论颇具锋芒，也导致"笔墨官司"不断，不仅国民党高层不敢小视它，就是中共高层也对该报极为关注。1935 年 7 月间，《大公报》披露了陕北苏区根据地的情况，毛泽东、张闻天、周恩来、博古等就是据此决定将陕北作为长征的终点。

西安事变后，1937 年 2 月《大公报》记者范长江在博古和罗瑞卿的陪同下乘卡车进入延安，9 日范长江在毛主席的窑洞同毛进行彻夜长谈，全面了解了中共抗日民族统一战线的主张。2 月 15 日，《大公报》发表了范长江撰写的长篇通讯《动荡中的西北大局》，报道了西安事变的真相以及中国共产党为实现西安事变和平解决所做的努力，传达了中国共产党关于建立抗日民族统一战线的政治主张，第一次正面报道了中国共产党作为中国一种政治力量的客观存在。恰在同日，国民党五届三中全会开幕，蒋介石却不敢说出西安事变的真相，当他读到范的这篇通讯后十分不满，把当时《大公报》的总编辑张季鸾叫到公馆严厉训斥一番。正因《大公报》同人敢于仗义执言，1941 年 9 月 6 日张季鸾病逝后，毛主席特发唁电："季鸾先生在国民参政会会内会外，坚持团结抗战，功在国家。"周恩来亦唁电称张为"文坛巨擘，报界宗师"。

张季鸾逝世后，继任者王芸生仍奉行其办报主张。1944 年夏，他派记者孔昭恺参加中外记者团到延安采访，并于 1944 年 7 月 29 日至 8 月 6 日连载了孔撰写的长篇通讯《西北纪行》，客观报道延安的情况，王芸生还为此特别撰写了题为《延安视察的感想》的社评。据孔昭恺生前回忆："毛主席在边区政府大礼堂举行宴会欢迎中外记者团，延安很多领导人都参加了。入座之前，毛主席让我坐在首席，我当然不肯，一再谦逊不敢上座。毛主席坚持要我上座，才心里非常不安地坐下了。毛主席举杯对我说：'只有你们《大公报》拿我们共产党当人。'我想起自 30 年代初期，国民党即令各报刊称共产党为'匪'，而《大公报》没有照办。这件事毛主席记得很清楚。"

毛泽东在总结中国革命成功的经验时，把统一战线作为中国共产党的三大法宝之一。中国共产党人正是成功地运用了统一战线这一法宝，团结了各族各界人士，争取到了大多数人的同情和支持，才取得了革命的成功。1945 年秋"重庆谈判"期间，毛主席和中共其他领导人利用在国统区公开亮相的机会，广泛接触社会各阶层有代表性的人士，成功地开展了统战工作。其间，毛主席两次邀请王芸生到红岩新村倾心交谈，澄清了王的许多模糊认识。毛主席还应邀到《大公报》社作客，为报社职工写了"为人民服务"的题词。周恩来也专程到王芸生私宅拜访，交流对国是的看法，并特别赠送了延安生产的土特产品。中共领导频繁与《大公报》接触，颇引人注目。当时，王芸生深为毛主席的安全担心，曾献"三十六计走为上"之策，其焦虑之情，给毛主席留下了深刻印象。从此，毛主席更加关注《大公报》的言论，对其精辟的论述表示赞赏。1947 年 2 月 1 日，毛主席在一次政治局会议上还专门提到："连《大公报》的王芸生都写文章讲中国只有三个前途，政治协商、南北朝或十月革命，就是没有美蒋统一中国的前途。"

对于《大公报》这样一份敢于对国民党说"不"的报纸，中共领导人不仅长期不懈地做报社上层领导的工作，而且还指示报社内的中共地下党员一定要利用这一阵地，开展宣传民众的工作。例如范长江采访毛主席后，曾要求留在延安，但毛主席劝他立即回上海，继续在《大公报》宣传共产党的抗日主张。果不其然，范长江的一篇《动荡中的西北大局》，轰动了国统区。后来范长江离开《大公报》，到中共领导的新闻社工作。为此，周恩来十分惋惜，他对前去请示工作的《大公报》记者徐盈（中共地下党员）说："范长江离开《大公报》，看来已经不能挽回了，希望你们继续安心在《大公报》工作，用好这个舆论阵地。"在《大公报》社内有不少中共地下党员，王芸生等报社领导对此虽有所察觉，但因他们都是业务骨干，所以从不过问，而对国民党员却是一个也不要。

1948 年 10 月下旬，担任《大公报》总编辑的王芸生在上海接到中共地下党转达的毛泽东的邀请，要他尽快离开上海到香港候船，以全国新闻工作者代表的身份赴北平参加新政协会议。

王芸生接受邀请后，特地把报社驻南京办事处主任孔昭恺叫回上海，主持编辑部工作，等待上海解放。王芸生的长女王芝芙回忆说："1948 年 10 月底的一天，母亲忽然通知我们兄妹晚上都必须回家，我心想一定是有重要事情商量。果真不出我之所料，父亲向我们宣布：几天后将同母亲一起带着小妹妹到台湾休假。当时正值政治空气十分紧张之际，我不相信父亲会有这般闲情逸致，心想也许是出去避风。父亲发现了我的疑虑，即解释说：'这些日子非常疲劳，身体感到不适，需要出去散散心。'那时，我已意识到此举定有文章，既然父亲不肯说，就是不便告诉我们。父亲只含糊其词地说，少则几天，多则几个月一定回来，要我们安心读书，并把我们托付给了孔昭恺先生。"

为掩人耳目，王芸生对外界假称休假，于 11 月 5 日到达台湾，8 日转到香港。当年《大公报》驻台湾办事处主任吕德润回忆说："1948 年 10 月底，我在台北忽接芸生先生从上海写来的亲笔但不具名的信，言某日将乘飞机抵台，望接机，勿对人言，勿使人知。届时我接他下飞机，通过在台湾航空公司工作的朋友的协助，绕过出入口，离开机场后乘车直奔郊区一家招待所。他对我说，国民党大势已去，《大公报》绝不陪葬，今后将跟共产党走，香港《大公报》将彻底改变言论方针。他让我立即陪他去，以免中途出事无人知晓。因为当时上海国民党政府头目汤恩伯等正实行白色恐怖，滥肆捕杀学生和进步人士。他如从沪直接飞港怕被扣留，绕道台湾，如被查问，就说来此视察办事处的工作。他一再叮嘱买机票时，不要用他的名字，以免上海军警追踪而至。于是我又托人以上海《大公报》台北办事处主任吕某某并携随员一名（无姓名）的名义购得机票两张，取票后立即登机。在机上，我俩都很紧张。直到飞机降落在香港启德机场，下机后在出口处看到费彝民、杨历樵、李侠文、严任先等港馆老同事正在向我们招手迎接，这时我的那位无名氏'随员'才面露笑容，我这个办事处主任便成了'随员'的随员了。"

在香港期间，面对国民党特务的威胁，王芸生牢牢把握《大公报》香港版的言论，有力地配合了解放战争的最后胜利。这时的内地形势是，解放军获得解放东北的伟大胜利，国民党政府的金圆券崩溃，物价飞涨，蒋管区人心惶惶，蒋介石转而准备呼吁"和平"。正当此时，王芸生于11月10日在《大公报》香港版上撰写了题为《和平无望》的社评，列举国民党腐败统治的罪行，说明蒋家王朝覆灭之日即将来临，此刻与国民党无"和平"可言，对敌人的残余势力要穷追猛打。社评还叙述了"有战无和"的形势，郑重地说："事势如此，和平无望。在此情况下，政府自然要尽一切可能，以加强军事，继续打下去，经济自然也尚难好转，人民自然还要吃苦。这一串，好像命中注定，无可奈何。但是，我们若于极端沉痛中追思下去，国家情况之所以演至如此情况，并非无故。请想中国这个古老国家，人类历史虽进步到20世纪的现代，而中国尚迟留在家长封主的时代。康梁维新未曾损其毫毛，辛亥革命未曾挫其根株，北伐只完成一瞬的统一，抗战仅于挣扎一具近侧的帝国主义的枷锁，政协未曾解消内在的矛盾，三年战乱又扯开了一切疮疤，到现在，石走悬崖，箭已脱弦，其势已无法挽转，再难得简易的和平了。"社评最后说："人类虽然不免战乱，但毕竟是需要和平生活的。战乱是变，和平是常。我们所付战乱的代价已甚高，希望历史的轮子是向前进，在战乱纷纷痛苦重重中，让我们获得真实而持久的和平……我们挥泪跋涉，总希望这条真实而持久的和平之路已在不远。"这篇社评标志着《大公报》已旗帜鲜明地拥护中共的领导。而在内地的《大公报》上海版、重庆版、天津版却因王芸生在香港的这篇《和平无望》的社评，受到国民党当局的重压。蒋介石对《大公报》香港版的表态十分恼火，曾几次通过国民党中央宣传部对在上海的《大公报》代总经理曹谷冰施加威胁，要他对香港版的态度"负责纠正"。国民党中宣部驻沪管理新闻出版业的特务头子方治也对曹谷冰说："你们《大公报》是靠卢布吃饭，为共匪宣传。《大公报》香港版的言论如不马上改正过来，我就枪毙你。"方还几次派人包围《大公报》社，声称搜查共党分子。同时，国民党重庆市社会局亦奉国民党重庆绥靖公署的指示，一再对《大公报》重庆版进行刁难，甚至提起公诉，迫使其屈服。而王芸生的社评却受到中共的高度评价。中共在香港地下党组织的负责人连贯在宴请王芸生时赞许地说："你一篇社评的威力，能顶上解放军的一个军团。"

1949 年 2 月 28 日，王芸生与柳亚子、马寅初、陈叔通、曹禺、郑振铎、叶圣陶等民主人士，登上挂有葡萄牙国旗的大货轮"华中轮"离开香港，踏上北归的征程。中共地下党工作人员从 26 日黄昏起，就从各处取走了他们的行李，秘密运上了轮船。27 日，他们这批"特殊客人"根据统一的要求，改穿中式短服，装成船员模样，陆续登船。叶圣陶在当日的日记中有这样的描述："李君（指工作人员李正文）来，一一告以应对之说辞，搭客宜如何说，船员宜如何说，恐海关人员查问，又嘱勿登甲板，以此是货船，甲板上貌似旅客者众，恐致启疑。"负责组织工作的乔冠华要求大家将所有可能暴露真实身份的物品，先取出藏到船上的隐秘处；众人未及带走的行李和书籍，则由《华商报》社负责装箱，以香港交通银行徐文烈的名义，托运北平。

28 日上午 9 时出发前，海关人员来检查，翻看颇细，忽在马寅初的手提箱里，拣出一张照片。这是寅初在抗战前与朋友之合影，因合影者大都西装楚楚，袍褂俨然。海关人员便指为搭有重要客人，扣船不放。经再三交涉，又暗中塞予港币几十元，其始盖印签字，算是"验迄"。近午11时50分，货轮缓缓离港，驶入公海后大家紧张的心情才放松下来。柳亚子先生在日记中回忆此景时写道："上午，作诗和圣陶。下午雀战。黄昏开晚会，陈叔老讲古，述民元议和秘史、英帝国主义者代表朱尔典操纵甚烈，闻所未闻也……王芸生讲宋子文，完全洋奴态度，荒唐不成体统了。"柳亚子知道同行的王芸生、赵超构、刘尊棋、徐铸成四位均为报人，还各赋绝句一赠。

当这艘大货轮在接近山东烟台时，忽又遭遇两艘国民党军舰的夹击，受到盘问。幸有船长从容应付，且临时改道，佯作向朝鲜方向行驶，才脱离险境。一行人于3月5日午后到达烟台，受到舒同、郭子化、匡亚明等人的欢迎。然后，他们乘车辗转经过潍坊、青州、济南、桑梓店、德州、天津等地，18日上午10时到达北平，叶剑英市长到车站欢迎。

从香港到北平，千里迢迢，这些民主人士透过到处残破、刻画着战争的痕迹，感受到大陆将茁壮地成长起一个崭新的社会。4月10日，王芸生在天津《进步日报》（原《大公报》天津版）上发表《我到解放区来》一文，文章说："我是在这黄土层中生长出来的，我睡过土炕，吃过馍馍，却难得想象到解放区如今这样的情形。百闻不如一见，我们在华东解放区所见到的一切，非但一一粉碎了国民党反动派对解放区所造的一切谣言和诬蔑，而且使我们见到了中国自有历史以来所未曾有过的新事物。"文中他还对自己进行了剖析，作了自我批评。他写道："我虽出身于贫无立锥之地的苦孩子，且在'五四'以后投身过大革命的洪流，但基本上仍是走的旧知识分子的路，苦读勤修，出人头地……尽管个人始终固守着一份做人的矜持，也止于旧知识分子'穷则独善其身，达则兼善天下'的想法，不是深入民间的，纵有热情与正义感，却是一种施与式的悲悯，不是与人民大众的疾苦血肉相连的，纵有强烈的爱国心，使我始终站在反帝国主义的阵线上，但未能把握到阶级的立场，笼统的国家观念，是常会被反动的统治阶级利用。……我从事了20多年的新闻工作，时时策励自己要做一个好记者，但自己未曾坚决地把握到阶级的立场，尽管主观上要做好，而实际已脱离了人民大众。"他的文章最后，为自己定下了四句话："抛弃旧习惯，丢掉旧成见，一切重新学，一切从头干。"

4月底，中共决定上海的三家民营报纸（《大公报》《文汇报》《新民报》）继续出版。5月上旬，这三家报纸的负责人王芸生等准备随解放大军南下，周恩来在为王芸生等饯行时，曾对《大公报》肯定两点："第一，《大公报》是主张抗日爱国的；第二，《大公报》培养了不少人才。"王芸生对中共高级领导人的表态甚为感动，更坚定了他为新中国服务的信心。

5月中旬，王芸生、徐铸成、赵超构等坐专车南下。当时津浦铁路尚未修复，只到蚌埠为止，一路上走走停停，时间虽然长，但大家兴致很高，谈天说地，甚至在车厢里展开了讲故事、说笑话的"竞赛"。5月23日下午，王芸生等到达南京，立即受到陈毅的接见，并告之上海的解放已指日可待。而战局的发展比陈老总所讲的还要迅速，26日晚王芸生等睡下不久，即听得外边高喊："上海解放了！"接着就有人挨门通知："快收拾行李，坐火车去上海。"

天下着雨，街上都是人，人流向火车站奔去。车站上更见拥挤，车厢没有灯光，也不见列车员，不时听得有人高声嚷嚷："××单位上第几节车厢！"虽然场面显得有点"乱哄哄"，但人们的情绪是兴奋和欢快的。火车行进得很慢，到达距上海近在咫尺的南翔下车已是 27 日中午了。此时，身着戎装的王芸生已迫不及待，马上找了一辆三轮车赶到上海，直奔《大公报》社。他真没有想到，半年前秘密离开上海，又经香港北上到北平，这次却是坐三轮车回的上海。王芸生感慨地说："这半年来的经历，不仅是个人历史的大转折，对国家来说也是一次历史性的转折。"

王芸生自回到报社后，他几天几夜没有回家，和同人一起投入了新的工作。王芸生的长女王芝芙回忆说："28 日，孔先生给我们带来好消息，父亲随解放军进了城，并已直接去报社安排工作。他告诉我们，父亲抽出空便会来看我们。然而，我们却等了很久很久。有一天，门口出现了一个穿着解放军军装的人，原来这就是我们阔别了半年的父亲，他已完全变了样，脸黑了，人也瘦了，然而却有军人的风度了。"

6 月 17 日，《大公报》上海版发表王芸生撰写的题为《大公报新生宣言》的社评，庄严地宣称："上海的解放，实际是国民党匪帮的反动政权彻头彻尾的灭亡，是全中国获得新生。在这重大的时刻，《大公报》也获得了新生。"

9 月 4 日，王芸生和梅兰芳、恽逸群、金仲华、赵超构等一行 30 人，乘坐北上列车，赴北平参加中国人民政治协商会议第一届全体会议及中华人民共和国开国盛典。王芸生作为一代知识分子，历尽坎坷，最后选择了跟共产党走的道路。此次，他受到毛泽东的邀请参加新政协会议，心情自然无比激动。他兴奋地说："在这个大年代里，人民革命震动了全中国，纵使在极冷清角落的一潭死水，也要屡起涟漪而终于波动起来。我是一个职业报人，二十几年来，百忧感心，万事劳形，国家兴旺，息息关心，但因在做报期间，始终抱着司马迁'戴盆何能观天'的观念，未能直接参与政治，所以总还与'匹夫有责'隔了一层。但到

1949 年，我再不能做微起涟漪之水了，毅然投入汹涌前进的洪流。1949 年春天，我曾经到'北平'住了两个月，清算了自己，也改造了自己，抛弃了消极玩世而自以为清高的习性，锻炼起积极振作而为人民服务的精神，以期对人民的新中国能尽沧海一粟的努力。"当时有朋友担心他继续用手中的笔针砭时弊，对他说："你还是在台下看戏吧！"他却毫无踌躇地说："我要扬弃那种消极旁观的旧态度，而不顾能力不够学识不足的缺陷，愿意把自己作为壤土细流之献。"

1949 年 10 月 1 日，是伟大庄严的一日。这一天，在天安门前举行了中华人民共和国的开国盛典。王芸生与其他代表一起登上了天安门城楼，他感慨地说："举目天安门前的人民广场，人如大海，旗翻红浪，平时未曾见过的一个大场面就在眼前。我庆幸个人此生不虚，更庆幸中国由此进入了人民民主的时代。"

我的《大公报》情结

徐 东

去年 6 月，我有幸参加了中国革命博物馆举办的《大公报百年报庆展》。一簇簇美丽的鲜花、条幅及人们的笑脸，将大厅装饰得富丽堂皇。

经历了百年沧桑的《大公报》是中国历史上最悠久的一份报纸，尤其在国难当头的 20 世纪 30—40 年代，作为民营报纸，《大公报》团结了一切可以团结的爱国力量和知识分子，关注社会公众的舆论和呼声，始终追求光明和进步。

许多英雄的故事从这里诞生，许多优秀的人才在这里产生、锤炼。正如 1954 年周恩来总理与费彝民谈旧《大公报》的历史贡献时所指出的"《大公报》是爱国的，是坚持抗日的，她为中国的新闻界培养了众多的杰出人才"。

在展厅中我看到张季鸾先生病重时委托王芸生所写的著名社论《我们在割稻子》，文中强烈抗议日军对《大公报》的七次轰炸，表达了中国人民要以割稻的精神与日本侵略者战斗到底的决心。

我看到这里展示着在范长江等人要离开《大公报》时，周恩来同志要徐盈等人在《大公报》坚持工作的谈话。

在表现抗日战争中《大公报》的历史贡献时，除了向人们介绍这张报纸坚强的领导人张季鸾、英敛之、胡政之、王芸生等外，还向人们颂扬了它的英勇善战、才智双全的记者群：肖乾、范长江、吕德润、陆诒、杨刚、朱启平、高集、高汾、徐盈、彭子冈等。

我在这里看到范长江的名篇《中国的西北角》；看到名记者陆诒在台儿庄战役中采访的风采；看到肖乾转战欧洲战场的多种中英文著作；看到"二战"中辗转太平洋战场、写出《落日》名篇及多篇优秀战地报道的朱启平先生的飒爽英姿的大幅照片。

我欣慰地看到，作为《大公报》最活跃的老记者，我的父亲徐盈、母亲子冈榜上有名！在一块展板上，我母亲在1945年写的名篇《毛泽东先生到重庆》被安放到显著位置。在另一块展板上，则是被放大的母亲访问解放区的名篇《张家口漫步》一文，同时还安排了一幅1936年我父母新婚宴尔的照片。这样一张年代久远的照片，经过精心制作，变得黑白清晰，层次柔和，照片上的父母充满温馨与甜蜜，而母亲的布质旗袍和不加修饰的短发映衬出她的性格与精神。我怀着深深的眷恋与深情在父母照片前留了影。

时光流逝，转眼母亲已去世15年，父亲已去世7年，我看到历史的阴影正在一步步退去，人民给予的公正评价正在父母身上焕发异彩。

历史，构成一幅幅斑斓的彩图让后人学习借鉴，并引发我们对未来的思考。

在我很小的时候，耳边就听父母念叨着王芸生、范长江、吕德润、高汾、张高峰等人的名字，在经历了1957—1966年各种各样的"运动"之后，虽然每个《大公报》人都受到不同程度的冲击、挫折，但大家仍是互相关心，互相敬重，如同兄弟姐妹，他们之间的友谊就像不老的常青藤。

最让我难忘的是 1957 年以来，在世事的磨难中，在蹉跎岁月的剧烈震荡中，《大公报》的朋友们心如清泉，情如炭火，经常关心着我多灾多难的父亲与母亲。

1979 年，母亲因多年"运动"下来承受不住，患严重脑血栓瘫痪。香港《大公报》费彝民社长立即拍板捐献一张轮椅，并派人带着由他亲自签章的信件专程前来慰问。母亲坐在这张轮椅上度过了她安宁而寂寞的 8 年时光。数年后，父亲又因脑血栓瘫痪，也神奇般地坐在了这张轮椅上。《人民政协报》前总编王禹时先生 1992 年发表的诗"访徐盈老感赋"的序及诗是这样写的：

徐盈与子冈均为《大公报》老记者，早年与子冈结为伉俪，夫妻双双为中国的抗战及解放事业做出贡献。子冈先生于 3 年前逝世，今徐老又病榻难行，小庐访问，感慨系之。

珠网低檐旧渍帷，煤炉瓦釜暮云垂。

双轮叹载他年笔，一榻孤栖昔日枝。

槁坐穷经何必语，情驰故纸更非痴。

小院杏花春去后，晨风夜雨未眠时。

王老笔下的深情已把轮椅上的徐盈及当时的生活状况刻画得淋漓尽致。

早年由胡政之介绍去《大公报》任副刊编辑的傅作义先生的女儿傅冬，年轻时就崇拜子冈的磊落性格及洒脱文章，20 世纪 80 年代她由香港回京，一听说子冈瘫痪，径直跑到位于西四的我家小院看望。母亲紧握傅阿姨的手泪如雨下。此时我看见母亲的手，这双曾写过不少精湛文章而年过半百后又拿锄头又拔草的满是皱纹的手在颤抖。傅阿姨本想多交谈几句，后见病中的母亲很易激动，又有抽搐的病史，她抑制住心中的悲凉，只是连连安慰她。当时的情景真可以让天地动容。尤其令人感动的是 80 年代，曾在重庆曾家岩与周总理共同战斗的邓颖超大姐，两次接见父亲，将中南海西花厅的大白芍药花及来自美国的大红苹果送给徐盈，让他转达对子冈的问候。

1992 年，父亲 80 岁诞辰时，《大公报》高集、高汾、吕德润夫妇等老《大公报》人及老友徐迈进、陆慧年、汪金丁、张西洛等人纷纷来访。父亲坐在那张神奇的轮椅上，度过了一个极温馨的良辰佳日。就在那天我送客出门时，《大公报》名记者高汾阿姨紧紧拉住我的手说："你一定要给你父亲做最好的吃的！"这虽是一句再普通不过的家常话，出自高汾阿姨之口，却在我心中珍藏了许多年。这里蕴含着老《大公报》人对徐盈多深的尊重和感情！

40 年代《大公报》驻太平洋特派记者，曾在北大荒"改造"多年，后被周总理召回教外语的朱启平先生，90 年代后定居美国，回京办事的一大任务就是看望"《大公报》徐老大"（他说《大公报》许多人这样称呼徐盈）。看到躺在床上的徐盈，已不是当年持笔疾书的神态，朱伯伯心中十分难过，当即命我家里人找来平板车，去我们住家附近的商店买全套新被褥。他说，"一定要让徐老大躺在最舒服的新被褥上，这样我心里踏实。"

《大公报》记者吕德润伯伯，从小看着我和哥哥长大。80 年代，他见到自己的两位老友身体每况愈下，心中十分着急，曾为徐盈、子冈的住所问题四处奔走，盼着他们早一天搬进好房子。

是母亲的正义还是人格魅力？连母亲在《大公报》工作时直接指责过的国民党蔡文治将军，也在 80 年代托人带信，问候子冈的病情……

《大公报》与父母，父母与《大公报》同人们之间的情谊就像绿叶与根一样难以割舍，休戚相关。

现在，不仅在老《大公报》人之间，就是在他们的后代与上一代之间，也是充满着隔代情谊。

《大公报》编辑、历史学家唐振常先生在上海病重，《大公报》前社长王芸生之子王芝琛兄妹专程赴上海探望；

1993年朱启平先生病逝于美国，1994年其夫人孙探薇阿姨又让其子利用回国之际，再次前来探望家父，并在一起照相留念；

新中国成立初期的《进步日报》（原天津《大公报》）年轻记者张遵修阿姨现已两鬓苍苍，75有余。她一边任中国大百科出版社编委，老骥伏枥，不断工作，同时与我等《大公报》晚辈成为挚友……

我深知，我所接触的这些老《大公报》人是我的良师益友。他们教我做人，教我正直。除了他们的文笔和博学，我知道是奋起直追也追不上的之外，我知道他们都具有中华民族的优秀品质——真诚善良、严谨冷静而富于思考。他们蔑视权贵，蔑视名利，蔑视吹嘘拍马及假大空，他们视廉价的物质利益为鸿毛。

"何谓大公？忘己为大，无私谓公。"老《大公报》人的这些品质及所具有的大公精神，正是老《大公报》人在艰苦的抗战时期得以长期存在并坚持到底的支柱。这些品质、这种精神，正是中华民族的财富及光芒四射的瑰宝，也是老《大公报》人最具思想光辉的地方。

历史将永不忘这些老《大公报》人的业绩，他们之间的真情友情，将像奔腾不息的长江水，永远被人传颂。

《大公报》与"反美扶日"爱国运动

王芝琛

1948 年中期，国民党《中央日报》发动了一场对《大公报》气势汹汹的围攻，对《大公报》总编辑王芸生进行公开叫骂，并且罗织了种种"罪状"。要害之一，认为《大公报》发动了"反美扶日"运动。1948 年 7 月 19 日，南京《中央日报》发表了题为《王芸生之第三查》的社论，它说："……第二查，查出 1947 年 3 月以后到今，王芸生君以《大公报》贡献于反美扶日运动。"国民党把国统区内一浪高过一浪的"反美扶日"运动的所谓"罪状"，归咎于是受《大公报》"煽动"。当然这也言过其实。不过，抗战后《大公报》在这个问题上，确实作了许多如实报道，并且还作了许多实事求是的评论。

早在 1946 年，美国商务部长华莱士因发表主张和苏的演说，被迫辞去部长的职务。为此，《大公报》当即发表社评说："今天世界情势如此不安，前途展望如此暗淡，美国政策是有极大关系的。……由华莱士的去，至少可以使我们看出，以防苏为中心，美国政府的外交政策已告稳定。这一政策的稳定，就决定今后国际大势将走向两个世界：一个是美英集团的世界，另一个是苏联集团的世界。"世界格局将为两大集团对抗，不幸被《大公报》所言中。1946 年 10 月 14 日，《大公报》发表了题为《怀疑美国的对日政策》的社评，首次批评美国的对日政策。社评说："美国在保护日本，且是扶植日本腐朽的反动势力。这已是公开的秘密，用不着加以证实，而且是越来越露骨了。"

尤其是 1947 年 2 月 27 日至 3 月 15 日，总编辑王芸生参加中国赴日记者团，视察投降后的日本情况，归来后写《日本半月》12 篇文章，发表于 3 月 22 日至 4 月 15 日的《大公报》上海版。这一串文章，以眼见的事实，述说麦克阿瑟为了反苏，是在扶植日本重走战争冒险的路。第一文《暗淡险巇的前路》说："在我们胜利一年半之后，世局动荡，国事扰攘，一个孤独矮小的日本在皱着眉头，作着笑脸，艰苦崎岖地走着一条暗淡险巇的前路。此路不远，它将给日本民族的命运一个新的摆布，对于远东全局又是一个满含迷惑性的谜。这问题，对中国关系的重大，也是不待言的。"麦克阿瑟说他管制日本，要"建设民主的日本，同时防阻共产主义"。麦克阿瑟给投降后的日本保留下高水准的工业，完好的军事基地，明的暗的武力。一个美国军官对中国记者团说："对于日本需要占管一代。"就是说要长期占领日本。又补充说："日本不可怕，可怕的是另外一个国家。"当时的日本首相吉田茂也公然说："吾人亦在对共产党作战，北方且有一极危险之敌须慎防。"第十二文《一串感想》说："日本人几乎举国一致的在走着一条路。这条路，是服从美国，甘做反苏的一只棋子。他们这样做，可以讨得美国的欢心，可以在盟军管制下受到宽待，讨些便宜，以便投机复兴。这投机是极冒险的，可能走向另一悲剧。"4 月 26 日，《大公报》发表了题为《战败国可成天堂》的社评，社评指出："美国正准备把日本造成天堂。'将欲取之，必先与之。'中国人最懂得这个道理。戳穿说，美国所最关心的日本政治与日本工业，纯然基于美国的战略要求；而这种要求又是取于一种现代人类最不幸的政治意识——美苏对立——所支配。为这种意识所驱策，天下生灵已扰攘不安，除了几个大国，没有一个不在受灾殃，没有一个灵魂不在痛苦呻吟，没有一颗心不在怨恨诅咒。"

5月，王芸生于学潮汹涌中还乡到平津，5月15日在北京大学讲《日本问题的再认识》，16日在燕京大学再讲日本问题，17日在清华大学讲《漫谈国事》，23日在天津南开大学讲《我对国事的看法》，都着重地讲述了美国扶植日本军国主义复活问题。后被南京《中央日报》陶希圣"斥"之为"火上加油"。6月28日，《大公报》社评《对日认识的歧途》，再次对麦克阿瑟管制日本的口是心非表示不满，然后说："中国对日本问题，不应袖手旁观，更不可唯美国之马首是瞻。宽大是一回事，谋国又是一回事。宽大是对过去的，对未来可能的威胁，实无宽大之理。"这是对国民党政府讲话。社评还指出，美国扶植日本，准备对苏作战，然而"实际受害的并不是强大的苏联，而是远东邻接日本诸弱国"。10月16日《大公报》转载王芸生发表在黄炎培主编的《国讯周刊》第433期上的文章《麦克阿瑟手上的一颗石子》。文章说："日本有一句成语，叫作'一石两鸟'。而今日本，正是麦克阿瑟手上的一颗石子。他拿这颗石子，预备打两只鸟：对付苏联，警备中国。一旦有事之时，美国军舰装着日本的'关东军'，重在我们的东北登陆，一面与苏作战，一面也就对中国直接执行'防共'以至'剿共'的任务。"

1948年五六月间，上海学生又同文化界、新闻界和其他各界一起，展开了"反美扶日"的爱国运动，这个运动也迅速地扩展到其他许多城市。在"反美扶日"运动高潮期间，《大公报》连续发表社评和专文，并召开座谈会，宣传反对美国扶植日本军国主义。

正在这时，1947年7月美国总统杜鲁门遣特使魏德迈来华进行"调查"，"对中国目前及未来的政治、经济、心理和军事情况作一估计"，以便决定美国的援华政策。魏德迈君临中国，态度傲慢，趾高气昂，又引起《大公报》的反感。7月15日，《大公报》发表题为《魏德迈调查中韩》的社评，揭示了魏氏调查中韩的实质所在。社评说："无疑的，美国乃以日本为战略重心，而置中韩于其次。为什么魏将军要调查韩国呢？韩国密迩日本，在对苏战略上是日本的前卫，也是日本的延长。调查中国，自然也放在以日本为核心的这一圈里面。"7月22日，魏德迈一行抵南京，7月26日，《大公报》发表社评《与魏德迈将军谈对华政策》谈了两点。第一点讲美国对华政策的出发点，应该是平等互利，而不是要中国当美国随从；第二点中美商贸政策不应该是一边倒，使中国成为美国商品倾销地。1946年11月4日，不平等的《中美商约》签订时，《大公报》就曾表示强烈不满。针对魏德迈"调查"中国，态度越来越傲慢和国民党政府官员的奴颜，8月24日，魏氏离华返美之际，《大公报》当日发表短评，称魏氏此行为"可谓国耻"。

1948年五六月间，中国人民"反对美国扶持日本"的爱国运动达到高潮。美国驻沪总领事发表演说辱骂上海学生，美国驻华大使司徒雷登也发表声明，对中国学生的"反美扶日"运动表示"遗憾"。平津沪及全国学生、教授纷纷通电或致函，对司徒雷登表示抗议。《大公报》对爱国师生的行动及时予以报道，并连续发表社评和专论，召开座谈会等进行宣传。6月5日，《大公报》发表题为《反美情绪的分析》的社评，对中国人民近来的反美情绪由来和发展进行了冷静的分析。"中国人民不愿本国成为美国的前方阵地，正如英国人民之不甘使英伦三岛沦为美国在大西洋上的一条航空母舰一样。"文章最后声明说："第一，《大公报》反对美国政府逾限扶植日本的政策，但却并不反美。第二，同时要声明，我们并非袒苏。我们对美国朋友不客气地陈说，并不等于说苏联一切全对。尤其像它在我们东北的一些作为，如拆运机器，不还旅大等，我们一直反对的。"

实际上，《大公报》并不认同"一边倒"的路线，并主张"世界需要中道而行"。早在 1946 年 10 月 1 日在同题社评中说："我们相信美苏矛盾有一条中道可走，应走。""美国不走中道，拿美国式去裁量别国，强制别国人民接受，那是美国的错误，错误是要失败的。反之，苏联也是如此。假定美苏对中间国家都采取这个中道政策，不把中间国家拖到自己的一边，做自己的附庸国，两国的冲突就可以没有了。如各制造傀儡国，以为卫星服从自己的利益，那是希特勒的世界政策，是日本军阀'八纮一宇'的路线。""聪明的中间国家，其正道也是中道，它不能倒入一边。中间国家既无原子弹，又无征服世界的野心，倒入一边就是自陷危险，甘做附庸国。"

《益世报》创办人雷鸣远其人其事

杨爱芹

　　《益世报》1915 年 10 月 1 日创办于天津，至 1949 年 1 月 15 日停刊，是中国近现代具有广泛影响的全国性重要报纸，它与《申报》《大公报》《民国日报》一起，被人们并称为民国四大报，然而在这四大报纸中，人们可能最不熟悉的就是《益世报》了。《益世报》内容丰富、形式活泼、涉猎广博、雅俗共赏，罗隆基、梁实秋、田汉、钱端升、张秀亚、范长江、张恨水、沈从文、马彦祥、柳无忌、李长之、徐悲鸿……这些我们耳熟能详的名字，都曾与《益世报》紧紧联系在一起。30 年间，《益世报》做了国家的镜子、人民的喉舌、抗日的战鼓、自由的平台，成为民国乱世的激越清流。

　　《益世报》不为现在的人们所知，这与《益世报》集结的多是自由主义知识分子有关，也与《益世报》是由宗教人士创办有关。《益世报》创办人为比利时籍天主教神父雷鸣远。

一、深爱中国

雷鸣远（西名 Frederic-Vincent Lebbe），1877 年 8 月 19 日生于比利时刚城一个虔诚的天主教家庭，自幼受家庭熏陶笃信天主教。据说 9 岁时他同父母去做礼拜，途中碰上一个中国人，先是好奇，进而产生好感，便向往中国。11 岁那年，他随母亲去拜会一位修女的时候，读到了董文学神父在中国传教并殉道的事迹，深受感动和启发，立志要像董神父那样到中国去传教，并且愿意以身殉教。从那时起，他就开始留心一些关于中国的报道，收集有关中国人的图片，注重与中国人交流。18 岁那年他加入了遣使会，正式开始了他的修道生涯，一心想去中国传教。在修道的过程中，他由于过于勤奋读书，患了严重的头疼和眼病，被安排到罗马养病。在罗马养病期间，他遇到了在北京传教回教廷述职的遣使会士樊国梁主教，他请求樊主教带他去中国传教，得到天主教总会长的同意后，1901 年随樊主教乘船赴华。雷鸣远是他来中国起的名字，1902 年雷鸣远在北京晋升神父，后到天津武清传教，他在天津待的时间比较长，天津是他事业开始和蓬勃开展的地方，他常常说自己是天津人。

雷鸣远是在八国联军侵华的第二年来到中国的，当时在中国传教的樊国梁神父告诉他许多中国人对天主教没有好感，在中国传教是有危险的，他并不以为然。他到中国后，实地考察、探访民情，由自己的所见所感做出判断。他发现中国人是懦弱善良的，倒是一些西方人包括外国传教士很嚣张，仗势欺人、包揽诉讼、鄙夷华人、虐待奴仆等，他看到了洋人们对中国人的蹂躏。天津义和团是一股很强的和洋人对抗的力量，也遭到西方人的仇视，但雷鸣远站在中国人的立场，设身处地为中国人着想，感觉义和团的兴起，错不在中国人，而在西洋各国，他说："我与义和团一条心！"1905 年，雷鸣远升任涿州总堂神父，他到任后做的第一件事是取下教堂悬挂的法国国旗，换上了中国的龙旗。1910年，他被调至天津担任望海楼教堂神甫，他同样取下了教堂的法国国旗，以示这是中国的教堂。他决定要用自己的言行来改变传教士在一般信徒中的看法，改变中国人对宗教的认识。

为了增加天主教的亲和力，雷鸣远主张传教士要本土化。为了做到中国化，他先身体力行，读中国书、说中国话，为了尽快熟悉中国文化、融入中国文化，他阅读四书五经，坚持练习汉字，多年的积累使他能写一篇好的中国文章，写得一手好的中国字，说得一口流利的中国话。在天津武清传教时，他用汉语和当地人沟通，常常谈论中国传统文化，如四书五经、三纲五常等。为了彻底中国化，雷鸣远尽可能在行为服饰礼仪方面仿效中国人，如吸水烟袋、留长指甲、梳长辫子、出门坐轿子、穿中国服装、用筷子吃饭等。雷鸣远的头发又短又稀，他看到中国人都拖着一根光滑的大辫子，于是干脆要来胞妹的假头发安在自己的头上。他的房间，也按中国样式布置，有线装书、有字画、有瓷器等代表中国文化的东西。他是一个中国化了的洋人。

他不仅从外在形式上努力融入中国社会，从内心也深爱着中国。在华的生活经历和宗教的普世情怀，使他对中国怀着深厚的情感。他热衷于中国文化事业，他曾参与英敛之创办《大公报》，在天津兴办过教会学校、法政研究所、小型报纸。1915年，中国与日本签订丧权辱国的"二十一条"，消息传来，雷鸣远于5月23日发起救国储金大会，号召信徒救国，反对"二十一条"。为宣传社会改良，增进中国人的民族意识，雷鸣远决定出版一份有影响力的大报。1915年10月1日，雷鸣远与刘浚卿等教徒联合募款，创办了《益世报》，雷鸣远任董事长。与当时天津其他大报纸将报馆设在租界不同，为了显示报纸的民间性与独立性，以免国人误会《益世报》是受外国支配的报纸，从而保持言论的自由与独立，《益世报》把报馆设在租界之外，并于北京设立《益世报》分馆，其基本的办报理念是独立、公允、自由，上为政治当局之诤友，下为社会教育之导师。

二、"老西开事件"

1860 年，英、法、俄三国强迫清政府订立不平等条约《北京条约》，取得了在天津设立租界的权利，八国联军侵略中国以后，法国的欲望越来越大，以保护教堂为名，欲将其租界范围之外的老西开地区划入法租界范围，所以一直对老西开地区虎视眈眈、骚扰不断。1915 年 9 月 1 日，法国工部局强令当地居民交纳捐税，俨然把老西开地区视为自己的土地。1915 年 10 月 1 日《益世报》创办之后，立即对民众关心的老西开问题做出反应。创刊号就以社论形式发表了题为《为老西开交涉箴法国领事》的文章，此后更是以社论、漫画、新闻、短论等形式揭露抨击法国人的狼子野心，直陈法国当局这么做的利害关系，表达中国人民捍卫国土的坚定信心，"吾人之头颅可断，而老西开之尺寸不容失也"，报纸舆论宣传近一年之久。后来法国人派兵武力强占了"老西开"，《益世报》义正词严地抨击法国侵略者的卑劣行径，声援天津各界的抗议，从经济上资助法租界的中国从业人员大罢工，强烈要求政府逮捕法国公使，希望政府禁用法国纸币、禁止法在华招工、禁止华人与法国交易，希望政府与法当局严正交涉，并表示"如交涉无效，当牺牲性命，以资对待"。中国人民在"老西开问题"上的决绝态度，终于使北洋政府态度明朗化，也使法国政府不得不考虑中国人民坚定的民意，最终"老西开问题"得到基本解决。在"老西开事件"的报道上，充分彰显了《益世报》作为媒体舆论的进步追求和国家利益至上的立场。

在当时中国的天主教传教士中，以法国的势力最大，时任法国政府主教的杜保禄坚决支持领事馆将老西开地区据为己有的行为；而雷鸣远则从中国人民的立场出发，反对法国人侵占老西开，二人针锋相对。天津"老西开事件"发生以后，雷鸣远联合其他神父，前后给罗马传信部去了 60 封信，报告这一事件，控告杜保禄的重大错误，以及由此给传教带来的困难。杜保禄与雷鸣远之间的矛盾逐渐加大，法国天主教会对于雷鸣远热心于中国事务也非常不满。杜保禄遂借遣使会会长罗得芳之手将雷鸣远调离天津，传信部也派巴黎外方传教会光主教来中国视察中国教务，调查中国传教区主教的职守问题。1918 年 11 月 6 日至 23 日，光主教召开华北主教会议，以宗座视察巡阅司的名义发表《致直隶司铎书》，严厉指责教会内部的运动和改革思潮，表达出对雷鸣远在"老西开事件"中举动的不满。

1920 年光主教结束了对中国教务的调查工作，准备返回欧洲。雷鸣远向光主教表达了自己在中国为大学生及知识分子服务传教的心愿，同时陈述了这一心愿的重要性。可光主教认为，雷神父不适合留在中国，应该返回欧洲专为中国留学生服务，所以在 1920 年 4 月，雷鸣远与光主教从香港同船返回欧洲。表面上看，雷鸣远离开中国是传教工作的需要，但实质上是源于"老西开事件"，迫于法国天主教会的压力不得不离开。离开中国的这段日子，雷鸣远依然关心着《益世报》，关心着中国。1927 年雷鸣远蒙新祝圣的孙德桢主教邀请，重返中国传教。重新来华以后，雷鸣远发誓要留在这里，转年即加入中国国籍，希望自己能够为中国而生、为中国而死。他在自己的讲演集序言中真挚地写道："此生此世，献为中国之牺牲。"

三、将《益世报》办成抗日舆论先锋

在"老西开事件"上，《益世报》已经表现出了一种强硬的立场，

这种强硬的立场在对日问题上表现得更为明显和强烈。《益世报》创刊后不久，就开始警惕日本的对华立场，翻译了外论《日本博士之论调》《日本对于中国前途之危论》《日本上下对我之态度》等文章，指出日本人所谓的大亚细亚主义实际上是一种帝国主义野心，日本的对华态度绝不是共荣而是侵略。《益世报》上的这些言论，敲响了对日政策的警钟，是比较早的揭露日本侵华政策的大众传媒。

1931年，"九一八"事变之后，日本侵略者的野心昭然若揭，雷鸣远支持《益世报》成为反日的舆论先锋。报社方面认为，越在民族危机时，人民越应有言论的自由，有发表意见的机会，因此报馆经常顶住重重压力，发表痛快淋漓的社论或文章。为进一步扩大影响，报社重金聘请罗隆基为《益世报》社论主撰，罗隆基的时政分析，深受读者欢迎，他连续发表了《一国三公僵政局》《可以战矣》《再论对日方针》《剿共胜利不算光荣》《攘外即可安内》《爱国无罪》等一系列社论，对国民党政府的不抵抗政策和镇压学生抗日爱国运动的行径进行了激烈抨击，呼吁停止内战，联共抗日。

报纸特辟抗日舆论栏，逐日刊登读者言论，还派记者深入东北秘密采访，以第一手资料揭露日军的侵略罪行，系统地报道沦陷后的东北惨痛情景，如《盗治下的沈阳》《铁蹄下的长春》等。溥仪被挟持出津转赴东北，该报作了详细报道。曹立珊在《春风十年》一书中认为："'九一八'事变以后，反对日本帝国主义最坚决、言辞最激烈的，就是《益世报》。"《益世报》对日本人暴行的揭露，还成为日后东京国际法庭审判日本战犯的证据之一。由于《益世报》长期坚持支持中国人民反帝爱国运动，曾被国民党当局勒令停刊，后几经疏通，才得以复刊。

四、支援中国人民的抗日斗争

雷鸣远主张武力抗日，除在报纸上大力宣传之外，还提倡身体力行地切实投入抗战之中。1933年长城抗战的时候，雷鸣远已年近六旬，他将教会的一些成员组成救护队，自己亲任队长，带队到华北、西北各战区去抢救伤兵、进行救护工作。当行进到遵化时，有人请他讲几句话，他说："你们不要看我的鼻子、我的脸是外国的，我的心是中国的。我们抗战要抗到底！"后来他为英勇抗日的二十九军创办了"残废军人教养院"，举行开幕礼时，雷鸣远致辞说："我对大家是表同情的，不但我应当服侍你们，凡是中国人都应当服侍你们，因为你们卫国有功。"1935年绥远战争的时候，他又带领救护队，完成了救护队史上所未曾完成过的事，一个伤兵也不丢掉，与伤兵共存亡。

1937年"七七"事变爆发，日本发动了全面侵华战争，北平、天津相继沦陷。天津沦陷后，《益世报》坚持出版，宣传抗日，在经理被杀害的情况下被迫停刊。在抗战期间，雷鸣远极力主张《益世报》在后方设法恢复出版。为了解决复刊的经济问题，他设法同南京主教于斌合作。1938年天津《益世报》在云南昆明重新复刊，雷鸣远仍然是董事长。《益世报》复刊后，雷曾亲自到昆明视察报馆，并鼓励工作人员，一定要坚持抗战到底的宣传政策。抗战中，报馆多次被炸，雷鸣远呼吁大家坚定信心，坚持把报纸办下去，为抗战呐喊助威。

在坚持《益世报》抗日宣传的同时，雷鸣远向自己的教会成员发出总动员令，亲率600多人组织救护队、野战医院和战地服务团，到前线抢救伤兵、赈济难民、教育失学儿童。他们还深入敌后、唤起民心，组织民众参加抗战。他先后创办了《大家看》《督导旬报》《北原战报》等为抗战服务的小型报刊。接近雷鸣远的人，都为他的抗战热情所吸引，很多人在抗战时期都曾被他的谈话所激励。在爱国抗日问题上，他不停地感化着别人。有一次他看见两人在争吵打架，人们围了一圈，却无法阻止他们，他伸出拳头，大喊一声，"打倒日本帝国主义"，一时间群情激昂，人们纷纷跟着喊了起来。两个打架的人，也不由自主地跟着喊了起来，自然也就不打架了。还有一次他在西安日军俘虏营中演讲，竟使顽固的日本军人也认识到侵略中国是多么可耻的行为，纷纷转向，也喊"打倒日本帝国主义"。拯救中国的思想一直深埋在雷鸣远的心中，雷鸣远的教徒汇集他的讲演词，出版了一个小册子，名字就叫"救国"。

但是，需要说明的是，雷鸣远持守的是国家主义立场，认为民族的利益、国家的利益高于一切，对于一切损害国家利益的事情绝不能容忍，这表现在雷鸣远对西方列强、对法国政府、对日本问题的态度上；但同时他认可的中国国家政权是蒋介石政府，因此他对共产党领导的八路军很敌对，因此，与八路军的冲突、摩擦不断。

1940 年雷鸣远因伤病病逝于重庆，实现了他将生命献给中国的誓言。

文人论政　笔底泛波

——罗隆基主笔《益世报》的前后经过

———

杨爱芹

罗隆基，字努生，江西安福人，父亲是个秀才，以教书为业，受家庭熏陶，少年罗隆基学习非常优秀，考入清华学校，后留学英美，获博士学位。回国后历任大学教授、《新月》主编、《益世报》主笔、晨报社社长等。罗隆基的人生丰富而坎坷，主笔《益世报》是罗隆基人生中的一段重要经历。

柳暗花明

1928 年秋天，罗隆基从国外回到上海，任教于光华大学，并在中国公学兼职，当时胡适是中国公学的校长。罗隆基和胡适曾是清华校友，又是《新月》同人，所以关系非常密切。由于所学是政治专业和个人的兴趣爱好，罗隆基一直对政治活动比较热心，在大学讲授政治经济学方面的课程，同时还主编《新月》。《新月》本是个文学刊物，但罗隆基强化了它的政治内容，发表了不少批评政府，呼吁民主、宪政、自由的文章，如《对训政时期约法的批评》《平等的呼吁》《服从的危险》《论人权》《专家政治》《我对党务上的尽情批评》等。

在这些文章中，罗隆基以自己深厚的英美政治学知识和对现代政治的理解，批判国民党的专制，主张多党制。他在《论人权》一文中向国民党政府要人权与自由，"言论自由是人权。言论自由所以成为人权，不因为他可以满足人的欲望，不因为他是天赋于人，不因为他是法律所许，根本原因是他的功用。他是做人所必需条件"。罗隆基文章的特点是针砭时弊、言辞犀利，其言论多次触怒国民党政府。

1930 年 11 月 4 日，国民党上海市公安局突然以"言论反动、侮辱总理"，"国家主义的领袖"，"共产的嫌疑"为由，将在中国公学任教的罗隆基逮捕。胡适听说以后，立即托人说情，到处奔走。几个小时以后罗隆基被释放，但这件事加深了他对国民党政府的反感。这一次被捕，使他很不愉快。台湾历史学家沈云龙曾是光华大学的学生，他在《光华大学杂忆》一文中曾说："我进光华不久，他（指罗隆基）在兼课的吴淞中国公学下课后，忽被治安人员逮捕，经讯问后旋又释放。他返光华在大礼堂向全体同学报告经过，语极锐利，锋芒毕露。"罗隆基后来在自己主编的《新月》杂志上发表《我的被捕的经过与反感》一文，就自己的被捕感慨道："照这样看来，国家没有保障人权的根本大法，固为问题，已经公布之普通法律，政府和党员，不肯遵守，又为一问题。党员指挥军警，军警执行司法，这是政府和党员不守法的证据……一言以蔽之：'党权高于国，党员高于法。''党员高于法'，这是我们小民生命上最大的危险。这与法治的原则，根本相违背。"

这次经历之后，罗隆基对国民党的抨击更加严厉，1931 年 1 月 13 日，教育部电令光华大学："罗隆基言论妄谬，迭次公然诋本党，似未便任其继续任职，仰即撤换。"慑于来自政府的压力，光华大学委婉辞退了罗隆基。国民党政府的高压使《新月》内部也产生了分歧，徐志摩主张回归《新月》的文学性，不谈政治，而罗隆基对徐志摩的想法不以为然。他在给胡适的信中说："《新月》的立场，在争言论思想的自由，为营业而取消立场，实不应该。"徐志摩在给胡适的信中抱怨道："《新月》几乎又出乱子，隆基在本期'什么是政治'上又犯了忌讳，昨付寄的400本《新月》当时被扣。"可见，作为《新月》的两位负责人，罗隆基与徐志摩已经开始有了摩擦。此外，罗隆基的家庭生活也显出裂痕，查阅这一时期罗隆基致胡适的信，信中除谈政治见解、谈《新月》的编务外，也倾诉自己感情生活上的苦恼："家事依然一塌糊涂，十分痛苦。志摩新从上海北上，知之甚详也。不久总须求根本解决，知念，随告。"沈云龙在他的回忆录中有这样一段："罗先生和他的夫人张舜琴似乎琴瑟并不调和，常常双双请假，过几日便见罗先生面部带着纱布绷带来上课，同学们常背后窃笑，这样经常吵架的夫妻生活，自难维持长久。"这一时期罗隆基可谓是内外交困。

而就在这个时候，远在天津的《益世报》向罗隆基发出了诚恳的邀请。《益世报》创办于1915年，是中国近现代具有广泛影响的全国性重要报纸，与《申报》《大公报》《民国日报》一起，被人们并称为旧中国四大报。1928年以后，刘豁轩担任《益世报》总编辑，致力改革报纸，积极网罗人才，增设副刊，使报纸焕然一新。罗隆基犀利的文笔引起了刘豁轩的注意，他认为面对国土沦丧、时局动荡的社会现实，《益世报》需要的正是罗隆基这样的人才。罗隆基自由主义知识分子的表现，所持守的国家主义立场，以及反对帝国列强对中国的侵略等，与《益世报》不谋而合，可谓将遇良才。

天津《益世报》的聘请，正是罗隆基在上海很不得志的时候，《益

世报》能在这时向罗隆基以重金邀请，体现了一定的胆识和魄力。为了
聘请罗隆基，其开出了较高的条件，一是在不危及报纸的生命和不反对
天主教教义的前提下，社论撰写有完全的言论自由。二是每月薪金 500
元。月薪 500 元，这大约相当于现在的两万元，当时报刊主编一般薪金
是 150—300 元，还允许罗隆基另外兼职，这个待遇不能说不优厚。三
是有报社提供的专用汽车一辆。罗接到聘书后，感到是一个非常好的机
会，一来自己在上海心烦意乱；二来报纸是日刊，容易发挥自己政治学
博士的特长，新闻消息方便快捷，舆论影响广泛，恰合自己的想法。

主笔《益世报》

1932 年 1 月，罗隆基到任天津《益世报》主笔，同时在南开大学
任教。《益世报》为罗隆基打开了一个言论自由、抒发愤懑的广阔空间，
他对国民党政府、对蒋介石本人的批评都异常的激烈。罗隆基的出发点
是爱国主义，他痛恨国民党政府的屈膝退让，痛恨帝国主义列强的侵
略。在英国留学的时候，他有一次拜见罗素，向罗素请教如何才能拯救
中国，罗素回答是国家主义。国家主义思想一直影响了罗隆基一生，他
爱自己的国家，也捍卫国家领土的完整。

"九一八"事变后的中国山河破碎，东北沦陷后华北岌岌可危，人
民希望国民党政府积极抗日。可是国民党政府态度暧昧，华北地方当局
慑于日本的压力又力图自保，也采取妥协政策。国难当头，人民高涨的
抗日情绪与中央政府的妥协退让形成鲜明对比。罗隆基坚定地站在抗日
的立场上，代表民意，发表了一篇又一篇痛快淋漓的社论文章。《一国
三公僵政局》犀利地揭示出国民党政府实行党治，结果造成派系冲突、
党外有党、党内有派的僵局，抨击蒋介石、汪精卫、胡汉民不顾国事、
争权夺利的自私目的；紧接着又发表了《可以战矣》提出武力抗战的主

张；随后《再论对日方针》《剿共胜利不算光荣》《攘外即可安内》《爱国无罪》等一系列社论出炉。他的文章要求民主，反对内战，反对妥协，主张一致对外，并希望国民党和共产党合作，建立超越党派的国防政府。

罗隆基在《益世报》特立独行，他不用坐班，来去自由，时间上自己支配。罗隆基的社论从定题到内容都从不与报社商量，每次到报馆来，很少与人攀谈，而是独处一室看报写稿，写完就走，稿件偶有笔误可以修改，其他必须保持原貌。报社上上下下对罗隆基都颇为尊重。《益世报》董事长雷鸣远第一次在报馆见到罗隆基的时候就说："罗先生，你肯到我们报馆中来写社论，我高兴极了。我特别喜欢你那篇《可以战矣》的社论，我要我的兄弟们都读你的社论。我们中国人非把日本鬼子打出去不可。"罗隆基对雷鸣远说，他的社论可能会给《益世报》带来麻烦。雷鸣远马上说："你放心，你放心。请你大胆写文章。你这样代表中国人民说话，就是我们报馆因为你的文章关门了，我们也不怪你。只要我还是天津《益世报》的董事长，我是不会让你离开我们报馆的。"

主笔《益世报》的同时，罗隆基在南开大学主讲《宪法论》等课程，他的课中西合璧、旁征博引，见解新颖，观点犀利。校长张伯苓很赏识罗隆基。他对罗隆基说："罗先生要把西方政治与中国政治的不同点告诉学生。只有懂得了中国的政治实际，学生走上社会才能担当改造社会的重任。"罗隆基说："你不怕我在课堂上放言无羁，当局会找你的麻烦？"张伯苓说："教授只有把自己治学的真正体会告诉学生，学生才能受益。罗先生不必过虑，只要我的学生不赶你下讲台，我给你的聘书就会照发不误的。"

这个时期，罗隆基与从美国回来才貌双全的王右家相恋。罗隆基与王右家之间才子佳人的爱情故事，还成为曹禺创作《日出》一剧的生活素材之一。曹禺曾这样说过："王小姐到我家来过，的确她长得很漂亮，也可以说迷人。当然，她不是陈白露，不是交际花……但是，她这个人一下子就把我写陈白露的形象点燃起来……"

这个时期，人们常常看到罗隆基乘坐汽车出入南开大学，有时和王右家在校园里散步，有时到报馆写社论，真是春风得意。罗隆基在《益世报》写的文章言别人不敢言，写别人不敢写，可谓篇篇是重磅炸弹。读者觉得特别有力，特别解气，报纸销量大幅攀升。当时天津约有 70 家报纸，《益世报》的月销量达到了 4 万到 5 万份，超过了老资格的《大公报》。

因笔罹祸

罗隆基在《益世报》的言论再一次引起了国民党政府的不满。一开始，国民党政府对罗隆基采取招安的政策。国民党方面曾通过罗隆基的留美同学试图拉他加入国民党，他没有答应；又提出让他辞去《益世报》主笔去南京政府工作，他也没有答应；还曾通过胡适和张伯苓带话，说蒋介石很器重他，希望他去拜见蒋介石，他仍没答应；而是一如既往地写着对抗国民党政府的文章。胡适是不赞成罗隆基在《益世报》的犀利文章的，他认为口无遮拦、过多涉足政治，会招惹一些不必要的麻烦，以罗隆基的才学，写点儿有学术含量的文章既发挥了自己的才智，又降低了人生风险，为什么要避轻就重。

1933 年初，罗隆基与《益世报》的一年聘期期满后，国民党天津党部对《益世报》施加压力，希望该报不再与罗隆基续约。但《益世报》认为，罗隆基站在国家主义立场力陈抗日并无不妥。《塘沽协定》签订后，罗隆基发表社论痛斥蒋介石对帝国主义侵略者的屈服。福建事变后，罗隆基发文坚决反对内战，支持抗日行为。罗隆基的言论让国民党政府忍无可忍。国民党天津党部发出严重警告，要求《益世报》辞退罗隆基，也希望罗隆基自动辞职。但是，罗隆基既未辞职，《益世报》也以聘期未满为由没有辞退罗隆基。

1933 年 7 月的一天，四名特务奉命来到天津，拜会天津帮会老大潘子欣，希望潘子欣协助刺杀罗隆基。潘子欣在天津的地位类似杜月笙在上海的地位，办这种事一点也不困难，但潘子欣与罗隆基有些交情，颇为器重这个大胆敢言的教授，暗暗将这一消息通报给罗隆基，并提醒他千万小心。罗隆基听了之后，心中惴惴难安，没想到文人论政，会惹出这么大的麻烦。潘子欣建议他离开天津，但罗隆基以为是福不是祸，是祸躲不过，我在明处，特务在暗处，随时可能遭遇毒手，他决定暂时躲在家中，既不去南开大学上课，也不到《益世报》办公，静观事变。一个星期多以后，似乎风平浪静，他紧张的心慢慢松懈下来。

这天，他接到一个类似学生打来的电话，问他明天是否来上课。这种提问让罗隆基起了疑心，他立即向南开大学总机核实是否有学生打过电话，得到的答复是否定的。这引起罗的警觉。课他决定还是要去上，但他分外小心。他没有像以前那样从自己英租界的住所直接驱车前往南开大学，而是改乘报馆的汽车，并且改变了往日的行车路线，先从英租界到日租界，然后过海光寺，经六里台，从小路前往南开大学。这条小路很不好走，狭窄不说，还高低不平，两车几乎不能并行。尽管小心翼翼，考虑周密，但意外还是发生了。就在快要到达南开大学的地方，迎面突然驶来一辆敞篷汽车，两车很难错开。司机正在抱怨，突然卡车上站出四个壮汉，拔出手枪对准罗隆基乘坐的汽车一阵扫射。在这一瞬间，罗隆基迅速平躺在后排座位上，子弹将汽车车窗击碎，玻璃碎片掉落在车内。幸亏司机技术颇为娴熟，猛踩油门，冲进了南开大学校门。

一场缜密的谋杀就这样躲过去了，南开大学校长张伯苓及在北京的胡适听到这个消息后都非常震惊，认为对于以笔谋生的一个文人，政府做得太过分了，一面与市长通报，一面发电给蒋介石要求缉拿凶犯。同时，罗隆基遇刺的消息不胫而走，并且有了多种版本，大街小巷都在谣传罗隆基身中十余枪，有的报纸甚至说罗隆基已经被击毙，罗隆基的家属还收到了很多的慰问电。这次暗杀事件说明，罗隆基的"一支笔"差点给自己引来杀身之祸。

　　这次事件使《益世报》负责人刘豁轩认识到了事态的严重性。到1933 年底，天津市党部又一次向《益世报》发出警告，并声明是最后一次。审时度势，1934 年初，罗隆基与《益世报》没有续签聘书，主动辞去了《益世报》的工作。罗隆基虽然辞职了，但国民党政府并没有放过主张抗日的《益世报》，因为接替罗隆基的是清华大学教授钱端升，钱端升继续发表抗日言论，犀利程度不亚于罗隆基。而无论是南京政府，还是华北地方当局，都不愿意看到激烈的抗日言论。政府通令全国禁邮《益世报》，"全国各地如再发现天津《益世报》，惟当地军政长官是问"。《益世报》的处境非常艰难。胡适当时在津，在日记中这样写道："今晚看晚报，始知罗隆基主持社论的天津《益世报》受党部压迫，封锁邮电，故今日的报不能发行，晚上罗君来谈，说他已辞职了。我们谈了两三个钟头。罗君自以为受国民党的压迫，故不能不感到凡反对国民党之运动总不免引起他的同情。此仍是不能划清公私界限。此是政论家之大忌。"1934 年 7 月，《益世报》被迫停刊。报纸停办了，罗隆基的主要工作是在南开大学任教。

东山再起

　　罗隆基辞去《益世报》职务后，除任教外，还参加了一些社会活动。1934 年夏，中国国家社会党第一次全国代表大会在天津召开，罗隆基被选为中央总务委员兼宣传部长。1934年秋,蒋介石召见罗隆基,罗隆基南下四川与蒋介石在峨眉山会晤。见面后,蒋介石对罗隆基在天津遇刺事件表示关切和愤慨:"听说你在天津曾受过一次惊。""岂有此理,岂有此理!"他指派峨眉军训处教务长陈诚好好招待罗隆基。应该说罗隆基与蒋介石的这次会面是和谐的,蒋介石表现出礼贤下士的诚意,罗隆基也表达了全国人民的抗日决心。在一个多月的时间里,他了解到蒋介石也有抗战之意,应蒋介石之邀每日下午为蒋介石讲解第一次世界大战时英美等国家的战时行政组织情况,此外,他还为在峨眉山受训的军官作了几次演讲。蒋介石欣赏罗隆基的才华,希望他能留下来为政府做事。罗隆基表示:"我没有参加实际政治的才能和兴趣,仍愿意回南开大学教书并从事写作。"罗隆基回到天津,仍在南开大学教书。

《益世报》经过张伯苓等人多次向主持华北政务的黄郛和天津市市长张廷锷疏通,1934年10月,当局有条件地解除了禁令,即接受亲日人物朱枕薪为主笔,报纸恢复出刊。罗隆基偶尔也写些文章以笔名在《益世报》发表。不久,黄郛离开华北,平津政权由宋哲元掌控,日本人对华北地区虎视眈眈,国人忧虑。忧国忧民的《益世报》希望依然发挥大众传媒的作用,《益世报》决心再聘罗隆基担任社论主笔,以重振该报昔日雄风。罗隆基个人也有此意愿。宋哲元主张抗日。经过朋友与宋哲元沟通,宋哲元谅解了罗隆基,罗隆基又重返《益世报》。他一腔政治热情,再一次借文笔汩汩流出,文章依然掷地有声,文笔依然老辣犀利,继续呼吁抗日,抨击蒋介石政府的不抵抗政策。比如1936年3月,针对南京政府污蔑日益高涨的学生运动而发出"万般有罪爱国无罪"的呼声;1936年6月又发表题为《国人制裁内战》社论,提出:"在今日,我们是无条件反对内战的,用抗外作题目与中央发生内争者,我们不能同情……另一方面,'统一'亦不是中央政府进行内战的好题目。"在华北退还是守的问题上，罗隆基先后发表了《我们的逻辑》《我们立场的解释》等文，认为不应该放弃华北。这一期间，他还兼任北平《晨报》社长，参加华北各界救国会，为团结御侮，不遗余力地奔走呼吁。

时局动荡，蒋介石政府无暇顾及罗隆基与《益世报》，只好无奈地听之任之。随着日本全面侵华的推进，1937 年 7 月 30 日天津沦陷。天津沦陷后，报业凋零，天津报纸或者停办，或者为汉奸组织接收，或者超然不谈政治，影响颇大的《大公报》在 1937 年 8 月 5 日停刊。在此危难之秋，罗隆基和《益世报》经理生宝堂一致认为，《益世报》应该坚守这个宣传抗日的阵地，继续为中国人民的抗战呼号，鼓舞抗战士气。他们团结报馆同人在天津意租界继续出版《益世报》，置日本当局的威胁于不顾，拒不刊用日本同盟通讯社的稿件。由于物资短缺经营困难，报纸压缩版面，但一定报道平津抗战消息、各地抗战新闻，登载爱国文章，宣传抗日主张。日本当局严禁《益世报》在市区发行，报馆每天清晨将报纸送到意租界和法租界之间的万国桥上发卖。报纸常常被抢购一空。甚至为了躲避日军，雇报童游泳渡河送报到其他租界。但是覆巢之下安有完卵，这样坚持了 20 天，日军宪兵跟踪绑架了报馆经理生宝堂，随后将其杀害。1937 年 8 月 20 日，风雨飘摇中的《益世报》不得不停刊。罗隆基也辗转离开天津南下，积极投身于抗日战争去了。

罗隆基一生，国家主义观念是他人生的主导，他爱自己的国家，希望国家走上独立富强的道路，希望国家实现民主和自由。他是一介文人，他激烈、激动、激情的言辞，无非是出于一个自由主义知识分子的一片爱国之心，一个忧国忧民之士文章报国的情怀，一个理想主义者的激情勃发。他的遭遇说明时代空间的局促，说明了专制政府的黑暗。《益世报》留下了罗隆基的爱国足迹。

我国历史上杰出的少数民族报人

———

白润生

我国是多民族的文明古国。19 世纪至 20 世纪，中华民族无数志士仁人为了救亡图存、振兴中华创办了大量进步报刊。其中在内地和边远的民族地区涌现出一批杰出的少数民族报人，为我国文化事业做出了巨大贡献。

贡桑诺尔布（1871，一说 1873—1930，一说 1931），我国内蒙古地区第一份蒙文报纸也是我国最早的少数民族文字报纸的创办者。1871 年（清同治十年）6 月 26 日生于内蒙古卓索图盟喀喇沁右翼旗（今赤峰市喀喇沁旗）蒙古贵族家庭。其父旺都特那木济勒为喀喇沁右翼旗札萨克亲王兼卓索图盟盟长，其家族为成吉思汗勋臣乌梁罕济拉玛的后裔。贡桑诺尔布后被封为头等塔布囊、辅国公、喀喇沁郡王。6 岁师从丁举人和喀喇沁中旗蒙文学者伊成贤，学习蒙、满两种文字。十四五岁熟读四书五经和古典诗文，能写八股文，会作试帖诗，并攻读藏文经卷，练习拳击和骑射。16 岁与清肃亲王之三女善坤结婚。婚后仍在外书房练习写字和绘画，并研究音韵和词赋格律，同时整理其父的《如许斋诗集》。

贡桑诺尔布精通蒙、满、藏、汉等多种文字，并学过日语，喜吟诵，好属文，工书法，擅绘画；并精于蒙古传统骑射，文武双全。

1898 年（光绪二十四年）4 月，其父病死，翌年春贡桑诺尔布晋京，承袭喀喇沁王的爵位。他首先革除弊政，减免人民负担。1901 年（光绪二十七年）春，贡王晋京会见北洋大臣直隶总督袁世凯。并通过袁的关系延聘保定武备学堂毕业的周春芳，为其训练军队，保卫蒙旗治安，剿灭地方土匪。

1902 年（光绪二十八年）创办崇正学堂，自任校长。免费招生，义务教育。第二年选拔四名优秀学生送入京城，专攻俄语。是年冬，东渡日本，与日本朝野名流频繁接触。回国后，于 1904 年（光绪三十年）冬，创办毓正女子学堂，改建"燕贻堂"为校址。同年冬季创办完全日本化的军事学校——守正武学堂。"文""武"两所学堂延聘日本教官，用日语授课，完全采用日本教育方式。这一时期，贡王与日本教育界、军界接触频繁，偷派学生留日，反映了他崇拜日本科技和注重教育的思想。

1905 年（光绪三十一年）冬，在崇正学堂内创办以启发民智、宣扬新政为宗旨的蒙文报刊《婴报》。该报四开，隔日刊，石印。主要刊载国内外重要新闻、科学知识、内蒙古各盟旗政治形势动态以及针对时局的短评等，免费投递。崇正学堂师生为其源源供稿，辛亥革命时期终刊。"报馆"内还设有一个略具规模的小型图书馆，藏有《图书集成》《佩文韵府》等珍贵书籍，供各校师生、旗衙门的行政人员阅览。当年在学堂任教的邢致祥说："贡王办教育办报纸，不但蒙藏尚在梦中，就连热河全省也未闻有一处。"为使各地人民与内地加强联系，尤其是让各校师生及旗民中的知识分子订阅北京出版的报纸书刊，贡王从王府至县城（围场县的克勒沟）架设了 90 华里的电杆，并设邮政代办所及电报收理处等机构，派专人负责邮政事务。与此同时，贡王还创办了一家综合性的工厂，内分织布、染色、造绒毡、肥皂、蜡烛、染料等部门，开设了"三义洋行"，丰富了人民的生活，使喀喇沁王府有"小北京"之称。他在当地还开展植树养桑，加强治安，移风易俗，倡导文明结婚，兴学练兵，廉政维新，成果丰硕。

1909 年（清宣统元年）贡王奉命进京，招募旗兵，组建禁卫军马队第三营，被钦命"御前行走"，喀喇沁旗务则由协理希里萨拉代理。民国成立后，外蒙古哲布尊丹巴活佛称帝。贡王仿效欲搞内蒙古独立，不久其野心被袁世凯识破，施以调虎离山之计，任命为蒙藏事务局总裁，晋爵亲王。他任蒙藏事务局总裁之职达 16 年之久（1912—1928），在任期间创办蒙藏学校，并任校长。民国初年加入同盟会，并任国民党理事会理事。贡王晚年生活凄惨，经济拮据，一筹莫展，并迷恋于歌扇舞袖，与当年驰骋喀喇沁草原的奕奕风采相比，判若两人。北伐后，因学生反对，辞去蒙藏学校校长之职。忧郁成疾，于 1930 年（民国十九年）秋（一说 1931 年），患脑出血死于京郊，时年 59 岁。

冯特民（？—1912），辛亥革命时期我国新疆地区唯一的少数民族文字报纸——《伊犁白话报》的主编，主要撰稿人。湖北江夏人，名一，又名超，字远村，笔名鲜民。毕业于湖北自强学堂。1904 年（光绪三十年）在武昌（即江夏）加入科学补习所。次年与刘静庵等组织日知会（清末湖北革命团体。1905 年 2 月由刘静庵、曹亚伯等人发起，第二年 2 月在湖北武昌正式成立。该会以利用美国圣公会所设的日知会阅报室得名。会内分设干事、评论两部，有会员一二百人），任评论员。日知会的"章则文告"，多出其手。1905 年他与张汉杰等在武汉接办《楚报》，纵论鄂省政治，不避嫌疑，因刊张之洞与英人密订《粤汉铁路借款合同》的全文，配发评论而遭查禁，避祸逃往新疆。此后他加入了同盟会，1910 年（宣统二年）3 月在伊犁惠远城创办《伊犁白话报》，任主编。主要撰稿人有冯大树、李辅黄、郝可权、郑方鲁等。因当时形势所迫，不便公开提倡革命，就以办报的合法形式暗中传播革命思想。他与该报其他同志一起主动吸收当地倾向革命的各族知识分子，请他们到各地采写稿件，使该报成为辛亥革命时期新疆地区最有影响的报纸。1912 年被马腾宵刺杀于惠远城。

赵式铭（1872，一说 1870—1942），云南剑川县人，白族，字星海，号弢父，出身于贫苦的教师家庭，自幼同情劳动人民。7 岁随父读书，已能背古诗文，后从严师和白族学者继续深造。15 岁以第一名通过"童子试"。1896 年（清光绪二十二年）应乡试，因在试卷上"放言时务"，抒发爱国思想，勉以副贡。后到剑川、丽江县任教。曾创办《丽江白话报》《永昌白话报》，并于 1910 年与钱民阶、由云龙在昆明创办《云南日报》，并任该报编辑。此间，曾以时事为题材，撰写了滇剧本《苦越南》（后加工改编，在丽江公演），以元曲形式，撰写宣传宗教改革的《莲花生传奇》，以五言诗形式创作组诗《鸿雁来，思合群也》《促织鸣，劝尚武也》《职蜂怨，讲公德也》《雕鹗恨，奖任侠也》。此外，还为丽江中学撰写校歌，短篇小说《并头莲》，激发爱国热情，提倡婚姻自由。1909 年（清宣统元年）被选送北京参加"全国举贡会试"，录取后到四川任灌县都江堰治河小官。这期间，他不仅撰写了热爱祖国大好河山的诗歌，还撰写了一篇名为《考察四川灌县都江堰工利疾书》的近代史实录。辛亥革命后，担任蔡锷都督的记室，兼纂光复志，并加入"南社""苏州国学会"。1926 年再度在云南教书。1930 年任云南通志馆副馆长，在此前后曾与周钟岳等编纂（民国）《新纂云南通志》，任副总纂、总纂。他反对蒋介石镇压人民、"围剿"红军、对日本侵略者采取不抵抗的政策。抗日战争爆发后，他虽养病在家，还以自己的诗文热情鼓励云南健儿奔赴前线，英勇杀敌。台儿庄战役后，他高度赞扬参与此次战役的滇军名将张冲师长和受重伤的旅长以及他的白族学生王云九。1939 年任云南通志馆馆长。他以年迈多疾之躯，不顾时局的艰难，过着"年荒钞史常争米，薪贵书信亦拾藤"的生活。1941 年，在完成省志编纂工作之后，从省城昆明又回到了家乡。1942 年病逝于故里。著述有《白文考》《爨文考》《么些文考》《云南光复志叙要：光复起源篇、建设篇、西征篇》，还有《睫巢诗稿》《希夷微室诗钞》《睫巢文稿》《行年七十自述》等诗文。

安健（1877—1929），贵州郎岱羊场巡检司凹乌底（今六枝特区新场区上官乡下官寨）人，彝族，字舜卿，清末诸生，其先人为贵州水西土司。早年接受西方民主思想，后东渡日本，寻求救国之道。1905 年在日本参加同盟会，多次回国参加钦廉、河口、广州等地的反清起义。1911 年辛亥革命前夕，他在日本同盟会总部与贵州自治学社联系，下达孙中山的指令，推动辛亥革命在贵州的爆发。对贵州光复、襄赞孙中山筹组国民党和团结西南少数民族多有贡献。讨袁护法之役被推为讨袁军贵州司令长官。1917 年初在上海与余达文共同创办《斯觉报》，以宣传三民主义、鞭挞军阀为主要内容，此间被任命为大元帅参议，常被派往滇、黔、桂诸省开展工作。不久，国民党改组，任中华革命党贵州支部长。其后，为了在西南少数民族地区扩大革命影响，被广州革命政府任命为川边宣抚使。他遵照孙中山关于安定川康边民，团结各民族开发边疆资源，共建国家大业的指示，多次深入藏彝地区，调查民情，宣传革命。1923 年 7 月，任广州大本营咨议。1924 年国共实现第一次合作，他竭诚拥护孙中山的"联俄、联共、扶助农工"三大政策，与国民党右派进行坚决斗争。他还从贵州挑选百余名各族青年输送给黄埔军校，成为北伐战争的骨干之一。1925 年后，他参加了陈延年、周恩来等人的

"西南同志会"，与周逸群等共产党人一起，团结滇军、黔军、粤军、桂军中的"左"派力量，推进北伐，编为国民革命军第九军，安健任党代表兼政治部主任。"四一二"反革命政变后，他仍坚持国共合作，反对蒋介石、汪精卫背叛革命，被视为"赤化分子"。1928 年，他到昆明想借助龙云之力，联合他省势力与蒋介石抗争。1929 年 6 月任贵州临时政府政务委员兼民政厅长。1929 年 10 月 12 日病逝于昆明。国民政府追封他为陆军上将，改上官乡为舜卿乡，以示纪念。他十分关心各民族的团结和贵州少数民族的前途与发展，多次在报纸上撰文介绍贵州民族情况，批判大汉族主义。生平著述甚丰。其《讨清檄文》脍炙人口，时人誉为"土人安健，文章震惊海内"。此外，还有《贵州民族概略》《贵州土司现状》等遗著。1986 年 4 月贵州省为其重修墓地并举行了隆重的落成典礼。

《妇女日报》的创始人刘清扬

白润生

刘清扬（1894—1977），女，回族，天津人。中国妇女运动的先驱、中国少数民族报刊事业的开拓者。八国联军侵华罪行在她幼小的心灵里埋下了仇恨的种子，激发了她的爱国主义热情。1905 年，她入平民女子小学读书，秋瑾遇害使她受到很大震动。辛亥革命爆发后，刘清扬在直隶第一女子师范学校加入同盟会，并积极赞助滦州起义的领导人白雅雨、李运清等。1912 年她从女师毕业，在其兄刘孟扬的资助下创办了"大同女校"。1919 年五四运动时期组织"天津女界爱国同志会"，成为妇女运动的代表人物。1919 年 6 月 26 日，她被推举为天津各界联合会反对巴黎和会签字赴京请愿代表，并与周恩来、马骏等发起成立觉悟社，1920 年 2 月，全国学联派她赴南洋宣传，组织募捐。1920 年 11 月23 日，刘清扬为寻求救国救民的道路，赴法勤工俭学。1921 年 1 月，在巴黎由张申府介绍加入共产主义小组。接着，她和张申府介绍周恩来参加共产主义小组。中国共产党成立后，刘清扬又参加了中国共产党海外支部。1922 年 3 月从巴黎赴德国，1923 年 11 月回国。

　　《妇女日报》是我国少数民族同胞创办的第一份妇女报纸。该报1924 年元旦在天津创刊，四开小报。由中共党员和共青团员为主要领导人。刘清扬任总编辑，设有言论、中外要闻、妇女世界、各地琐事、儿童园地等专栏。这张报纸是当地专门讨论妇女问题的唯一报纸。时任中共中央委员、中央妇女部长的向警予曾撰文赞颂这张报纸的出版"是中国沉沉女界报晓的第一声，希望《妇女日报》成为全国妇女思想改造的养成所"，是"中国妇女宣传运动的新纪元"。1924 年 4 月中旬以后，她在上海、广州、北平组织爱国妇女团体，并在《妇女日报》上介绍这些地区妇女运动的情况。在主持《妇女日报》期间，她撰写稿件，宣传马列主义，她在《致沈克思君》一文中说："做事必须脚踏实地。真正的共产主义者必须是一个切实主义者。"列宁去世的第二天，该报发表了《世界无产阶级革命导师列宁逝世》的消息，并刊登文章《列宁死后之共产党》和《列宁略史》等。1 月 26 日，报纸上发表了邓颖超的《悼列宁》一文，文章说，列宁"确为人类创了一个新生命，开了一个新领域"，坚信列宁和他的事业与精神永垂不朽，号召中国人民和全国妇女作列宁的后继者。该报还报道了天津 14 个团体发起召开追悼会的情况。刘清扬在会上发表了《列宁的精神》的讲演，热情赞扬了列宁和列宁主义。24 日和 25 日第一版刊登了她的演讲词。报道第三国际、苏联党和政府的活动，也是该报的重要内容。半年内，刊登宣传马列主义重要言论和消息近 50 篇。在社会各界引起强烈反响，为传播马列主义发挥了重要作用。创刊不久，就宣传计划生育，发表了刘清扬撰写的《我主张限制生育的一个理由》，她说："救治中国根本的方法，当然不外从老民族里造出一个新民族。换言之，就是须改良人种。今日科学，虽然幼稚得很，但如一好而能的政府，改良人种，并非不可能的事。今日的中国，自说不上这个，我以为她是可以从目前小处做了去的。不能洁流，莫如清源。因此，我主张限制生育是应与整理家庭并行的事。与其多生而不能养、不能教，不如生得少、养得好。能如此，体格、知识两方面必都可以有长进。"1924 年 9 月，《妇女日报》被军阀查封。

在国共第一次合作期间，刘清扬受中国共产党北方区委指定加入国民党。1924 年 6 月 17 日至 7 月 8 日，她随李大钊等人一起参加在莫斯科召开的共产国际第五次代表大会，亲自撰写关于中国妇女参加革命活动的报告，受到共产国际东方妇女部长的高度赞扬。国共合作破裂后，她退出了国民党，不久与共产党也失去了联络。但她仍然进行宣传工作。

"七七"事变后，刘清扬奉北平党组织之命到南方为冀东游击队募集资金，她到处演讲，宣传抗日，得到了文艺界人士和海南岛同胞的支持。在武汉、重庆发起组织战地儿童保育会，担任常务理事兼输送委员会主任。她和邓颖超等中共各地妇女代表 50 多人，参加了宋美龄召集的庐山妇女谈话会，商讨发动妇女投入抗战的议题，成为抗日妇女工作中一名勇敢的战士。后担任以宋美龄为指导长的新生活运动促进总会妇女指导委员会的训练组组长，共培训抗日妇女、抗日干部近千名。经过培训的妇女干部，绝大多数走上了革命道路。1941 年 "皖南" 事变后，她在香港、桂林等地积极参加反蒋抗日活动。1944 年，刘清扬在重庆加入中国民主同盟，并被选为民盟中央委员兼妇女委员会主任。抗战胜利后，担任民盟北平市支部主任，到天津开展民盟河北省支部的筹建工作，输送了不少进步青年到解放区工作和学习。新中国成立后，刘清扬历任政务院文化委员会委员、全国妇联副主席。曾任第一、二、三届全国政协委员，第四届全国政协常委，河北省政协主席，北京妇女联谊会主席，中国红十字会副会长，中国民盟主同盟中央常务委员。

邵飘萍与他的新闻事业

张建安

2009 年 4 月的一天，下班时分已是下午 5 点，但天色明亮，夕阳的余晖仍让人感到有点热。我匆匆忙忙赶往北京宣武区魏染胡同，去寻访昔日曾创下新闻事业辉煌战果的京报馆。

京报馆是民国著名报人邵飘萍于 20 世纪 20 年代修建的，80 年代被列为北京市文物保护单位。那是一幢二层楼房，楼门正中仍保留着邵飘萍亲笔书写的京报馆牌匾，让人一下子感觉亲近了历史。楼房上的一个个窗户里面，便是邵飘萍当年忙着出报的地方，一篇篇振聋发聩的新闻报道由此面世。我静静地站立着，端详着……在树影摇曳中，我似乎又看到急着买报的民众，在乱世中，他们希望从报上了解最新且真实的时势动态，也想阅读邵飘萍新鲜犀利而又独立的新闻评论。

铁肩担道义，棘手著文章

邵飘萍，1886 年生于浙江东阳，名振青，字飘萍，幼聪慧，五岁起随父亲在私塾读书，14 岁奉父命到杭州参加科举考试，得中秀才。当时正值百日维新之后，一方面是整个国家面临更大的生存危机，另一方面则是新思潮涌入中国的大城市，冲击着知识分子的头脑。邵飘萍的杭州之行，使他开了眼界，从此不再热衷科考，转而学习声光电化等自然科学，1902 年入浙江省唯一的大学浙江高等学堂学习。大学期间，他受新思想启蒙，萌发"新闻救国"之志，并愿意为此奋斗终生。他在作文时模仿梁启超的政论文字，也常常给上海各报（主要是《申报》）投寄有关杭州和金华的地方通讯，从而与报馆有了联系。

1905 年，邵飘萍大学毕业后返回金华，任金华府学堂国文、历史教员，但主要精力仍是为上海的一些报纸写通讯，并成为《申报》特约通讯员。1906 年，邵飘萍与汤修慧结婚。1911 年辛亥革命后民国成立，中华民国临时政府约法中规定"人民有言论著作刊行之自由"，从而激发了人们办报的热情。邵飘萍辞去学校工作，再次来到杭州，拜访著名报人——《汉民日报》社长杭辛斋，表达自己想要办报的想法和激情。杭辛斋思想进步，二人虽是初次见面，但志同道合，迅速引为同道。杭辛斋马上任命邵飘萍为《汉民日报》主编，邵飘萍的办报生涯从此开始。

1914 年，邵飘萍由上海东渡日本，就读于东京政法学校，课余与潘公弼等同学创办东京通讯社，为京津沪汉著名报纸提供东京通讯。1915 年 1 月正值日本向袁世凯政府提出"二十一条"之际，邵飘萍议论激越，并将"二十一条"真相及时地驰报国内，在全国人民的强烈抵制下，卖国的"二十一条"终于未能实现。1916 年春，袁世凯倒行逆施要做皇帝，上海新闻界电邀邵飘萍回国，以加强进步新闻的力量，讨伐袁世凯。邵飘萍匆匆抵达上海，为《申报》《时事新报》《时报》等报撰写评论稿件。他署名"阿平"（即"平不平"之意），以犀利笔锋在舆论界产生很大影响。1916 年 6 月 6 日，袁世凯败死，邵飘萍被《申报》社长史量才聘请为《申报》驻京记者，负责撰写"北京特别通讯"。这一年，邵飘萍 30 岁。

民国初期的北京报纸，几无重要有系统的新闻。记者（当时叫访员或外交记者）地位低下，社长只是挂名，报纸成为各派别政客的私家工具，不核实文章内容之真假，只为本派别服务。因此，北京报纸的名声是很臭的。外国人在中国有通讯社，凡属国内外重大新闻，皆为外国通讯社所把持。他们也是从自身利益出发，不顾事实，任意左右中国的政闻。邵飘萍目睹这种情景，深以为耻，于是首创华人自办的通讯社（即北京新闻编译社），致力于真实新闻的采集编排以及外电的选择翻译。

在此期间，邵飘萍一度兼任章士钊主办的《甲寅》日刊的主编。

担任《申报》驻京特派记者期间，邵飘萍以各种方式获取重要新闻，每日给《申报》发电二三千字，并间日撰写通讯报道。他所撰写的《"府院之争"的关键》以及披露国会议员丑态、揭发北洋军阀内战真相、揭露对外借款内幕的报道，等等，都在当时产生深远而实在的影响，一时风靡全国。

邵飘萍因此成为当时最有思想、最活跃、最有影响力的记者之一，他将记者视为"新闻界战斗之壮士"，采访手法最为灵活，几乎是无孔不入，所以往往能采访到别人无法采访到的内容，比别人更能快速地获取最重要的消息。他自己就讲过很有意思的事例：

愚某次在北京饭店宴全体阁员、府院秘书长等，各人兴致勃然，无所避忌，吐露甚多重要之消息。愚预备电报纸于隔室，令两脚踏车守候于门外，随得随发，宴会未终，而各种重要消息已达于上海。越两日各阁员见上海《申报》披露许多重要电报，为之跃然，亦一有趣事也。

邵飘萍对采访充满了激情，以超人的勇气和智谋打造着自己的事业。同时，他又在实战中积累了大量的经验，并总结出许多理论。例如，他归纳出记者所必须具备的独特智能，要"知新闻之价值"、要有"观察力、推理力、联想力"、要"细密"、要"机警与敏捷"等。他探索出采访新闻的具体办法，认为"外交记者之种种准备，无非欲完成其探索新闻之职务而已。若能彻底了解，再加以相当经验，且遇事奋勇前进，有机警精细之脑筋，无畏难自沮之暮气，则成为优良之外交记者不难矣"。他也全面熟悉了办报的种种环节，为自己的事业谋取更大的发展空间。

1918年，邵飘萍辞去《申报》特派记者的职务，在北京创办了自己的报纸——《京报》。在《京报》创刊词中，邵飘萍公布了自己以"新闻救国"的大抱负："时局纷乱极点，乃国民毫无实力之故耳"、"必从政治教育入手。树不拔之基，乃万年大计，治本之策"、"必使政府听命于政党民意之前，是即本报之所为作也！"同时发表评论称："民国以来，军阀所为者俱为祸国殃民，今则必须国民共起，志同道合，协力除之！"《京报》创刊时，邵飘萍还特地在编辑室大书"铁肩棘手"四字，勉励报馆同人"铁肩担道义，棘手著文章"。

这一年，邵飘萍还参加了中国第一个新闻学团体北大新闻学研究会的创建活动，应邀担任该会的讲师，教《新闻学总论》。从1918年11月3日起，邵飘萍每周上两个小时的课，所讲内容从世界各国新闻机构的组织情况一直到一份报纸的具体出版程序等方方面面，既有学术性，又颇为实用，是邵飘萍多年来理论与实践的成果。当时，年轻的毛泽东也常去听课，邵飘萍对其帮助很大。

1919年五四运动期间，邵飘萍走上讲台疾呼："现民族危机系于一发，北大是全国最高学府，应当挺身而出，把各校同学发动起来，救亡图存，奋起抗争。"又在《京报》上刊登《为学生事警告政府》等文章，揭露政府的卖国行径，《京报》因此 8 月间被皖系军阀查封，编辑潘公弼被捕。邵飘萍被通缉，不得不离开中国，东渡扶桑，受聘于日本《朝日新闻》。从事新闻工作的同时，以大部分时间研究各国政治思想动态及各国新闻舆论的历史与发展。

1920 年段祺瑞的安福系政府垮台后，邵飘萍返回北京，重新办起《京报》，使其迅速成为国内一流的报纸。扩张后的《京报》由原来的对开四版一大张变为对开四版两大张，遇有重大事件，另外发行特刊和号外。在加强新闻报道的同时，邵飘萍注意开拓新领域，先后创办了《海外新声》《小京园》《经济新刊》《民众文艺》《图画周刊》《妇女周刊》《新闻副刊》等几十种副刊，孙伏园、徐志摩、刘半农、石评梅、鲁迅、王小隐、徐凌霄等人都曾参与编辑工作，对中国思想、文化、经济、教育等诸领域均有重大贡献。魏染胡同内著名的京报馆，就是邵飘萍于事业发达之际自筹资金建成的。1925 年 12 月 7 日，邵飘萍等人迁入时，《京报》特地出版了《京报特刊》，上面赫然刊登着新报馆与邵飘萍的大幅照片。此时，邵飘萍的新闻事业达到巅峰状态。他在总管报社大事的同时，仍以采访报道为第一要务。他既是社长，又是编辑部长，还是总主笔。为方便采访，邵飘萍购买了一辆黑色小轿车，成为中国首位以自备汽车进行采访的记者。

办报的同时，邵飘萍不忘新闻教育事业，他在北京大学执教期间，撰写《新闻学总论》一书；在北京平民大学讲课期间，又编写出版了《实际应用新闻学》一书。这两部新闻学专著，是中国最早的一批新闻理论著作，影响了一代代的新闻人。

立德立功立言

邵飘萍最重视记者的品行和人格。

在《新闻学总论》中，邵飘萍再三强调新闻记者的责任心，将其视为全书思想的根本所在。在最后一节"对于读者之希望"中，他还从自己的实例中阐发，称："新闻记者之尽职，以道德人格为基础，以侠义勇敢为先驱，而归本于责任心之坚固。张勋复辟之役，余因亲赴天津发电，彼时京电局为辫子兵所占守，途经丰台，夹杂两军之中，几死于流弹之下。当时之危险状态，至今思之，犹为心悸。若果死，则责任心命我不得不死也。倘缺乏此项根本条件，全书皆成虚语矣。"

回顾邵飘萍的记者生涯，面对死亡威胁的次数不可谓不多，邵飘萍也免不了与常人一样会"心悸"，但他将责任心建立在"新闻救国"的信念之上，所以并不退缩。

早在主编《汉民日报》时，邵飘萍就经常揭露浙江地区贪官污吏的丑恶行径，猛烈抨击袁世凯窃国称帝，曾被扣上"参加二次革命嫌疑"的帽子，逮捕入狱。

1919 年，邵飘萍因揭露军阀卖国行径，《京报》被查封，他本人亦处于极度危险当中，"仓促间从屋顶逃出，幸未就擒，暂避于东交民巷六国饭店。然未几安福内阁以扰乱京师治安罪名照会公使团引渡，并行文全国通缉"。邵飘萍不得已乔装逃往日本，其在国内的新闻事业也不得不中断。在此重挫之下，邵飘萍没有丝毫妥协，相反，几年后他办起了影响面更大的新《京报》，"以全力与帝国主义者挑战，赤手空拳，大声疾呼"。

鉴于邵飘萍的才干和影响，袁世凯、张作霖等军阀均试图以重金收买他。邵飘萍不为所动。军阀们见无法收买邵飘萍，便将其视为仇敌，写上黑名单。邵飘萍处境危险，但在原则问题上毫不动摇，而又以非常灵活之手腕与权要们周旋。正如张炽章在《追悼飘萍先生》中所讲："北京大官，本恶见新闻记者，飘萍独能使之不得不见，见且不得不谈，旁敲侧击，数语已得要领，其有干时忌者，或婉曲披露，或直言攻讦，官僚无如之何也。自官僚渐认识飘萍，遂亦渐重视报纸，飘萍声誉，以是日隆，而仇之者亦日以多矣。"随着邵飘萍的影响力日益强大，仇恨他的官僚虽想害他，但有所顾忌，也不那么容易了。也有一些官僚开始敬佩邵飘萍的胆气，见其慷慨豪爽，"躯干不逾常人，而修眉爽额，目光炯炯四射，平居不甚拘小节，临大事乃蹶起无所避，不惜与北庭权要相接"，是奇男子，一世英豪，也愿意与之交往。更有一些进步官员，将邵飘萍引为同道。冯玉祥即称赞邵飘萍为"立德立功立言"。

邵飘萍在其生涯中，始终把办报救国放在首位，但国外强敌凌辱，国内军阀混战，整个中国的形势越来越危急。邵飘萍为此心急如焚，他办报以"无党籍、热心国事，不偏不袒"为原则，但遇到进步力量与恶势力相争斗时，他的言论明显倾向于前者。

早在1921年中国共产党成立之初，李大钊等人即与《京报》保持紧密联系。邵飘萍与孙中山领导的国民党要人也多有联系。

从1923年起，北洋陆军检阅使冯玉祥经常约请新闻界人士，共同探讨救国之道。1924年5月的一天，邵飘萍等人再次受邀参观冯玉祥的阅兵式，阅兵时，冯玉祥问官兵："你们是什么人的军队？"官兵们齐声回答："老百姓的！"又问："你们的吃穿用是谁给的？""老百姓给的！"冯玉祥的军队给邵飘萍留下很好的印象，冯玉祥的作风也是邵飘萍所赞赏的。但在阅兵后的交谈当中，邵飘萍不像旁人那样当面称赞，而是分析国内外时势，指出冯玉祥军队的不利处境及弱点，提议冯军应远离军阀激烈争夺的北京，驻军唯一没受帝国主义染指的西北，"借以时日，必可使西北富业发达，物产丰富"，从而进一步造福于全中国。冯玉祥听后大为赞赏，当晚又约邵飘萍密谈。邵飘萍建议冯玉祥立即联合南方孙中山的革命力量，将军队改编为国民军。冯玉祥听后动容，对邵飘萍更加敬重。

1924 年 9 月 17 日，以曹锟、吴佩孚为首领的直系军阀与以张作霖为首的奉系军阀展开激战，第二次直奉战争爆发。冯玉祥原属直系，于 10 月 23 日发动北京政变，囚禁曹锟。25 日，冯玉祥电请孙中山北上。此时，冯玉祥虽政变成功，但尚无力量完全控制北京。在各种力量的纠纷中，所谓的中华民国临时执政府成立，段祺瑞被推任北京临时政府执政。孙中山为了国是，不顾自己的身体，转道北上，12 月 4 日抵天津的当晚，肝病发作。12 月 31 日，孙中山扶病由天津进入北京，受到十余万群众热烈欢迎。孙中山北上，使邵飘萍看到了救国之希望，于是积极拥护孙中山，在《京报》上大量地刊登有关孙中山的消息。孙中山也非常看重邵飘萍及《京报》，特地将自己的照片赠予《京报》。《京报》以副刊《图画周刊》创刊号的方式予以刊登，标题为《全国景仰之中山先生》。此后，又隆重地印发了《中山先生来京纪念号》。

大危机与大决裂

邵飘萍见国家形势一天比一天危急，而各方军阀只顾自己利益，受帝国主义幕后支持展开混战，使整个中国濒临国破家亡的危境。他的爱国情绪因此而更加强烈。

之前，为了报纸的长远发展，邵飘萍有时也不得不与军阀周旋，尽量不做鱼死网破般的奋争。但随着国家形势的恶劣，在巨大的危机面前，在一些激烈事件的刺激下，邵飘萍便顾不了太多，因而不惜冒生命危险，与军阀头子发生大决裂。对于奉军首领张作霖，邵飘萍早在 1918

年即因张作霖抢劫政府军械而撰写一篇报道《张作霖自由行动》，对张作霖冷嘲热讽，张作霖自然非常恼火，但还不至于动杀机。而1925年间发生的事，使张作霖开始仇恨邵飘萍，必欲铲除而后快。

当时，邵飘萍对奉军中的革新派虎将郭松龄寄予厚望，不仅发表大量文章称赞郭松龄，而且促成冯玉祥与郭松龄的合作。1925年，郭松龄与冯玉祥达成密约，在冯玉祥发动北京政变的同时，郭松龄起而讨伐张作霖。《京报》为此发表了许多声援郭、冯二将军的新闻与评论。12月7日，《京报特刊》特地以一大张两整版的厚铜版纸，异常醒目地登出了当时重要政治人物的照片，每个人物的下面，是邵飘萍亲自撰写的介绍语，例如："保护京畿治安京畿警卫总司令兼京畿警察总监"鹿钟麟，"时势造英雄首先倒奉"之孙传芳，"通电外无所成自岳州赴汉口"之吴佩孚，"东北国民军之崛起倒戈击奉"之郭松龄，"忠孝两难"之张学良，"一世之枭亲离众叛"之张作霖，"鲁民公敌"张宗昌，"直民公敌"李景林，"甘心助逆"之张作相，等等。特刊一出，传播面非常广，直接到达前线，使张作霖的军心为之动摇，连连失利。此外，邵飘萍还在报上鼓励张作霖之子张学良"父让子继"，接任"镇威军"总司令的职位，改造东北政局。郭松龄与张学良交情深厚，邵飘萍此举乃是离间之计，以此动摇张作霖的军心。张作霖的部队节节败退，张作霖这个相信武力万能的武夫，至此真正领教了邵飘萍笔杆子的厉害，因此汇款30万元，想要收买。邵飘萍以前曾收过袁世凯等军阀的钱，但收钱后该痛骂时还是痛骂，并不丧失自己的办报原则。这一次则显得更加坚决，为表明自己的明确立场，邵飘萍当即将银钱全部退回。张作霖恼羞成怒。他为了打败郭松龄，不惜答应日本政府提出的丧权辱国的条件，以此换来日军的支持。1925年12月23日，郭松龄部队遭到奉军与日军的联合夹攻，兵败被杀。邵飘萍闻讯后悲愤万分，不顾自己的危险处境，立刻发表《日本暗助奉张之战功》，分析郭松龄军队战败的原因，揭露张作霖及日军阴谋。此文面世后，张作霖增强了必杀邵飘萍的念头。

1926 年 3 月 18 日，北京各界民众在李大钊等人的领导下，在天安门前召开国民大会，要求段祺瑞执政府拒绝日、英、美等八国提出的撤除大沽口国防设备的最后通牒，抗议日舰 12 日对大沽口的炮击。会后，2000 余人前往执政府东门和平请愿。段祺瑞出兵镇压，凶残对待手无寸铁的民众，造成 47 人死亡、200 余人受伤的"三一八"大惨案。邵飘萍闻讯，马上派记者到现场调查，自己则亲自到权威部门访问。第二天，《京报》刊登邵飘萍所写《世界空前惨案——不要得意，不要大意》的时评，公开鞭挞段祺瑞政府。接着，邵飘萍又写一社论，题目为《可谓强有力之政府矣——举国同声痛哭，列强一致赞成》，矛头直指列强与段祺瑞等人。20 日，邵飘萍写《小沙场之战绩》；21 日，写《警告司法界与同民军——段、贾等可逍遥法外乎？各方注意屠杀案要点》，既痛骂段祺瑞等人的暴行，又尖锐地揭露出段祺瑞企图将惨案嫁祸于冯玉祥的阴谋。邵飘萍除亲自上阵外，还邀鲁迅、孙伏园等人并肩作战。鲁迅所写的《可惨与可笑》《如此讨赤》等犀利的文章均发表于《京报》。

3 月 23 日，北京民众自发举办追悼会，一方面悼念惨案的死难者，一方面抗议这场军阀大屠杀。公道自在人心，但当时已是白色恐怖，人人自危。追悼会即将开始，大会主席尚未确定，时为中法大学学生的陈毅挺身而出，充任大会主席。他愤然登台，谴责段祺瑞政府祸国殃民的暴行，全场震动。陈毅讲完之后，一时无人发言，会场出现令人窒息的沉默。这时候，邵飘萍昂首走上讲台，揭露段祺瑞不得人心之暴行。邵飘萍敢作敢当，给陈毅留下深刻的印象。

大义所激，邵飘萍为自己选择了一条异常危险的道路。他自己非常清醒，所以在给友人伯子的信中这样写道："弟今日处境甚危，段氏方面，弟因其杀无辜学生，已与之大决裂。"

邵飘萍大笑而死

邵飘萍上了段祺瑞的黑名单。张作霖、吴佩孚等军阀均想杀害他。

1926年春，张作霖与段祺瑞互相利用，并与以前的敌手直系军阀吴佩孚恢复合作，一起进攻冯玉祥的军队。冯玉祥当时正在出国赴苏途中。在对方优势兵力的压力下，冯玉祥不得不命令部队撤离北京，退到西北。冯玉祥的国民军退出北京之时，纪律严明，"不扰民真爱民"。邵飘萍特发一篇《欢送国民军》的评论，公开称颂。

冯玉祥对邵飘萍的处境非常担心，劝其出国。邵飘萍虽知有万险，但不愿就此远离自己在北京苦心经营的新闻事业，所以冯玉祥的军队撤出北京后，他只是避入俄国使馆，并在东交民巷内的六国饭店租用了一个房间，接待来访客人。与此同时，他安排夫人汤修慧暂守报馆，继续维持。

张作霖的部队开进北京后，公布所谓的《维护地方治安公告》，其中特别规定："宣传共产，鼓吹赤化，不分首从，一律处以死刑。"北京军阀遍地，陷入白色恐怖当中。

邵飘萍在租界本来是安全的。张作霖记恨邵飘萍，特以2万块大洋外加造币厂总监的职位收买了邵飘萍的旧交——《大陆报》社长张翰举。张翰举见利忘义，接受张作霖的指派，多次前往六国饭店找邵飘萍，表现得非常亲密，并自称："我已向张学良少帅疏通过，张答应《京报》可以正常出版。"邵飘萍久离报馆，见军阀对报馆并无什么举动，警惕性有所放松。报馆还有许多事务需要及早处理，他早想回去了。听张翰举信誓旦旦地打着保票，就决定冒险回报馆看看。

1926 年 4 月 22 日下午 5 点多，邵飘萍乘私人汽车返回京报馆，见到汤修慧后，马上将一纸文字交给汤，嘱咐她在《京报》上刊登出来。没想到这成为邵飘萍最后的绝笔。内容如下：

飘萍启事

鄙人至现在止，尚无党籍（将来不敢予定），既非国民党，更非共产党。各方师友，知之甚悉，无待声明。时至今日，凡有怨仇，动辄以赤化布党诬陷，认为报复之唯一时机。甚至有捏造团体名义，邮寄传单，对鄙人横加攻击者。究竟此类机关何在？主持何人？会员几许？恐彼等自思亦将哑然失笑也。但鄙人自省，实有罪焉，今亦不妨布之于社会。鄙人之罪，一不该反对段祺瑞及其党羽之恋栈无耻；二不该主张法律追究段、贾等之惨杀多数民众（被屠者大多数为无辜学生，段命令已自承认）；三不该希望取消不平等条约；四不该人云亦云承认国民第一军纪律之不错（鄙人从未参与任何一派之机密，所以赞成国民军者，只在纪律一点，即枪毙亦不否认，故该军退去以后尚发表一篇欢送之文）；五不该说章士钊自己嫖赌，不配言整顿学风（鄙人若为教育总长亦不配言整顿学风）。有此数罪，私仇公敌，早伺在旁，今即机会到来，则被诬为赤化布党，岂不宜哉！横逆之来源，亦可以了然而不待查考矣。承各界友人以传单见告，特此答陈，借博一粲。以后无论如何攻击，不欲再有所言。

邵飘萍并没有在报馆耽搁太多时间，但就在这短短的不到一小时的时间内，张翰举已急着通风报信去了。将近 6 点的时候，邵飘萍从报馆出来，刚刚行至魏染胡同北口，便有数名侦探围了上来，问："您是邵先生吗?"邵飘萍回答:"是。"侦探马上将邵飘萍拘捕,带到警厅。

4月25日,《北京晚报》刊登了"京报馆被封"和"邵飘萍先生被捕"的消息,北京报界联合会及报界同志会均全力营救。以杨度为首的13位代表前往石老娘胡同找到张作霖之子张学良,请其救出邵飘萍。张学良予以拒绝,称:"取缔宣传赤化分子,早经奉天军事会议决定,警厅奉令执行,邵飘萍不过其中之一而已。"众人找出种种理由为邵飘萍求情,张学良不为所动,说:"逮捕飘萍一事,老帅和子玉(吴佩孚)及各将领早已有此种决定,并定一经捕到,即时就地枪决。此时飘萍是否尚在人世,且不可知。余与飘萍私交亦不浅,时有函札往来。唯此次碍难挽回,而事又经各方决定,余一个亦难做主。"代表们再三求情,均无结果,张学良最后说:"飘萍虽死,已可扬名,诸君何必如此强我所难……此事实无挽回余地。"如此一来,邵飘萍必死无疑。

邵飘萍是在1926年4月26日被杀害的。罪名是所谓"赤化"。

1926年4月27日的北京《晨报》如此报道邵飘萍临终前的情景:

至昨晨一时余,邵由警厅解到督战执法处,审问一过,即判处死刑。三时余又解回警厅,至四时三十分,由警厅一面通知外右五区警署预备刑场,一面用汽车二辆,将邵提到天桥,执行枪决。当时邵穿长夹袍,青马褂。汽车行抵刑场,由警队扶之下车,走至监刑官案前报名,邵向监刑官狂笑数声,往南行数步,由行刑者用马枪向脑后射击,砰然一响,邵即应声倒地,弹由右眼穿出,即时毙命。

邵飘萍乃是大笑而死的,临终前仍不失豪气。他早就立下"新闻救国"的宏愿,愿意为此牺牲生命。这一次,他就是为自己的宏愿而死。

张宗昌与民国三大报人被杀案

———

苏全有

北洋军阀统治时期的 20 世纪 20 年代曾经发生过三大知名报人被杀身亡的重大案件，即胡信之被杀案、邵飘萍枪杀案、林白水处决案，有意思的是，张宗昌与这些案件都有着微妙的关系。

一、胡信之被杀案

胡信之是青岛《公民报》的总编辑，乃新闻界著名人士。他被张宗昌杀害，主要原因是他与青岛商会会长隋石卿之间的严重过节。

1925 年上海"五卅"惨案后，全国各地立即风起云涌地掀起了反帝爱国运动，青岛民众也发起抵制英日货的活动，并募捐援助上海罢工工人。当时青岛商会会长隋石卿及一般商董因个人利益关系，尽管赞成抵制洋货，但只愿抵制，不愿意焚烧。对此学生、工人不答应，全市数千学生包围商会，打算强迫隋石卿等接受焚烧日货的决议，并成立纠查团，挨家清查各商号的日货，声言查出后要悉数予以烧毁。这样就和隋石卿等结下了深仇。学生中活动最力的是李蕚、许诗可，青岛《公民报》总编辑胡信之把他们视为有骨气的优秀爱国青年，经常与之联系，不断在报纸上加以鼓励，又尽量发表有关爱国运动的新闻。胡信之除与学生联系外，也不断联系工人，遭到日本纱厂资本家等的忌恨。

恰在此时，也就是该年旧历七月间，张宗昌回乡祭祖，路过青岛，住在青岛大饭店（太平路 31 号）。当天，隋石卿以地方团体的名义，在青岛著名的鲁菜馆——鸿宾楼设宴招待张宗昌。自张宗昌以下随从数十人，都应邀前来，一夜花去银洋上千元。数天后，也就是张宗昌离开青岛之后，胡信之在报纸上把隋石卿大骂一顿，说：

"隋石卿对爱国运动及援助上海罢工工人吝啬异常，对献媚当道则又这么铺张浪费，实属丧心病狂。"

当然这样责骂隋石卿，就牵扯到张宗昌。隋石卿借机在一旁怂恿，令张十分恼火。所以，就在报纸发表后的当天晚上，有人劝胡信之逃走，避避风头。胡说：

"我是赤脚的，不怕穿鞋的，他能把我怎么样？"

这是胡被捕杀的第一个原因。

该年夏季淮河流域遭到水灾，两岸数百万人民流离失所，无家可归，全国发起了募捐救灾运动。那时青岛首富是"烟土大王"刘子山，他拥有巨资，而对救灾只捐了数百元，且对募捐的人们大肆讽刺，引起了一般市民的愤恨，胶澳电气公司职员余哲文对之尤感不满，就画了一张漫画，一盏油灯台，下面有一个老鼠正要爬上去，旁边写着：

"老刘、老刘，快来舔油！"

此画投到《公民报》副刊，胡信之即予登载。

这张漫画在报上一登，触怒了刘子山。于是，隋石卿与刘子山秘密到济南，通过刘怀周打通袁致和，共用去大洋 4 万余元，由袁致和上书报告，刘怀周呈递进言，以胡信之鼓动学生、工人在青岛闹事等罪名欲让张宗昌抓捕杀之。这是胡被捕杀的第二个原因。

隋石卿、刘子山以及袁、刘的蛊惑，使张宗昌相信，决定捕杀胡信之。具体执行逮捕任务的，是随张宗昌同来青岛的山东省警务厅厅长袁致和。

逮捕胡信之是在黎明之前，《公民报》尚未结束工作，军警突入，即将胡绑走。同时又逮捕了该报社长刘祖谦。并把报社仔细搜查了一遍，接着将报社内所有的人都驱逐出去，随即对该报社予以封闭。

胡信之被逮捕到青岛警察所三天后被杀。

二、邵飘萍事件

邵飘萍（1886—1926），浙江东阳人，1918 年 10 月 5 日，创办了著名的《京报》。1918 年 10 月，邵飘萍参与创办了北大新闻学研究会，蔡元培聘他为导师，这是中国新闻教育的开端。当时《京报》刚刚创立，工作非常繁忙，但他一直坚持去上每周两小时的课。1919 年 10 月，得到一年结业证书的有 23 人，得到半年证书的有 32 人。名单中有不少人是中共最早的领袖级人物，如毛泽东、高君宇、谭平山、陈公博、罗章龙、杨晦、谭植棠等，还有著名的无政府主义者区声白等人。55 人中也有些人终身都从事新闻事业，是中国新闻界的中坚，由此可见其影响的深远。

奉军和直军进入北京后，大张旗鼓地进行反动活动，首先就向新闻界开刀。邵飘萍作为著名的新闻记者，首当其冲。当时，新闻界常常批评政治。《京报》主笔邵飘萍就因抨击时政，成为一个很有影响的风云人物。

1921 年元旦，《京报》刊出军阀头目的照片特刊，每张照片附以简短说明。1925 年 12 月 7 日，邵飘萍出了一大张二整版的《京报特刊》，以厚纸铜版精印，全是当时时局重要人物的照片，非常醒目。每个人物后面都有他亲自写的评语。邵飘萍不断地发表报道、时评，支持冯玉祥发动北京政变，又力助郭松龄倒戈反张作霖，力数张作霖的罪状，甚至撰文鼓励张学良"父让子继"，还反对段祺瑞，拒绝接受"善后会议顾问"的聘请，并强烈谴责"三一八"惨案屠杀学生，发表了一系列详细报道和《首都大流血写真》特刊。读者为《京报》大胆直言所吸引，踊跃抢购特刊。连张作霖也慌了手脚，马上汇款 30 万元赠给邵飘萍，企图堵他的嘴。他收到后立即退回，并继续在报上揭露张作霖。他曾和家人说："张作霖出 30 万元买我，这种钱我不要，枪毙我也不要！"他不幸言中。1926 年 4 月，奉军进入北京后，邵避入东交民巷。不久，他家里打电话来让他回家处理家事。在此之前，他已经听他的好友张汉说，奉军对他既往不咎。其实，这是奉军有意让张汉骗邵的，而邵信以为真。1926 年 4 月 24 日傍晚，邵化装离开东交民巷，马上被奉军特务跟踪。刚到家门口，就被门口的特务逮捕，同日《京报》被封。

邵飘萍被捕后，在第一时间获悉的汤修慧夫人迅即告知北京新闻界和各方面人士，恳请采取紧急营救行动。此后北京新闻界召开会议商讨营救邵飘萍的办法，会议当即决定，由上海《新闻报》、《时报》、《商报》、汉口《正议日报》、《北京晚报》、《五点钟晚报》、《中报》、《公报》、万国电信社、神州通讯社、益智通讯社、民生通讯社、报知新闻社 13 家报纸各派一名代表，集体去游说奉军第三军团长张学良。25 日下午 5 时，北京各报推举的刘煌等 13 名代表分乘四辆汽车赶赴张学良下榻的石老娘胡同会见张学良，请求开释邵飘萍，或将之暂时监禁，以免其死。张宗昌也受人之托前往求情。

这时，张学良要赶着参加齐燮元的预备会议，代表们只好挥泪离开。后又各以私人交谊奔走各方营救，但仍无效。

邵在警厅受到军法审讯，26 日清晨即被绑赴天桥枪决。凌晨 1 时许，警厅把邵飘萍"提至督战执法处，严刑讯问，胫骨为断"，秘密判处他死刑。宣布他的"罪行"为："京报社长邵振青，勾结赤俄，宣传赤化，罪大恶极，实无可恕，着即执行枪决，以照炯戒，此令。"4 时 30 分，邵飘萍被押赴天桥东刑场。临刑前，他还向监刑官拱手说："诸位免送！"然后面向尚未露出曙光的天空哈哈大笑，遂从容就义，年仅40 岁。自从民国成立以来，北京新闻界虽然备受反动军阀的残酷压迫，但是新闻记者公开被处死刑，这还是第一次。事件发生后，不但新闻界人人自危，就是教育界进步人士也经常被捕。因此，不少学生、教职员离京避难，北京人民的革命运动暂时转入低潮。

邵飘萍被害后，他的遗孀、也是我国早期的女新闻工作者汤修慧又继承了其夫的遗志，于 1928 年恢复出版了《京报》。之后，因时局动荡，《京报》时停时出。日本投降后，汤修慧回到北京，又继续办起《京报》，但不久，因不堪累累负债，不得已将《京报》馆抵押出去，《京报》至此终刊。

三、林白水事件

林白水原名獬，又名万里，字少泉，号宣樊，晚年号白水，使用过笔名"白话道人""退室学者"等，1874 年 1 月 17 日出生于福建闽县青口乡青圃村，是《中国白话报》的创办人。1921 年春，在北京创办《新社会报》，后改名为《社会日报》，任社长，立志"改造报业"，"革新社会"。1923 年 10 月，因抨击曹锟贿选总统丑闻，报馆遭封闭，林被囚禁。1926 年 4 月，冯玉祥的国民军被迫撤出北京时，《社会日报》称赞国民军，奉鲁军进入北京后，以"讨赤"为名，镇压爱国运动，林白水继续在《社会日报》上著文抨击军阀，公开点名讽刺张宗昌是"长腿将军"。

1926 年 8 月 5 日，林白水在北京《社会日报》上发表了一篇讽刺张宗昌幕下号称"智囊"的潘复的文章，题为《官僚之运气》。

潘复（1883—1936），字馨航，山东济宁人。清末举人。1912 年任江苏都督程德全的秘书。1919 年任北洋政府靳云鹏内阁财政次长，署财政总长。这期间，同张宗昌在赌场上打得火热。1920 年 5 月靳云鹏内阁倒台，潘复移居天津。张宗昌任山东军务督办后，潘复来到山东，被聘为山东军署参议，成为张宗昌的幕僚。1926 年顾维钧内阁成立，潘任财政总长。1927 年 6 月 20 日至 1928 年 6 月 3 日，潘复被张作霖任命为国务总理兼交通总长。1928 年 6 月皇姑屯事件中，潘复随车受伤，12 月，被张学良聘为高等顾问。1936 年病死于北平。

林白水此文一出，见者都为之大笑。潘复见了大怒，立即手持报纸，亲自诉之于张宗昌，要求严惩林白水。张看后，也认为林如此公开谩骂，污辱人身，实属过分，虽与己关系不大，但碍于潘复的情面，教训他一下，也未为不可，遂同意下令将林逮捕，关押在宪兵司令部。

到了夜半，宪兵司令王琦用汽车把他押到宪兵司令部，说他是"通敌有据"，讯问了不多几句话，就喝令上绑。

林被捕后，态度从容，只说要写一张遗嘱，别的并无所求。遗嘱写道：

我绝命在顷刻，家中事一时无从说起，只好听之。爱女好好读书，以后择婿，须格外慎重；可电知陆儿回家照应。小林、宝玉，和气过日。所有难决之事，请荩孙、淮生、律阁、秋岳诸友帮忙。我生平不作亏心事，天应佑我家人也。丙寅八月七日夜四时，万里绝笔。西斜街宏庙二十号林太太。外玉器两件，铜印一个，又金手表一个。

天初明的时候，林被用人力车绑赴天桥南大道枪毙，子弹从后脑入，左眼出。他生于清同治十二年（1873 年）癸酉十一月二十九日，死时年仅 54 岁。

林白水作为报界知名人士，社会联系广泛，亲朋好友闻讯后，均感事态严重，四出营救，郝鹏便是其中一个。他千方百计找到张宗昌，苦苦求情，并以身家性命保证林今后绝对不会如此放肆无礼。《黄报》记者薛大可还跪在张宗昌面前，哭了起来。著名京剧演员程砚秋、杨小楼等也加入求情者的行列。张遂答应予以释放。郝鹏唯恐空口无凭，无法落实，遂趁热打铁，当场代写释放手令一份，请张亲自签署。郝拿到手令后，直奔东城帽儿胡同宪兵司令部所在地，将手令交给宪兵司令王琦。王请郝在客厅稍候，令人去办理释放手续。郝鹏以为有了张宗昌的释放手令，便是尚方宝剑，万无一失，遂放心大胆地在客厅等候。但左等也没信，右等也没信，虽经三番五次催问，秘书总是回答正在赶办手续，稍候片刻，即可办好。过了一个多小时，消息终于传来，不是喜讯，而是噩耗，人已经处决。郝始恍然大悟，原来在客厅里等待办手续，纯属缓兵计，上了大当。

王琦接到张宗昌手令后，是否遵照执行，不敢擅自做主，立即驱车就商于潘复，随后将林自监狱提出枪杀，然后谎称释放手令来迟一步。

事后，张宗昌对潘复的行为大为不满，他骂道："你小子心胸狭窄，为人说两句就杀人，你小子比周瑜的气量还小。"

林白水被难时，身穿白夏布长衫，须发斑白，两只眼睛还没有完全闭上，陈尸道旁，路人伤心。他的徒弟建书到场收殓，厝于南下洼龙泉寺。他有一个儿子，名叫陆起，时年 19 岁，正在美国留学。女儿慰君，小名玛莉，时年 14 岁，随侍在京，闻讯痛极，吞毒药自杀，遇救得不死。家奠那天，张宗昌派员送去祭金 1 万元，为慰君坚拒。慰君后来留学美国，成为知名的女作家，为亡父撰就一部《林白水传》，也算是告慰了一代报人林白水的在天之灵。

1930 年林白水的灵柩由建书运回原籍安葬。林临难时的血衣后由慰君埋于香山万安公墓。林白水被杀，说明在当时的中国，新闻自由尚受到很多限制，反映民声需要有人付出生命。林为潘复所杀，是先驱者，但不是最后一个。

邵飘萍、林白水先后被杀，北京新闻界激于义愤，为邵飘萍、林白水这两位新闻史上的烈士召开了盛大的追悼会。会场高悬一联，把两人的名字嵌入其中，满是悲惋痛悼之意：

一样飘萍身世

千秋白水文章

报界的正义之声

——贪污报道引发的《民生报》被封事件

———

张建安

民国官场，贪污盛行，严重腐蚀着国家的根基。正义的报人，起而揭露贪污事件，希望借此达到舆论监督惩处贪官的目的，可是，在当时腐败的社会，这样的行为注定遭受打击。即便如此，许多正义的报人并不放弃自己的追求和社会责任，他们勇敢地站出来，与权贵对抗，为民众服务。

创办《民生报》的成舍我先生，因为一篇贪污报道而惹火烧身，人被监禁，报纸被查封，但他毫不妥协，即便对立面是行政院长，他仍坚信：最后的胜利应属于自己。

一

1927 年 4 月，29 岁的成舍我在南京创办了《民生报》。此时，成舍我已是著名的报人，他在北京创办《世界晚报》《世界日报》《世界画报》，成为中国新闻史上一人办三报的第一报人。1926 年，他因坚持"不畏强暴"的办报宗旨，敢于揭露社会阴暗面，引起军阀们的注意。林白水被反动军阀张宗昌枪杀后，北京报界笼罩在高压恐怖的氛围当中，成舍我不畏风险，决定将林白水被杀"这一不幸消息，以第一条大字标题，加黑边，刊登在下午出版的《世界晚报》上"。这则敏感新闻更加刺激了张宗昌，成舍我被抓捕起来，险被枪毙。经多方营救，成舍我九死一生后来到南京，创办新的报纸。他仍然坚持自己的办报理念：一、言论公正；二、不畏强暴；三、不受津贴；四、消息灵确。

《民生报》是南京最早的民营报，以"精、简、全"的原则，及时准确地报道社会新闻，反映民众关心的问题，很快受到欢迎，创办一年，销数由 3000 份猛增到 3 万份。成舍我自己也写文章，1928 年 3 月，他发表了《南方政局之剖解》的文章，对时政发表评论。1931 年 9 月，发表署名"百忧"题为《国人抗日应有之认识》的社论，揭露日本侵华暴行，批评国民党"不抵抗三字，直可为民族崩溃之别解"，呼吁"立止内争，协力御侮，实为今日最迫切之唯一要务"。此外，他还发表《吾人将何以自处?》《谁谓我革命军人不堪一战》等社论，为抗日鼓与呼。

成舍我对国内官僚们的贪污腐败一直深恶痛绝。1934 年 5 月，有位记者采访到一条新闻："行政院"盖大楼，建筑商贿买汪精卫的亲信、行政院政务处长彭学沛，给他修了一座私人住宅小洋房，以致在主体建筑上偷工减料，而且屡次追加预算，超过原来计划一倍以上。《民生报》总编辑张友鸾听说彭学沛是成舍我的亲戚，有些踌躇，拿着稿子征询成舍我的意见。成舍我不徇私情，说："既然确有其事，为什么不刊登!"有些亲友得知此事，也劝成舍我不要刊登，并说出两个理由：一、汪精卫为行政院长、国民党副主席，权势很大，何必得罪他；二、彭学沛是成舍我妻子萧宗让的姑父，何必跟自己的亲戚较劲。但成舍我认为，主持公道是报纸的职责所在，义无反顾地在报上公开揭露。

于是，《民生报》很快登出这样的报道：

某院处长彭某辞职真相

▲有贪污嫌疑……某当局大不满

某院处长彭某，此次向某当局提请辞职之真实原因，外间鲜有知者。兹据记者探悉：彭某此次经手建筑某院新屋，经核定预算原为六万元，及至兴工以后共用去十三余万元，竟超过预算一倍有余，且彭某适于是时另在鼓楼自建新式洋房一幢，因之外间颇多非议，而某当局素以廉洁勖勉僚属，自得知此项情形后，表示非常不满，故彭某迫不得已即呈请辞职，并闻辞意甚为坚决，外传可望打消辞意之说实非事实云。

报道登出后，顿时激起轩然大波。彭学沛将此事告知汪精卫，汪精卫大怒，马上下令将《民生报》停刊三日，以示惩罚。

二

面对汪精卫的淫威，成舍我毫不惧怕，迅速予以抗争。民国二十三年（1934 年）5 月 29 日，《民生报》复刊后的第一天，便在第三版和第四版登出署名"舍我"的长篇社论：《停刊经过如此！！！敬请全国国民公判"言论自由"固可为"国家自由"而牺牲……但非法摧残决不能不依法抗争》。

社论一开头，便直截了当地点出《民生报》被封三日的事实：

民生报今天复刊了。从五月二十六日到二十八日，这三天被停刊期内，首都数十万市民，甚至全国民众，从行政命令"不服检查"四字上推想，一定会疑心民生报，已犯了如何严重的滔天大罪。我们因为要使全国国民，知道我们这次被罚的真相，同时希望全国国民，及负有保障人民权利，纠弹官吏错误的政府机关，能给我们一个公平的裁判起见，所以，不得不于复刊第一日的今天，来写出下面这一篇真凭实据、童叟无欺的报告：

行政院罚我们停刊三日的命令，是于二十五日下午七时半，由首都警察厅派警传到。命令全文，照抄如左：

行政院密令第二八四九号：

查民生报于本月二十四日登载关于本院之恶意新闻，毫无事实根据。照肆意造谣，不服检查，应即依，中央政治会议第三九五次决议，予以处分。着自本月二十六日起，停版三日示儆，合亟令仰该厅遵照，即日执行，此令。

接着，社论讲述了报社被封后所遭受的不公正待遇，并指明引起祸端的所谓"毫无事实根据的恶意新闻"就是那篇《某院处长彭某辞职真相》，然后表明他们的愤怒，称："自从这个'犯罪的原因'寻到以后，固然使我们十分悲愤，同时，也使我们弱者的胆量立时从'呵！原来我们并不犯罪'的自觉中解放而增强起来。我们站在法律和正义的立场，对于行政院罚我们的命令，无论如何，是不能甘服的。"这样，成舍我等人便拿起手中的舆论武器，奋起反击：

第一，这条"某院处长彭某辞职真相"的新闻，假使确如行政院所云，"毫无事实根据，肆意造谣"，那么，请问行政院，从什么地方，可以证明，这条新闻，就是说的高高在上的贵院。因为从头至尾，并没有"行政院"三个字，国民政府下，机关而以院名者……总不下数十千百，至处长，及处长而姓彭者，更衮衮皆是。何以其他大中小三等之院，均不出面，而行政院独挺身而出，将此项新闻，一肩担当……何以"毫无根据肆意造谣"之无头新闻，行政院一看，即能认定，这是民生报"指着和尚骂秃子？"同时又即能断其"毫无事实根据，肆意造谣？"

第二，我们这条新闻，纵如行政院所想，新闻中的某院，读者很易看出即指行政院，彭某，即指五年前流亡海上，贫至不能举餐之彭学沛先生。但是，请问行政院，又从什么地方，可以看出这条新闻的文字，有对行政院表示恶意之处？……

第三，不但我们对行政院这个机关，绝无恶意，即对于彭学沛先生个人，也是绝无丝毫恶意的。……行政院建筑新屋，及彭先生自造新宅，这都是铁一般的事实，无法否认，也不必否认的。因为行政院造屋，固然公开，而私人造屋，也并非犯法。不过这两所房子，是否有连带关系，那么这是监察委员和法院检察官的职权，我们当然不便越俎。而我们在这条新闻内，所说的，也止于外间"颇有非议"。我们并没有说："彭某原极穷困，当其五年前逃亡失业时，贫至无以自活，其离婚夫人萧女士，每月向索生活费，均无以应，及一旦荣任政务处长，不特对萧女士，立将巨万之生活费，完全清付，俾本人眠花宿柳，从此了无挂碍。且将行政院另建新屋之款，吞没若干，另建新屋，此实国民政府最大之污吏，非加重惩，不足以树立廉洁政治。"……

在对行政院密令进行批驳的同时，成舍我还表明自己对"检查新闻"的态度。他说："我是《民生报》的负责者，老实说：'检查新闻'，在'九一八'以前，我，及我们的同人，都是反对的。……但在战时，则新闻记者个人的言论自由，当不能不为争整个国家民族对外的自由，而相当牺牲。"

但是，他又提出问题："检查新闻，是否可以于有关对外之军事、外交及地方治安以外，而任意禁止其他不利于某一机关或某一个人新闻的发表。尤其像我们所登有贪污嫌疑这一类的消息。我们相信，现在全国新闻界，所以肯忍受苦痛，来服从政府检查，并不是畏惧政府的权威，更不是受了政府任何物质上的贿赂，而完全是为整个国家民族争自由着想。政府正应在此时，披肝沥胆，与全国新闻界，开诚合作，共筹如何可以唤起民众，打开国难的方法。同时更应该劝全国新闻界，对于政府设施，尽量批评，贪官污吏，尽量揭发。从前专制时代，遇到外患危迫的时候，皇帝尚要下诏罪己，广求直言，诛戮奸邪，岂有号称民国，而反利用国难，封锁舆论之理。现在各地的新闻检查，往往多已超过应该检扣的标准，甚至一个当地要人的汽车疾驰闯祸，都可叫新闻所传令报馆，不许登载。一个官办印刷局长的被监察院弹劾，都可以请托检查员，禁止发表。试问这种检查，于国家是否有利？是否对得起为国家而牺牲自己自由的新闻界。……"

最后，成舍我郑重地宣示对于此次被迫停刊的意见：

一、我们认为这次行政院的处分，全然为一种非法行为，我们为使此种非法行为不再发生起见，决向法定机关，提起抗告。

二、我们认为现在新闻检查的标准，日益浮滥，裁制新闻的机关，太不统一，我们不仅为保障自身及全国新闻界权利，应联合全国同业，向中央宣传委员会提请纠正。即为促成政府与舆论开诚合作，一致对外起见，此种纠正，也实在认有必要。

成舍我此文长达万余言，占据了《民生报》两个全版，无疑是对彭学沛及汪精卫的最为强烈的反击。在当时的社会，在国民党的统治区，有谁敢对汪精卫如此"无礼"。汪精卫自然大发雷霆，在他的授意下，彭学沛以"妨害名誉"为由，将成舍我告上法庭。

三

江宁地方法院受理此案。6月4日，法院检察处开侦查庭讯问。彭学沛、成舍我均到庭候讯，时间长达两小时。次日，《民生报》将这一消息登于报端。

在等待法院继续审理的过程中，成舍我并没有被动地干等，而是利用手头的舆论武器有节有度地为自己鼓劲呐喊。6月7日，《民生报》发表社论《惩治贪污为今日急务》，呼吁："国家之败，由官邪也，官之失德，宠贿彰也。惩治贪污，实今日之急务，政府与国人，曷急起图之。"

知情人均知道，彭学沛的背后有汪精卫撑腰，法院肯定会偏向彭学沛，转而对成舍我不利。但成舍我仍然没有丝毫退缩的意思。6月18日，法院公开审讯此案。成舍我则于6月中旬在《民生报》的显眼位置连续刊登《成舍我特别启事》，内容为："行政院政务处长彭学沛，因民生报载其有贪污嫌疑一事，于被行政院罚令民生报停刊三日后，更在法庭向鄙人起诉。江宁地方法院，已定本月十八日上午九时半，开庭审讯，鄙人在平（指北平）接电，星夜抵京（指南京），准时出庭应诉。同时民生报对于行政院罚令停刊三日之违法处分，亦决依法定手续，向主管机关先行诉愿。现此两案，均在依法进行中。吾人以一介平民，毫无政治后援，所敢不顾一切，毅然抗争者，实因深切认定，一则欲期廉洁政府之完成，必须全国舆论，对贪污嫌疑，能尽量揭发。一则欲纳国家于途轨，必使全国上下，尤其高级当局，能养成忠诚守法之习惯。若人民逆来顺受徒贪眼前之省事，流弊所及，不仅蹂躏民权，当局者将毫无顾忌，而法治前途，亦且永无观成之望。吾人献身新闻事业，垂二十年，在北方军阀腐恶势力高涨之时，亦曾殊死苦斗，今留此袁世凯安福系张宗昌欲杀未得之身，仍愿以始终拥护整个国家利益，为唯一之鹄的。刻司法行政权，虽在行政院统治之下，但吾人深信司法独立之尊严，决不为政治所左右。吾人今愿以此事之是非曲直，静待国家法律公平之裁判。吾人并深信以拥护国家利益之赤忱，及本于代表舆论之天职，或不致有万一之不幸。倘竟智穷力索，亦可告无愧于国民。在鄙人离京数日中，深蒙各界先进，或宠赐鸿文，或亲临存问，爱护逾恒，感愧交并。唯以返京伊始，答谢未遑。而文字声援，在此依法进行期间，吾人既已一切信托法律公平之裁判，民生报本身，尤未便于公判以前，多所刊布。将来是非大白，倘有必要，自当另刊专集，借以见公道之未泯，垂义声于不朽。倘亦爱护正义之诸君，所为鉴许者也。"

18 日之公开审讯，吸引了四面八方的人群，法庭旁听席座无虚席。成舍我斗志昂扬，与他的辩护律师尤宪祖一起来到法庭。然而，彭学沛作为原告，却因种种顾虑没有出庭。因此，法庭上只有成舍我一人在辩论。成舍我要求法院传彭学沛到庭对质。

6 月 29 日，法院进行第二次公审。天气酷热，但由于此案已轰动全国，前来旁听者人数之多，为历来所未见。公开审理是在上午 10 点 20 分开始，然而，"刑一庭旁听席上，八时即告人满，后至者已无旁听证可领，均与法警情商，前往听审。甚至审判官台上，亦站有百余人之多。靠右地板，因不胜载重，竟踏断两三块。法官背后，沿墙站立者，亦颇不少"。大多数民众对成舍我寄予同情与支持。由于人数太多，室内温度达到罕见的程度。有人见成舍我陈述时挥汗如雨，便不顾自己，将手上的折扇赠予他。

原告彭学沛仍然没有到场。成舍我侃侃而谈，滔滔不绝，其论述得到在场人群的支持，也将带有倾向性的审判官驳得哑口无言。

彭成案越闹越大，在整个南京城沸沸扬扬地传播着。而民意方面，成舍我占有绝对的优势。彭学沛见形势对自己很不利，又害怕此事追究下去，免不了节外生枝。因此，在第三次公开辩论前，彭学沛主动撤回了对成舍我的告状。这样一来，彭成诉讼案不了了之。然而，事实上，此案结束后不久，更大的交锋出现了。

四

彭学沛知难而退，但他的后台汪精卫却不答应。汪精卫虽然不能直接就彭成案指手画脚，但却可以借其他名义打击和报复成舍我。

7月20日，《民生报》刊登一条"蒋电汪于勿走极端"的新闻，里面涉及蒋介石就行政院监察院争执事而电汪精卫、于右任（时为监察院院长）以图调解的两院新闻。此事若在平时当没有任何问题，但汪精卫借题发挥，以此向成舍我发难。7月23日，宪兵司令部以"泄露军情"罪将成舍我逮捕，关押起来。

经多方营救，成舍我被押40天后，于9月1日获释。国民党当局责令《民生报》永远停刊，并不许成舍我在南京用其他名义再办报纸。

当时有一内幕是：成舍我被释放后，汪精卫曾派人对他说，只要他向汪写一封道歉信，汪就可以收回成命。成舍我当场拒绝。如此一来，曾有巨大影响的南京《民生报》在报界消失了。

后来，成舍我本人曾在《我有过三次值得追忆的"笑"》一文中回忆此事："民国二十三年，我所主办的南京《民生报》，因为揭发行政院政务处长彭学沛经手建筑行政院官署，贪污舞弊，汪（兆铭）是行政院长，不料竟认为这是对他的一种重大冒犯。虽然铁证如山，他仍不顾一切，以最大压力，将《民生报》非法封闭，将我非法拘禁了40天，并永远不许我在南京办报。此在当时，曾为一轰动全国之巨案。我出狱以后，他叫人示意，如果我向他低头，则一切不难和解。那位居间奔走的朋友劝我，新闻记者和行政院长碰，结果总要头破血流的。我曾执拗地答称：'我的看法，与你恰恰相反。我相信我和汪碰，最后胜利，必属于我。因为我可以当一辈子新闻记者，汪不能做一辈子行政院长。'其后我又在上海创办《立报》……"

"是真名士自风流"

—— 张友鸾的后半生

———

张建安

在报界前辈中，张友鸾是值得尊敬也值得羡慕的。他曾被称为"最有风趣的报人"。这位民国年间与张恨水齐名的赫赫有名的报人，解放后虽然不再办报纸了，但依然以其卓绝的智慧、多彩的文笔，写成千古文章，供世人广泛阅览。而他在逆境中一如既往的乐观豁达则是令人至为佩服的。

张友鸾早已去世了，但他的逸闻趣事却依然在文化界传播。当我再一次从他的表弟赵洛先生处听到关于他的有趣掌故时，马上想到"是真名士自风流"这句话。

张友鸾在民国新闻界是非常有名的。他 20 岁在北平平民大学读书时，便受到著名报人邵飘萍的重视，邵让他主编《京报》的《文学周刊》。此后，他先后在十几家报纸工作，担任过北京《国民晚报》、南京《南京早报》的社长，北京《世界日报》、南京《民生报》、《新民报》、《南京人报》、上海《立报》的总编辑，以及重庆《新民报》、南京《南京人报》的经理、总经理。他不仅博学多才，编出高质量的报纸；而且下笔如有神，写了许多脍炙人口的佳作。他与张恨水、张慧剑、赵超构并称为"三张一赵"，名重文坛。

1952 年，《南京人报》停刊，张友鸾结束其新闻生涯。1953 年，张友鸾被调到人民文学出版社，担任古典部小说组组长。张友鸾古文功底深厚，在新的岗位仍卓有成绩。他所注释校订的七十一回本《水浒》，是新中国成立后由国家出版社整理出版的第一部中国古典小说，其注释被称誉为"为新的注释之学安放第一块基石"。他所发表的《十五贯》《魔合罗》《赛霸王》等中篇说部，引起读者广泛的关注，1957 年北京出版社出版了《十五贯》等六部单行本。他还责编了多部古典小说，撰写了《金圣叹怎样诬蔑宋江的》《〈三国演义〉中的张飞》《〈镜花缘〉的倾向性》等许多古典文学作品研究文章，与冰蔚合作译写了朝鲜古典名著《春香传》，并在上海《新民报》、香港《大公报》发表不少杂文，为中央人民广播电台《成语故事》《古代寓言》两个固定专栏撰文……张友鸾成果不断，并常与好友聚会，其乐融融。然而，1957 年，张友鸾却卷入了反右运动中。

1957 年开始整风时，张友鸾已打算离开古典部，联系回新闻界。因此，机里的鸣放，他都没有参加。反右开始，他的同事舒芜、顾学颉先后被揪出去。舒芜每天低头上下班，张友鸾见了，远远地对他微笑致意。舒芜正为好友幸免于难而暗自庆幸，不料，紧接其后的北京新闻界座谈会上，张友鸾出席并作了《是蜜蜂，不是苍蝇》的发言，由此为自己引来祸端。

《是蜜蜂，不是苍蝇》的发言被刊载于 1957 年 5 月 28 日的《光明日报》上。在这一发言中，张友鸾直言不讳地倾吐了对新闻界的意见，他认为新闻工作者应该得到信任和尊重，他说：

从最近一些被揭发的事实看来，新闻工作者的地位，显然没有得到各方面的重视。许多人对新闻工作者不信任，而更多的人却是对新闻工作者不尊重。新闻工作者在进行工作中，常常得到的是阻力而不是支持。

如果新闻工作者本身存在着"特权思想"，要求"见官大一级"，这是新闻工作者自己的错误。但是，事实所告诉我们的却并非如此，事实只是某一些人对新闻工作者加以轻视，硬要看作是"逢人低三等"。

有人说，走到什么地方，都遇到新闻记者，讨厌得好像嗡嗡的一群苍蝇。这些话，早二十年，早三十年，旧社会里的新闻记者是不断听到的；没有想到，今天还听到这样的说话。

这句话也有一半是对的，新闻记者走到哪里诚然都是嗡嗡的一群。如果缺少这嗡嗡的一群，我们就会感到缺少很多东西，我们必然诧异这个社会的无声无息。

但是，另一半的话却不对。新闻记者在今天，应该不是苍蝇，而是蜜蜂。尽管苍蝇和蜜蜂同样是嗡嗡嗡的一群，所发生的作用却大不相同。蜜蜂不仅为人类酿造蜜和蜡，而且在百花齐放之时，还要它传花授粉。用讨厌苍蝇的态度来讨厌蜜蜂，我们应该怜悯这些人的无知。也还另有一些人，他们之讨厌蜜蜂，并非不知道蜜蜂有哪些好处，只是因为蜜蜂有刺。

上述文字，在现在看来，讲的是何等正确。可是，在当时特殊的环境中却是要冒被批的风险的。张友鸾不知道吗？从下面的文字中，可以了解到张友鸾还是知道时局的。他提到一件事：

听张黎群同志说，《中国青年报》因为登了《白司长来了以后》这篇新闻，引起了些麻烦，于是有人说，《中国青年报》在"闯祸"。可能就算闯了祸吧，这种祸该不该闯呢？如果《中国青年报》不闯那个祸，不登那一篇新闻，那么，白司长走了，黄司长又来了；黄司长走了，蓝司长又来了；白司长走到这里，明天又走到那里，这样下去，总有一天，不必报纸登新闻，麻烦也要发生的。那时恐怕更使人伤脑筋吧？从这一角度看，《中国青年报》那个祸还是闯得好的。我们的报纸，对于那样的祸，应该去闯，而不应该回避。

据姚北桦回忆，张友鸾本不打算开口的，但会议主持人再三动员，他感到自己不讲几句仿佛对不起党的邀请。他觉得自己作为新中国的一员，有责任为新中国新闻界的健康发展坦承自己的观点。于是，他更加大胆提出：

我们有理由、有必要，让那些主观主义者、官僚主义者、宗派主义者正视新闻工作应有的社会地位，对新闻工作者加以信任和尊重。今天的新闻工作者，一般说来，都是有一定的政治水平和文化水平的。新闻工作者在进行工作的时候，是一个工人在从事劳动，是一个公务人员在执行公务。谁要对新闻工作者的工作加以阻挠，就是破坏劳动、妨碍公务。我们需要时常用这些道理去教育那些糊涂的人。

讲话中，张友鸾甚至敢于肯定"资产阶级的新闻学，说报纸应该有益和有趣，我觉得这话还是对的"。他还认为"这几年来，不容讳言，一般的新闻稿件，写得那么公式化，好像有一个套子"。并说"应当重视标题"，觉得当时的报纸"标题'刻板'，极少有刺激性，今年是'五一盛况几十万人游行'，明年还是'五一盛况几十万人游行'，年年都是'五一盛况几十万人游行'"。

张友鸾的话显然引起了人们的"重视"，自然也成为的"焦点人物"，不仅在6月下旬受到北京新闻界的批判，而且批完后又发回本单位继续受批。张友鸾顿时成为出版社内"舒（芜）张（友鸾）顾（学颉）李（易）右派小集团"中的重要成员，被不停地批判，批得昏天黑地。他的处境一落千丈，十分不妙。

当时，面对这种突如其来的灾难，不少知识分子产生绝望心理，有的甚至自杀。可是，张友鸾却显示出坚强的心理承受能力。他对受到株连的儿子张传轮说："把我打成右派错了就错了，以后必会改正。我这辈子就只是对不起你们，影响了你们。你们在部队，又在北京，部队更重视政治纯洁，这一点是可以理解的，你们不要怨恨部队的领导……"面对孩子们鲁莽的举动，张友鸾则展示了他伟大的父爱和敞亮的胸怀，他的女儿张镯回忆："爸爸被莫须有的罪名戴上了'帽子'，学校开学后系里让我作典型上台发言，表示与父亲'划清界限'，不明真相且无知的我，竟在爸爸痛心疾首的日子里对他施加精神压力。可是爸爸完全理解我的处境，丝毫没责备自己的孩子，反而说对不起我们。9月9日，他在日记中写道，'晚得镯儿函，希望我好好检查，阅之心酸，我株连儿辈也。'9月29日，我托同学捎话说当天晚上返京。因临时有集体活动晚上住在同学家，爸爸'待至深夜'未见我回。次晨到家后，爸爸见到我心情十分沉重，他竟暗自写道，'予以身为右派分子，如此爸爸对之不免有愧矣。'在那个特殊的年代里，爸爸以海一般的宽阔胸怀对待不公正的命运，他把对我们的慈爱深埋在心底。"

如果说张友鸾在家中表现出的是宽容而慈爱的品质，在单位，他所表现出的则是困境中的诙谐与豁达。上班上楼时与舒芜相遇，旁边没有别人，张友鸾竟向舒芜微微一笑，道："无言独上西楼。"这令舒芜十分感慨，"此时此地，他还是这样妙语如珠，典切自然"。他被批判以后，还以仁者之心想着别人，他害怕同样被批判的叶由想不开，专门陪伴叶由睡到天明。叶由被发配江北，因前途未卜，寄给张友鸾一诗，表达自己的悲凉心境："连朝风雨急，落叶满金陵。举世谁知我，途穷涕泪横。"张友鸾马上抄唐朝诗人高适诗送给叶由："千里黄云白日曛，北风吹雁落纷纷。莫愁前路无知己，天下谁人不识君。"这对于当时的叶由来说，无异于雪中送炭，使他悲伤的情绪稳定下来。张友鸾也继续进行自己的工作，选注《史记》。

1959 年，张友鸾终于摘去了右派帽子，但处境似乎仍然不佳，而性格则仍然磊落。他的女儿张钰在《没字碑寻白雪篇》中写道："记得反右以后，聂伯伯（指聂绀弩，反右运动中是古典部'独立王国'中的骨干，曾被打倒为'反革命分子'。）有时来看父亲，宿舍里的一些人对他侧目而视，他却旁若无人，昂首直入。父亲见他来了，马上置酒添菜，掩上房门。斗室之中，他们似乎忘记了外面的世界，依旧浅斟低酌，谈诗论文。"张友鸾的胸襟是非常开阔的。后来，聂绀弩赠张友鸾一诗："包袱三千种，心胸五百年。"

摘去右派帽子后，张友鸾又可以公开发表文章了。他创作的长篇小说《国大现形记》、译注的《赵充国传》、译写的《不怕鬼的故事》、与别人合作选注的《关汉卿杂剧选》先后面世，他还在香港《大公报》开辟专栏《友鸾杂写》，在香港《大公报》写专栏《旧读新钞》。他在辛勤的笔耕中收获着自己的快乐。

可是，没几年，"文化大革命"开始了，张友鸾不得不再次面临新的考验。好在他已于 1962 年适时地从人民文学出版社退休，没有和舒芜等在职人员一起进牛棚、下干校，只是接受街道群众的专政。他虽然在胃病发作的时候还被迫打扫院子和街道，但他乐观地"享受"着两角钱一包的蹩脚烟、一元钱一斤的老白干，依然妙语连珠地看待他的生活，对来访的钱文源说："一辈子伏案爬格子，就连每餐小饮几杯时也得臣伏于这张'小方桌'。这样不好啊。不是常说'生命在于运动'吗，好啦，我现在每天早晨起来，就拿起扫帚，到胡同里去'运动'，人称之为'扫马路'。这扫马路的乐趣可多着呢，真有些是书桌前见不到、想不出的啊！"他很会享受生活，不拘泥于一事一物，他曾把自家墙上所挂的徐悲鸿《双鹊图》卖了买酒喝，显示出一种少有的洒脱情怀。他还是一个美食家，最普通的炒白菜，在他手下能成为美味佳肴。他依然好客，为那些精神疲惫的人送去温暖，为那些思想枯竭的后辈送去知识。他也很有自信和远见，很早就料到那个女人（指江青）一定会倒霉的……总之，人们在张友鸾身上看到的是能经受苦难的大智慧，是令人敬佩的大洒脱。

尤其令人想不到的是，张友鸾所留的胡子，竟有一段传奇式的历程。1957 年时张友鸾已经留了胡子，而且在发表文章时随便用了一个"胡子长"的笔名，没想到这便成了被批斗的把柄。有人质问他为什么取"胡子长"的笔名，他对此没有思想准备，好在自己学识广博思路灵敏，于是马上"胡扯"道："今人有胡子昂、胡子婴；古人司马迁字子长；我叫胡子长有什么不可以？"对方听到这样的回答，立即上纲上线，大喝一声说："你这就是用资产阶级、封建人物做榜样！"张友鸾一听傻了，没想到对方之思路竟也如此"敏捷"，且更能胡扯！不仅如此，对方想了一阵，竟又想出其他"道道"来，呵斥道："想当初，梅兰芳蓄须明志，为的是对抗敌人；你为什么蓄须？明的什么志？不是反党、反社会主义，是什么！"这一问还真难倒了向来聪慧的张大先生，他哑口无言，心里有想法但已不敢分辩。此事发生后，张友鸾有意将胡子剃掉，可转念一想："如果这时剃了胡子，岂不是承认留胡子是有那个意思吗？而那个意思我是做梦也不曾想到的。再说，我要是竟然把胡子剃了，那些人会不会指责我以此'表示抗拒'呢？希望得到夸奖，说我从善如流，那是可能的吗？"这样一想，张友鸾在矛盾的心理下认真地"养"起了胡子。

"文化大革命"期间，张友鸾的胡子更白了，戴着眼镜，还有点秃顶，显得比他的实际年龄要老得多。没想到，正是这种模样，竟使他躲过不少劫难。张友鸾在其名著《胡子的灾难历程》中用"带着辛酸的微笑"这样写道：

又有一回，遇见两个戴着红臂箍的娃娃，嘻嘻哈哈指着我议论："这个白胡子老头还活着，真是'胖子拉矢'。"我知道他们的话不怀好意，但我不懂"胖子拉矢"的意思。后来问人才明白，那是北京当时新兴的歇后语，语根是"没劲"。

"老家伙""老厌物""老而不死""老奸巨猾"，这都是常听到的叱骂。对于我来说，不能与胡子无干。然而我却从不为此动念取消胡子。

也许正因为有胡子，得到"恤老怜贫"的"照顾"，除了挖地道、烧砖、砌污池叫我下手之外，只叫我扫街。有人认为这是处罚，我不这样认为；如果这样，岂不一下子贬低了平日扫街者的身份，把那当作贱业吗？他们也承认，社会主义制度下，只有职业分工，并无所谓贵贱嘛！

休道我"不以为耻，反以为荣"，扫街还扫得那么洋洋得意；且说有一天，我毕竟也难为情起来。我扫的是一条胡同，胡同外就是大街。那天我刚刚扫到胡同口，却见大街上有几个背着照相机的外国人，正朝这边走来。我慌忙把胡子揣到衣领里，身子缩进了胡同。所幸他们并没有发现我，一径地过去了。我怕什么？怕的是被他们照了相去，"眼镜、胡子老头扫街图"，总不像样。如果通过我而使祖国蒙羞，我将引为终身憾事了。

这件事触发了我，又觉得有把胡子剃掉的必要。无如当时啼笑皆非，动辄得咎，剃胡子变了形象，就会说你"化装"，问你"意欲何为"，是不是要逃避"挂影图形"？这可是大罪名，担当不起。至于"抗拒"的旧话重提，更是难免。算了吧，多一事不如少一事，胡子已经被骂够了，再骂也只是那几句；剃了胡子哩，倒提供骂的新资料了。最后对自己裁决：不剃！

胡子因此而"苟全性命"。

在那日日夜夜里，我也曾抱怨过自己：早知如此，何必退休呢？朋友听了好笑，他们说："若是在职，必进'五七干校'。'五七干校'提人问话，照例要揪头发。你无甚头发可揪，胡子倒是现成，只怕几次'牵牛而过堂下'，早把胡子薅光了。"这话很有意思，能让我心平气和，辱而知足。

"文化大革命"终于结束，张友鸾再次迎来收获的季节，写小说写杂文写回忆文章，整理旧作出版新书，忙得不亦乐乎。回顾特殊年代，他依旧非常坦然，对苦难的历史一笑而置之，有时还会流露出"性格压不垮"的几分豪气。他更加快乐地享受生活，美食美酒伴美文，真正自得其乐！在老年病重失语的情况下，他还返回魂牵梦萦的南京定居。

1990年，银须飘洒的张友鸾离开人世。张锦用饱含深情的文字描绘了他父亲最后的形象："父亲86年的人生旅途，是把他热爱的南京城作为归宿的。1990年7月21日，父亲一反终年卧床的衰疲状态，挣扎起床，下地走动。他的失明的眼睛忽然明亮起来，时而喃喃自语，时而拈须大笑，似乎在同老友倾谈，但只能听到'新闻''发稿''出版'等单词，讲不出连贯的句子。实际上他是用别人听不懂的语言向世人告别，向他从事半个多世纪的新闻和文学事业告别。一连十几个小时精神亢奋，终于在 7 月 23 日凌晨，他无憾地长眠于母亲——南京的怀抱之中。"

民国报界的"张大先生"与"张二先生"

———

张传厚

新闻界的老报人也许还记得南京报坛有办报兄弟俩，哥哥张友鸾曾在多家报社任过总编辑，后自办了《南京人报》，报界习惯称他为"张大先生"。弟弟张友鹤在南京创办了第一家晚报《南京晚报》，人们称他为"张二先生"。他们是我的伯父和父亲。

一

伯父张友鸾大父亲三岁，兄弟俩均出生于安庆，小时候家境尚可，爷爷在政法专科学校和第一师范教课，给伯父和父亲请了先生，来家教书。兄弟俩整天闭门读书，足不出户，数年下来，受益匪浅，为日后从事古典文学的整理与编辑工作打下了深厚的基础。

伯父 18 岁时就读北京平民大学新闻系，师从邵飘萍（当时是平民大学新闻系主任）。在五四运动影响下，积极投身新文化运动和文学创作活动，21 岁即主编《世界日报·社会版》，后又担任了总编。1926 年接受李大钊的委派办了《国民晚报》，1927 年 4 月李大钊被害，接着该报因言论激烈被查封。伯父看到这种情况，发誓要做一名"超政治"的新闻工作者，不做官，不入官报。

1927 年冬，成舍我邀请伯父任《民生报》记者兼总编辑。1929 年，伯父辞去该报工作，转任《新民报》总编辑。同年帮助父亲创办《南京晚报》。1936 年与张恨水合作，在南京创办了《南京人报》，张恨水任社长，伯父任副社长兼总编辑。

日本侵华战火烧至上海，只办了一年半的《南京人报》不得不停办。1937 年举家迁至重庆，时逢《新民报》在重庆创刊，伯父又被邀任总编辑。伯父在《新民报》工作时间最长，前后共达 12 年之久。这一期间，伯父在编报方针、版面设计、编排风格、经营管理方面积累了丰富的经验。

抗战胜利后，伯父回到南京，决心复刊《南京人报》，但资金欠缺，当时父亲办的《南京晚报》已迁回南京复刊。为了帮助伯父尽早出报，父亲决定在南京晚报社印刷《南京人报》，报社挂两块牌子，左边为《南京人报》，右边为《南京晚报》，白天《南京晚报》办公，夜间《南京人报》办公，印刷工人工资由晚报社付给，这样缓解了《南京人报》开办时的艰难处境。《南京人报》1946 年出版，正是国共决战开始时期，当时因为真实报道了许多重要新闻，激怒当局，招致迫害，直至被捣毁封门。解放后《南京人报》复刊，由于该报曾不遗余力地呼吁和平，反对内战，又与《新华日报》和地下党有联系，复刊时得到人民政府的大力支持，不久改为公营，至 1952 年停办。伯父从事新闻工作有 28 年。

1953 年，伯父携家来到北京，接受了人民文学出版社古典部整理《水浒》的工作，和聂绀弩一起前后用了不到两年时间，完成了《水浒》的重新校订和注释，对古典文学的著作整理做了开创性的尝试。以后伯父又写了许多有关古典作品的文章,如《〈三国演义〉里的张飞》《〈镜花缘〉的倾向性》《汤显祖及其牡丹亭》;小说《白门秋柳记》《秦淮粉墨图》《魂断文德桥》等,并有散杂文100多篇在香港《大公报》《文汇报》《新晚报》刊登。

1957年,人民文学出版社冯雪峰、聂绀弩、舒芜等同志被错划为右派,"文革"期间又遭劫难,家中几大箱的文史资料及书刊均被造反派贴上封条,伯父处在劳改(扫街)之中。在这期间,父亲拿到稿费(注释稿费)后给老兄(父亲总是这样称呼伯父)送去一些。1959年右派改正,伯父继续在人民文学出版社工作,又撰写了小说《国大现形记》(《秦淮粉墨图》),在香港《大公报》连载。1980年,伯父应邀担任《北京晚报》顾问。1982年,伯父因赶写小说至深夜突患脑血栓,初愈后去外地子女家小住,1985年病情加重,1987年回南京堂姐家居住,1990年7月23日去世。噩耗传来,我安排好刚做完胆囊切除术的母亲,随即和堂姐、堂妹同乘一辆火车去南京奔丧。南京堂姐家里摆放着吊唁灵堂。那些日子,伯父单位领导、生前好友都赶来吊唁,远在台湾的成舍我先生、北京的舒芜先生、曾共过事的邓季惺先生、原鲁迅编刊室的殷维汉先生……南京的、北京的、其他地方的朋友均发来唁电,无不感到悲痛惋惜。

二

我的父亲张友鹤,少年时期多受伯父影响,经常向报社投稿,16岁时为上海的《申报》《新申报》《时报》和一些青年杂志、妇女杂志写短文、通讯,还曾编过几本白话诗词选在上海文明书局出版,因此常有稿费收入。

父亲中学毕业后到北京进中国大学,后又转至东南大学(南京大学前身），不久因家庭经济困难辍学从业，去芜湖一中当初中语文教师，同时为安庆通讯教育报写稿，约一年。

伯父当时在南京《民生报》任总编辑，1928 年春，父亲经伯父介绍为该报编副刊"新村"，这便成了父亲踏上新闻工作岗位的开始。在《民生报》工作时，父亲应社长成舍我之兄邀请，兼任上海《时事新报》驻京记者，引起成舍我的不满。年轻气盛的父亲听不进去成舍我的指责，干脆辞职而去，专任《时事新报》记者，同时又为上海《申报》《上海新闻报》写通讯，青岛当地几家报纸也聘他当通讯员，这时父亲 22 岁。

为了采访到新闻的第一手资料，父亲经常出没于"大人""先生"之门。对他影响最大的是 1927 年 7 月至 12 月任司法部部长的王宠惠。一次，王宠惠大谈其司法改革之后，父亲写了一篇通讯在《上海新闻报》发表，王看后很满意，加之父亲思维敏捷，记忆力强，听人谈话后能毫无遗漏地写出稿子来，博得了王的好感，两人成为朋友。有一次，王找我父亲聊天，父亲说："南京是首都，但尚无一家晚报，如能办一家晚报一定会受欢迎，我很想试一试。"王表示赞成，并说司法部可是清水衙门，我只能为你拉 300 元广告费。父亲拿出自己的年积蓄七八百元，再加上自己又跑了几十元广告费，终于在 1929 年 5 月 16 日正式开办《南京晚报》。此时父亲年满 23 岁。当时父亲和伯父同住在南京益仁巷润德里，《南京晚报》最初的社址便设在那里。在父亲创办《南京晚报》初期，伯父协助之处甚多，除了计划业务之外，并带头写稿子，编新闻。父亲则每天上午去采访新闻，回到报社写好稿子发到印刷所，下午再去印刷所看大样，直到上版出报为止。此外还要计划兜揽广告，整理账目，一人兼数职，非常忙碌。

《南京晚报》是一张四开的民营报纸，通俗快捷、趣闻性强，除每天国际国内大事，还有副刊、专栏、小说与漫画连载、本市新闻及每天物价跌涨行情等，贴近大众百姓生活，一度很受南京市民欢迎，销路稳中有增。但由于报业开销日增，无固定经费来源，自己又无印刷设备，要找其他印刷所才能出版，曾面临数次危机。由于父亲认识到《南京晚报》能否办下去是关系自己事业成就的大事，所以无论如何也要咬紧牙关撑下去。一方面，父亲个人能吃苦，一人兼数职，诚信待人，例如欠人家印刷费，说好延期数日，到时候卖了当了也要凑齐款项付予对方，博得各方信任。另一方面，父亲设法找商业广告，内部精简人员、紧缩开支、打开销路，这样总能维持下来，一时销路很好。报社有了盈余，随即购置了小规模的印刷机械，从此印报不再受外面印刷所牵制了。正当《南京晚报》蒸蒸日上之时，1937 年日本侵华战争爆发，报社不得不放弃购置了不久的印刷设备，解散了职工，全家人（包括祖父母、伯父一家）逃难到四川重庆。到达重庆以后，全家老小被安排在石桥铺农村，伯父和父亲则到城里办事。伯父已被《新民报》聘用。父亲筹备《南京晚报》在重庆复刊事宜，开始时困难重重，不久一些曾在南京为《南京晚报》写稿的人也纷纷来到重庆，凑起了班子和款子，找到星渝日报社代印，租到杨柳子一处房屋作为社址，终于在 1938 年 8 月 1 日在渝复刊。因为在重庆的"下江人"（四川对外省人的称谓）很多，大家有故土之亲，对《南京晚报》的出版颇感亲切，都愿买一份看看。同时有不少"下江人"在重庆开商店，他们也愿意支持这一张来自长江下游的报纸，营业情况很好。但印刷始终是个问题，先后换了几家，最后由大公报社代印比较满意。

《南京晚报》同人的口号是"有钱出钱，有力出力"。其最大的特点是一人顶三人。张友鹤一社之长兼总编，还负责本市版主编，因此报社专职人员、记者、校对不过四五人，经理部也只有三四人，总共没有超过十人。其余的人员都是业余或兼职，如编辑副刊的胡某，他本职是《时事新报》本市版主编；主笔施某在文工会任职；另一主笔写《啰嗦集》的张某是《千字报》总编……第二特点是"抢头条、抓独家新闻"，如"陈独秀病死江津"的消息就是《南京晚报》首先刊出的。又如1945年8月6日，《南京晚报》从美国新闻处抄到一条惊人新闻——"本报今晨10时华盛顿急电，美国原子弹轰炸日本广岛"。电文精简，但已抢到各家报纸之前了。第三个特点是《南京晚报》四开一张，头版为国内外要闻，第四版为本市新闻，这一版全靠记者所写……要做到上午12时前的本市新闻不可漏掉，各行各业物价涨跌一定要见报。当日的消息，一般下午4点之前就可以见报了。同时，副刊也是追求可读性的文章。这就是《南京晚报》的"同人精神"，不拿官方津贴，也无大款资助，以报养报，是一家真正的民间报纸，在销路上是各晚报之首。

1939年5月3日、4日两天，日机对重庆大轰炸，大公报社被炸（《南京晚报》由该社印刷所代印），《南京晚报》社址也被轰塌了，《南京晚报》只好停刊，半年后才找到另一家印刷所，1939年12月1日在重庆第二次复刊。

1940年7月26日、27日两天，日机又来大轰炸，报社社址和印刷所统统被炸垮了，《南京晚报》只得第二次停刊。这期间向赈济委员会申请救济，费了九牛二虎之力终于得到救济费两万元，分给了报社受难的同人。

1941年，父亲在重庆租了一间西晒的小房子，夏天奇热，室内放两张写字台便毫无回旋余地。父亲白天在室内编报，晚上在墙角搭一小帆布床睡觉，两位送报工友则睡在写字台上，在紧缩开支、精简人员、一切从简的原则下，停刊了一年多的《南京晚报》终于在1942年1月1日在重庆第三次复刊。

当时上海、南京早已沦陷，日机对重庆的轰炸更加频繁。在农村，白天日机来了，我们就躲在桌子底下，把全家被褥放在桌上，耷拉下来，以免弹片飞入。晚上日机来了，我们就躲到外面坟地空隙处。后来，父亲接我们去城里住，日机一来，跟着大人赶忙跑进防空洞。抗日战争胜利，重庆方面准备了一架军用飞机，记载了记者代表团到南京参加日本投降受降仪式。父亲在回忆材料中这样记载："因为我和他们没有派系的联系，最初记者团未把我算在内，后来有人说：《南京晚报》是南京的报纸，战时迁重庆，战后重返南京，如今抗战胜利，怎好不让他参加呢？这样才把我的名字列入。"那时同机回南京的有万枚子、张慧剑、张万里、卜少夫以及国民政府中宣部的一些人。

回到南京，父亲马上着手《南京晚报》在南京的复刊工作。父亲在回忆中写道："回到南京，第一要务是先把印刷设备恢复起来，除了新购置了部分设备，又将战前留在南京的设备收回，找到了社址。1945年11月16日，《南京晚报》回到南京正式复刊。"

复刊后至1949年5月16日停刊，这期间《南京晚报》也并非一帆风顺。我记得有一次国民政府稽查人员到家里来，当面警告父亲要封报社的门，那是因为《南京晚报》报道了发生在武汉的"景明楼事件"。南京国共谈判时，中共办事处在梅园新村，《南京晚报》记者前去采访消息时经常被特务跟踪，一直尾随至报社门口。当时，《南京晚报》将国共谈判中共发言人的谈论、战报都登了出来，激怒了国民党当局，曾遭到国民政府宣传部副部长警告，称《南京晚报》"助匪张目"，应予严办。此事经过多方周旋方不了了之。

1949年4月23日，南京解放。军管会整顿了南京的报业。《南京晚报》停刊。父亲随即遣散了职工，发了遣散费。不久，父亲曾被邀至上海，到华东贸易部一经济刊物做科长。父亲觉得自己对经济是外行，不能胜任而辞谢，赋闲在家。从 1929 年 5 月 16 日《南京晚报》创刊至 1949 年 5 月 16 日停刊，历时 20 年。

三

父亲从事古典文学著作的整理注释工作是从 1954 年开始的。1954 年 7 月，父亲与作家出版社签了《聊斋志异》的选注、标点、校勘的合同，以后又陆续与一些出版社签了《聊斋志异》（三会本）、《镜花缘》、《官场现形记》、《二十年目睹之怪现状》、《唐宋传奇选》等多项注释合同，与各出版社签的合同，父亲都如期完成交稿。50 多年来，这些被父亲注释的古典著作均再版过多次，直到现在还在出版。2008 年奥运会期间，为了宣传中华文化的博大精深，外文出版社标了一个"大中华文库"（中英文对照精装本），将父亲辑校的《聊斋志异》（三会本）及《唐宋传奇选》收录其中。

父亲去世后，我在整理父亲与各出版社的签约合同时发现，有的从签约到交稿时间非常紧，例如 1958 年 10 月 30 日与人民文学出版社签了《唐宋传奇选》前言、选编、注释、标点的合同，当年 11 月 15 日前交稿，为时才半个月。又如 1955 年 12 月 9 日与作家出版社签的《官场现形记》标点、校勘、前言的合同，1956 年 1 月 31 日前交稿，也就 50 天必须完成。

在父亲注释多部古典名著中，我觉得最值得一提的是《官场现形记》和《聊斋志异》（会校会注会评本）这两部书。

《官场现形记》，李宝嘉著，是晚清四大谴责小说之一。父亲为了帮助读者阅读此书时能对清末的官制有一简单和全面的认识，在校注此书时特撰写了《清代的官制》作为附录。由于《官场现形记》中读到当时官场制度的地方很多，现在的读者看了不免有些茫然之感。父亲对清代的官制分 12 部分作了介绍：1. 官员的品级。2. 京官和中央官署。3. 外官和地方官署。4. 官员的出身——正途和杂途。5. 捐纳——买官的方法。6. 官和缺，怎样补缺。7. 官员任用的方式。8. 关于武官。9. 官员的考绩——京察和大计。10. 官员的剥削收入。11. 官员的服饰和礼节。12. 官员的称呼。除此还写了"后记"，介绍了作者李宝嘉，在注释中用了作者三个不同的版本，对明显的错误作了订正。为该书注释达 278 条之多。这些工作，均对了解和研究清史有重要的参考价值。

1962 年 7 月，父亲与上海古籍出版社签了关于《聊斋志异》（会校会注会评本）的辑校合同，并写了"后记"。

《聊斋志异》，蒲松龄著，上海古籍出版社曾以平装本 1—4 册、精装本上下两册印刷出版，此书（按"后记"所述）共 12 卷，491 篇。附录的九篇因未考证是否为蒲氏原著，故未计入。要将本书的校、注、评汇集一起，去伪存真，去粗取精，实为一项庞大而繁杂的系统工程。关于会校方面：《聊斋志异》的版本很多，有手稿本、抄本、刻本、评注本和拾遗本等，其中有重要参考价值的有 14 个本子。

作者手稿本。新中国成立后发现，已有文学古籍刊行社影印本行世，这是很珍贵的一个本子，也是作者最后的修订本，可惜的是此稿只存半部。铸雪斋抄本共 12 卷，是现存诸本中最完善的一个本子。青柯亭刻本是现存最早的刻本，共 16 卷，此本对《聊斋志异》的传播有很大功绩。此本出版后，所有各种评注本、石印本和铅印本都是根据此本翻印。以上的作者手稿本、铸雪斋抄本及青柯亭刻本，为注释者选为主要的依据。与其他 11 种版本对照，是会校会注会评中分别应用到的。从文字校勘上，手稿本价值最大。至于吕湛恩注本、何垠注本的重点则在注。冯镇峦评本、何守奇评本、但明伦评本重点则在评。

父亲仔细地阅读了这 14 种稿本，并互相对照，发现并找出其中的错误，加以改正，将各家校、注、评分别列入 491 篇文中，遇到一句之下三者均有时，排列的次序是先校、次注、后评。使本书既采纳了各本优点又荟萃了重要异同，使之成为可供阅读和研究的一部用书。《聊斋志异》（三会本）出版后曾受到极高的评价。我在网上看到这样一段话："新中国成立后，曾有受人瞩目的张友鹤先生以半部手稿本和铸雪斋抄本为主要底本详尽会校、会注、会评的三会本，为《聊斋志异》的研究起了开创性的作用，20 世纪 60 年代由中华书局出版后，便备受学者专家和读者的关注，至今，此一版本仍有相当参阅价值。"父亲为此书的完稿付出了大量心血，终因劳累过度，于 1964 年 12 月底脑溢血昏迷不醒，经送北京阜外医院抢救，昏迷一月余才苏醒过来，但已半身不遂，不会说话了。医方说要想恢复说话能力，必须做脑颅手术，将压迫神经的瘀血取出。这个手术风险很大，死亡率很高，母亲知道后，不同意给父亲开颅，就这样把父亲接回家休养。父亲每天平卧在床上，看着屋顶过日子。当时粮食、副食、棉布均定量供应，母亲为了贴补家用，争取到一些手工杂活。"文革"期间，红卫兵来抄家，把家中仅有的一点值钱的东西（一件档次稍高的大衣、一个结婚戒指、一个订婚银杯）都拿走了。父亲瘫痪在床，吃、喝、拉、撒、睡都得母亲照料。父亲急在心头，有一次我见他欲言又止，就拿了笔给他，让他在我拿的纸上写点什么，他写出"毫无生趣"四个字。他已觉得活着对家庭、对社会没有任何价值了，心中充满了悲凉。1971 年腊八，寒风呼啸的夜晚，父亲去世，享年 64 岁。1971 年正是"文革"时期，父亲去世时，没有鲜花，没有挽联，没有亲友的吊唁，父亲就这样默默地走了。

我对父亲是很尊敬爱戴的，他的一生是应该被肯定的，因为他对社会做出了贡献。父亲永远活在我的心中。

徐盈：中国经济报道的先行者

徐东口述　吉瑾整理

　　我的父亲徐盈和母亲彭子冈生前都是《大公报》的著名记者，曾在新闻战线上风云一时。父亲《在重庆采访》一文中概括他们的工作是活跃在"时局的中心，消息的总汇，政治的复杂焦点上"。

　　我的父亲从抗战前夕的1936年开始进入《大公报》从事记者工作，一直到新中国成立初期。1952年，他调任政务院宗教管理处任副处长，后任国务院宗教事务局副局长，在周恩来、陆定一等同志的领导下工作。1957年，父亲曾遭遇反右运动的冲击，下放劳动，受尽磨难。1962年他回到北京，担任《新工商》杂志和民族出版社的编辑。1978年，他的问题被纠正，不久任全国政协文史资料研究委员会副主任，兼任《人民政协报》社党组成员、编委；历任第六、七届全国政协委员，是全国作家协会会员。父亲于1996年12月因病逝世。他从事新闻工作20来年，留下了数百万字的资料，其中有上百篇是为人称道的各种文体的新闻文字。父亲不仅是一位有影响的新闻记者，他还是涉猎广泛、具有多方面知识与才干的杂家。他除了写政治、社会问题的新闻报道外，还撰写了大量的经济通讯，为时人所推重，同时他还创作了大量的文学作品。

如今父亲离我而去已有 10 年，在无比怀念他的日子里，我希望写下一些值得记录的文字，为我国现代的新闻工作存史，同时也寄托我对他深切的哀思。

《大公报》的名记者

父亲 1912 年生于山东德州。他先后在保定河北农学院和金陵大学农业专修科学习，1935 年毕业后在郑州陇海铁路局做过短期的技术工作。

父亲勤于思考，善于观察，喜好考察和撰写游记。他曾借在河北农学院参加实习的机会去北平、天津、山海关一带考察农林状况，写下多篇游记，发表在《大公报》主办、由王芸生和沈从文主编的《国闻周报》上。工作以后，他曾乘车沿陇海铁路巡行考察，写了多篇农林视察游记在《国闻周报》上发表。西安事变前夕，国民党当局在各地加紧搜捕共产党和进步人士，父亲因与生活书店的关系而被列入黑名单，为此他逃出郑州，潜回北平。1936 年底，经王芸生介绍，父亲进入上海《大公报》馆当练习生，从此开始了他的记者生涯。

20 世纪 30 年代中期，著名记者范长江在《大公报》上发表的旅行通讯在全国引起轰动，中国新闻界出现了"旅行调查报道"的热潮，各家报社都派记者采写旅行通讯。《大公报》更是突出这一特色。父亲初到《大公报》当练习生时就开始了他的旅行调查和采访。他从上海出发到江西，一边考察，一边写通讯特写。这一时期他的主要作品有：《"浙赣"的春天——到江西的路上》《赣东风雨》和《瑞金巡礼》等，后来他又到安徽实地考察米市和茶区。实习期间采访的成功使他在《大公报》提前结束了练习期，正式进入《大公报》任记者，并逐渐成为《大公报》采访部的主力，后来担任重庆《大公报》社采访部主任。

父亲初入《大公报》工作时正逢抗日战争爆发，凭着新闻记者的敏锐和爱国热情，他对这一历史时期中具有重大历史意义的政治事件都作了深入的采访和报道。1937 年，作为《大公报》的旅行记者，他转战山东、山西、陕西等地的抗日前线。在山西五台山八路军总部他做了一个时期的随军记者，其间分别采访了朱德总司令和总政治部主任任弼时同志，在他写的《朱德将军在前线》《战地总动员》两篇通讯中，较早地公开报道了抗战初期八路军的战略战术和群众工作的经验。除了介绍解放区的情况以外，他还对徐向前、彭雪枫、丁玲等一些中共的将领和文化人士作了生动的报道。《大公报》的这些宣传报道向国统区的群众介绍了共产党和八路军的真实情况。此间，他还担任了中华全国文艺界抗敌协会理事。之后，他考察了当时被称为"中国复兴根据地"的大西北的各省政治经济状况和民族宗教问题，写了《抗战中的西北》一书。此书被收编在范长江主编的《抗战中的中国》（生活书店于 1938 年出版）丛书中。

父亲曾采访过国内各方面的重要人物，其中既有孙中山的夫人宋庆龄，也有新疆的军阀盛世才，他们都是很少接受记者采访的人物。

我的母亲和父亲因同是《中学生》的投稿人，又同是邹韬奋"生活"读书会的会员而相识相知。他们志同道合，于 1937 年结婚。婚前他俩曾经以记者的身份一起沿着江西老苏区去旅行考察，写通讯报道。1938 年，他们准备到延安去学习，但范长江在被迫离开《大公报》前曾嘱咐我的父母不要轻易离开《大公报》，并要他们注意广泛团结进步记者，要他们到重庆后协助《新华日报》打开局面。周恩来也指示他们留下来做大后方的统战工作，所以父母就留在《大公报》继续任记者。

他们经胡绳介绍于当年 10 月双双加入了共产党。从此以后，他们一直受党的领导，长期作为地下党员在《大公报》隐蔽政治身份从事记者工作。

如果说父亲以前只是一位爱国青年和有进步思想的记者，而自从1938 年加入共产党以后，他就成为一名有组织的坚强战士。民办的《大公报》是以"不党、不卖、不私、不盲"为宗旨的一份报纸。而从1939 年起，父亲接受党的指示，利用工作之便秘密做文化界和实业界的统战工作，直至全国解放才告一段落。抗战胜利后，父亲告别重庆，回到北平，任天津《大公报》驻北平办事处主任。

解放战争时期，父亲跟随由美国特使马歇尔、中共代表周恩来和国民党代表张治中组成的军调处执行部飞越九省视察各地的停战情况。他着重报道了这一重大活动，写了《从张家口说起》《延安的春天》《北平军调处执行部》等十篇通讯，报道了军调部三人小组访问延安等地会见国共双方领导人的情况。在这些文章中，他比较巧妙、间接地介绍了解放区的风貌和共产党的政绩，宣传了我党我军争取民主统一的决心，同时也揭露了国民党反共的伪善面目。他的《从张家口说起》这篇通讯长达一万多字，在其中的《张家口人物速写》部分里专门介绍了聂荣臻、贺龙、萧克、成仿吾、丁玲等十位解放区的著名人物。这十篇通讯后来结集成册，由文萃出版社编成《烽火十城》出版。全国解放前夕，国民党在军事上节节溃败，人民解放军开始大反攻。在这一形势下，父亲也写了很多综述性的通讯报道。

从红军撤退后对江西苏区的采访，到抗战时期、解放战争时期写的通讯报道，父亲在新闻界逐渐成为风云一时的记者。1947 年，在储玉坤著的《新闻学》中曾对父亲有这样的评价：写战地通讯以《大公报》的范长江、徐盈，《新华日报》的陆诒，中央社的曹聚仁最为著名。

1949 年 2 月，天津《大公报》改名为《进步日报》重新出版，父亲和共产党员杨刚等人为临时管委会成员。

中国经济报道的先行者

1938 年底，武汉失守，《大公报》迁入四川，于 12 月 1 日重新发刊，父亲任采访部主任。

抗战初期重庆的《大公报》几乎每天都有父亲写的各种时政报道。从抗战中期开始，他的报道重点开始转移到经济领域上。

20 世纪三四十年代，我国的经济以农业为主，工业落后，科技、教育也不发达。新中国成立前熟悉经济的记者不多，所以关于经济的新闻报道极少，新闻报道大多偏重于时政和社会新闻。父亲在中国新闻史上的贡献就在于他是重视经济报道的先行者。

父亲从学生时代就开始实地考察，加之农学院学习的专业特长和实习中旅行游记的历练，使他从关注我国农村现状调查开始写经济通讯，进而逐步深入、系统地报道和分析研究经济问题。

父亲的经济通讯带有时代的特色和历史的纵深感，他具有报人不怕死的铮铮铁骨，将手中的笔作为进行民主斗争的一种武器。他把经济通讯作为一个展示社会现实的窗口，以此反映国民党统治的经济现状，并揭露社会政治制度的腐败。原天津《大公报》的一位老记者曾评价说："徐盈于国民党统治时期在《大公报》发表的多篇文章都反映出他是最早的反贪标兵，揭露了国统区的许多贪污腐败现象。"

早在 1935 年，父亲就为《国闻周报》写出了长达一万字的通讯《滦榆问棉记》，对当时国内的主要产棉区——冀东的滦县至山海关铁路沿线地区的棉花生产销售情况做了深入的调查和报道。文中指出了滦榆地区在我国棉花生产中的重要地位，分析了棉农由于不懂保护与改良棉种而导致影响生产和出口的问题。从 1936 年起，他的很多农村视察游记在《国闻周报》上连续发表，如《死亡线上的喘息》《饥饿线上的农村旅行》等。他经过考察，在 1936 年第 13 卷第 39 期的长篇通讯《内陆沙漠》中，反映了黄河故道沙漠化危机的情况，指出只有重视运用农业科学知识，沙漠才能改良，农业才能发展。1937 年，他看到在稻米丰收的年头，米市却不景气，他为上海《大公报》写了《芜湖谈米》的通讯，尖锐地指出"自从洋米来了，这里就没有交易"的原因。在《皖南看茶记》中，他揭露了封建豪绅勾结外国侵略势力对民族经济的摧残。同年，他还给《国闻周报》写了记述从郑州以西到潼关农村干旱情景的《一个干燥的农业区》的通讯，其中有一节作为游记的范文还选入叶圣陶编著的《文章例话》（开明书店于 1937 年 2 月出版）中。

此后，他的采访视野由乡村随即扩大到重工业、轻工业和手工业等各个行业。1938 年，他写了《巩固工业经济国防战线》的通讯，记述中国工业合作协会在西北地区的成就。1939 年，他写出《纺织工业的复兴》的通讯，通过上海三友实业社纺织厂被日寇焚毁又在后方开工的事实，论述了中国工业化的发展道路。

父亲非常关注民族实业家的经济状况。他在重庆《大公报》上发表《满怀兴奋看船坞》的通讯，热情歌颂了民生公司造船厂的建设和发展，赞扬了民族资本家对发展工业的贡献。谈到民生公司，他还是最早报道宜昌大撤退的记者。在抗日战争的艰苦岁月里，宜昌发生了一场对抗战全局有重大影响的事件——1938 年宜昌大撤退。在日本侵略军进攻面前，宜昌民众尤其是民生轮船公司的员工和码头工人、纤夫、船员们，在著名爱国实业家卢作孚的组织指挥下，驾驶着轮船和木船，冒着敌机的轰炸，将大批人员、大量文物和兵工、器材抢在长江枯水季节和日军铁蹄侵犯之前，全部安全转运到大后方四川。著名平民教育家晏阳初将宜昌大撤退喻为"中国实业界的敦刻尔克"。父亲在《新中华》复刊号上撰文记写宜昌大撤退，文中写道："中国的敦刻尔克撤退的紧张程度与英国在敦刻尔克的撤退并没有什么两样，或者我们比他们还要艰苦些。"父亲还通过深入调查撰写过《中国的工业——滨海工厂是怎样迁厂的》一文，发表在 1939 年 3 月 11 日的《大公报》上。

日本投降后，1946 年父亲返回北平。他从别人不在意的杂乱报纸中收集日方的经济资料，经过整理后写出了《北方工业》的一组通讯，文中深刻地分析了日本在华北的经济问题，同时揭示华北的资源和工业潜力将成为中国产业革命的重心。1947 年至 1948 年，他连续发表了《一个黄金时代的错过》《水泥没有出路》《手工业玉碎记》《在两大化工集团之间》《一个重工业建设的梦——记孙越崎九出山海关》等综述性通讯。1948 年他写下新中国成立前的最后一篇通讯《哪里是工程师的用武之地》，从经济的角度分析了国民党蒋家王朝的统治已经面临崩溃瓦解的原因。

父亲的经济通讯和对经济界人士的报道不仅成为《大公报》和新闻界的一个新视点，后来也逐渐形成《大公报》的一大特色。1952 年上海《大公报》遇到困难，毛主席在中南海接见《大公报》总编辑王芸生，给予《大公报》极大的支持。毛主席指示《大公报》北迁天津与《进步日报》合并，仍叫《大公报》在北京出版，由中宣部领导，坚持以财经宣传、国际宣传为重点。对此，《经济日报》前身《中国财贸报》的老报人曾对我说，这是与《大公报》几十年来一直以很重要的篇幅刊载经济报道分不开的，也是与徐盈在其中的贡献分不开的。因为徐盈与实业界人士有交往，是当时国内唯一的优秀经济记者。他在与经济界、实业界人士的往来中和他们建立了深厚的关系和感情，为《大公报》和经济界、企业界起了很好的沟通与桥梁作用。《大公报》以前是以政治和社会问题为主要报道内容，而徐盈在其中所发挥的作用对《大公报》侧重于经济报道打下了基础。

原天津《进步日报》党组成员、北京《大公报》党委书记兼副总编李光仪还向我介绍了一个事例：1946 年，他在《大公报》上曾经看到不止一篇由徐盈撰写的有关国民党政府邀请美国专家沙凡奇对治理三峡水坝考察的报道。当时，由于徐盈以报道经济新闻著称，所以他被《大公报》派往陪同沙凡奇到三峡做实地考察。父亲的这些经济新闻报道正是这段历史的真实记录。

王禹时和我的父亲曾是在《人民政协报》工作时的同事，他们对桌而坐，经常一起交谈。王禹时在文章《送徐盈，忆子冈》一文中记述了他们当时交谈的情况："我和盈老相坐时，话题谈过佛学、道学，由于他长期在《大公报》从事经济报道，所以他更多的是谈经济，尤其是解放前国民党时的企业家、市场、物价、贪污腐化等。从每斤的小米到房地产，从天津的大沽碱厂到北京的瑞蚨祥，真是如数家珍。而在这方面的学问，正是我所欠缺的。"

20 世纪 80 年代，父亲自担任全国政协文史委员会副主任以来一直在工商组工作。他出谋划策，提出过许多很好的建议。特别值得一提的是，他主持出版了四期《工商经济丛刊》，为后代留下大量有价值的近现代中国工商经济史料。

华裔旅法中国经济史学者、法国经济史专家白吉尔的学生萧小红女士在研究中国的经济史后评价说："《大公报》有两个人的功底很深，一个是徐铸成，一个是徐盈，徐铸成偏重于政治，徐盈偏重于经济，是中国最好的经济记者。"

学者型的记者

报业同人曾评价母亲是一位锋芒外露情感型的记者，而认为父亲是有理性认识和深度研究型的记者。父亲虽是在新中国成立前的民办报社做记者，但他不像其他一些记者那样囿于当时的局限，只写社会上的刑事犯罪、民事纠纷和八卦花边趣闻。他专注于人民的疾苦和社会的变革，尤其重视对于经济问题的报道。因此，他是一位比较早就侧重研究社会经济的学者型记者。

1937 年，他在考察大西北各省政治经济状况和民族宗教问题后写出《抗战中的西北》一书。周恩来曾对此书有很高的评价，认为对西北的民族、宗教问题的研究很有价值。

在采访和调查中，父亲特别关注那些经济界、实业界和科技界人士对经济发展的作用。他和很多著名的经济界人士的关系都超过了记者与被采访者的关系，成为知心朋友。通过他的沟通和交流，有好多实业家、科技专家和共产党建立起联系。因此，他也积累了大量中国经济的发展史料。从 1943 年起，他在《大公报》《客观》等报刊上陆续发表了实业人物的特写数十篇，后选出一部分编为《当代中国实业人物志》一书由中华书局出版。这些人物有著名的民族实业家，如范旭东、卢作孚、胡厥文、吴蕴初等；有著名的科技专家，如侯德榜、茅以升、赵祖康等。父亲对他们的爱国情怀、创业经历和专业成就都作了翔实的报道。

《法制日报》的副主编常少扬先生，1985 年在社科院攻读新闻学的研究生时曾经阅读了有关父亲的大量资料并重点研究了他的经济通讯，最后以《论徐盈的经济通讯》为题完成了他的硕士论文。在论文中他肯定了父亲在经济通讯写作方面的突出成就。他写道："徐盈在其新闻记者生涯中着力最多成就最大最能代表其新闻作品特色，并给他在社会上和新闻界带来更大声誉的则是他的经济通讯。"在《中国近代名记者》（复旦大学出版社）一书中有关"徐盈"的章节也是由常少扬先生编写的，并给予了同样的评价。

原《大公报》记者钱家骏先生在《新闻人》（天津社会科学出版社）一书中也撰写了关于徐盈的内容，其中的一节就以"中国第一位经济记者"为标题概述了徐盈的经济通讯报道。

父亲经常告诫年轻的记者同行说，做记者必须具备两项才能：一是要能"全身带钩"，一是要会"串糖葫芦"。所谓"全身带钩"就是在对某一事件采访时要以高度的嗅觉发现、钩出另外的新闻线索来。父亲笔下的许多新闻都是这样链接出来的。所谓"串糖葫芦"，就是要勤于记录、积累资料。采访时不仅要记下与采访有关的内容，还要把其他有价值的资料全部记下来，以后写其他文章时，尽量把过去积累的有关内容贯穿起来。我曾经看到父亲在写文章时，总是坐在家中案前笑眯眯地思考、构思，那其实就是他在融合以前的资料，又在酝酿一篇新的好文章。

具有多种创作才华的记者

父亲不仅是一位知名的记者，还是一位多产的作家。他喜欢写作，从高中时就开始了文学创作活动。1932 年，他就与"左联"青年金丁（汪金丁）一起创办革命刊物《尖锐》。他在叶圣陶主编的《中学生》杂志上发表了多篇文章。在叶圣陶的指导下，他考察了许多省份，并把考察结果写成文章，后结集成册起名为《抗战中的中国》（此书与范长江主编的一套丛书同名）。他在"左联"时期、抗战时期还陆续发表了小说《粪的价格》《七月流火》《口供》等，其中结集出版的有《战时

边疆的故事》《苹果山》《前后方》和《新聊斋》等。他还创作过电影
文学剧本《青梅竹马》。至今，我家里还珍藏着他早期散见于各种刊物
中的小说和单行本的小说集。他生前曾有一部作品《鸡犬豕》，即是用
小说的形式讽刺国民党内部的黑暗，很多友人读后都大加赞许。有时我
读着父亲的这些作品，常感受到他在动荡岁月中除记者报道之外的另一
份才情。

20 世纪 80 年代，父亲于 70 高龄时曾给香港《大公报》撰写了不少
回忆文化、科技界人物的文章。其中有《华北油田行》《杨振宁、钱伟
长、宦乡谈四个现代化》等文，另外，还有专门记写李四光的《石头
记》（上、下）等。

为了积累资料，父亲坚持写日记。有时他的一篇日记就是一篇好文
章。父亲一生淡泊名利，默默笔耕。无论在什么情况下都一如既往地关
心国家的政治经济状况，这一点可以在他的日记中看出。父亲一生留下
日记近 30 本，可谓日记等身。在他的日记中很少有个人私事、琐事，
其绝大部分的内容记录的是在各个历史时期的重大社会问题和重要事
件。在新中国成立前夕的北平围城期间，他写自 1948 年 12 月 12 日到
1949 年 1 月 30 日的日记就生动、逼真地记录了这一时期中北平社会各
方面的状况。中共北京市委党史研究室根据父亲的这段日记，于 1992
年整理出版了《北平围城两月记》一书。编者在附记中写道："这不是
一般当事人普通的日记，而是以日记的形式，从各个侧面真实地反映了
在那关系着北平这个近千年古都及其 200 万人命运的 40 多个日日夜夜
中所发生的一切。"我对父亲的这本书感情极为深切，因为我本人就是
在北平解放前夕的 1948 年 10 月在灯市口《大公报》办事处宿舍出生
的。当时国民党搜捕《大公报》，还带走了父亲，幸好后来化险为夷被
放回。如今我时常翻阅这本小册子，抚今追昔，在感受当年于炮声隆隆

中新中国诞生前的历史震撼的同时，也使我更加深深地怀念父亲。

如今，值得告慰父亲的是，虽然他离开我们多年了，仍有许多人怀念他、敬重他，并且还有人专门研究他对我国现代新闻史的贡献。上海档案馆研究员陈正卿先生在多年对父亲资料的整理和研究的基础上，正在为我的父亲母亲编写一本几十万字的《徐盈、子冈传》，书中所选父亲的各类文体共约90篇文章。书中前言写道："这其中所选的文章，并非最能代表他的成就和风格，更不能称作他的几百万字著述中最优秀的部分，但能基本反映出他的新闻写作的历程。并且这一历程，又是紧贴住过往的那个伟大时代脉搏的，而我们今天还能从中仍获得教益和参考，这已是对他最好的纪念了。"

范长江的"旅行通讯"

———

王　鹏

　　2007 年 11 月 8 日，是中国记者协会的前身——中国青年记者协会（以下简称"青记"）成立 70 周年纪念日。70 年前，范长江、羊枣、夏衍、碧泉、章汉夫、恽逸群、王文彬、章丹枫、孟秋江等发起成立了"青记"，在抗战初期发挥了团结鼓劲的作用。2000 年，国务院确定 11 月 8 日为"记者节"，就是对"青记"在抗战初期所发挥作用的肯定。在"青记"的实际工作中，范长江发挥了重要作用。

　　范长江（1909—1970）是我国无产阶级新闻事业的开拓者和领导者之一，杰出的无产阶级新闻战士；新中国成立后，他曾任新华社社长、《人民日报》社社长等职。他的名字与中国现代新闻史是分不开的。

范长江初识胡政之

　　1935 年初，年仅 25 岁的范长江就产生了当时看似"想入非非"的"考察西北""了解红军"的愿望。1935 年 5 月，范长江从北平到天津

《大公报》社，拜访了《大公报》总经理胡政之（1889—1949），胡很爽快地采纳了范的采访计划。范长江回忆说："我想如果我能弄到《大公报》旅行记者的身份，到中国西部去旅行，就可以接近红军，甚至于进入红军，那我所关心的最大问题就解决了。旅行记者行动自由，文责自负，《大公报》不付工资、差旅费，支付稿费，但可以借支。我想这是一个好办法，也可能成功。于是我去天津找胡政之。……我提出到中国西南西北去旅行，为《大公报》写通讯……只要给我一个证件，一个名义，介绍一些地方旅馆和社会关系就行了。"

范长江成名于《中国的西北角》

从 1935 年 7 月起，范长江以《大公报》旅行记者的名义，从四川成都开始了他著名的旅行考察。这时，中国工农红军正在进行两万五千里长征。由于国民党的新闻封锁，红军的情况很少为一般读者所了解。红军北上对整个中国政治动向的影响，成为范长江当时注意的中心问题之一。另外，范长江预测，一旦抗日战争全面展开，沿海一带必不可久守，抗战的大后方肯定在西北、西南一带，而荒僻的西北地区的现状却很少为人所知，因此有必要对这些地方进行考察和研究，让读者更多地知道西北和西南的情况，这是记者的当务之急。这次旅行考察，历时 10 个月，马不停蹄，舟车劳顿，行程 6000 余里，足迹遍及四川、陕西、青海、甘肃、内蒙古西北五省区，历尽艰辛采写了大量的旅行通讯，陆续寄回天津在《大公报》发表，第一次在全国性的大报上，真实地报道红军长征的行迹和西北近况，揭露了西北地区当权者的种种弊政，把西北的政治、经济、军事、文化和民族等问题展现在读者面前，字里行间对西北民众的悲惨生活给予了深切的同情。尤其是国统区的读者，第一次听说红军长征两万五千里，闻所未闻，叹为观止。其中有客观记述红军长征过程以及动向的《岷山南北剿匪军事之现势》，还有跟踪采访红军长征的《长安之瞥》《毛泽东过甘如陕之经过》《从瑞金到陕边》等，更有考察河西地区少数民族与汉族关系的《弱水三千之"河西"》等。再如范长江撰写的《陕北甘东边境上》一文，对刘志丹部队作了精辟的描写和分析，他在报道了大量事实的基础上，鲜明地指出刘志丹同历史上所有绿林好汉不同，并且指出了其之所以不同的社会原因和历史原因。尤其是范长江追逐长征中的红军，跟踪采访。他的通讯真实生动，分析问题鞭辟入里，备受读者重视。早在1936年初，范长江就能作出这样深刻的报道，确实是难能可贵的。

随着范长江旅行通讯在《大公报》上连载，广大读者开始了解共产党和红军长征，一时间范长江名声大震。《大公报》出版部于1936年8月还将范长江通讯结集成册，定名为《中国的西北角》，在全国范围公开发行，出现了读者抢购潮，"未及一月，初版数千部已售罄，而续购者仍极踊跃"，不得不再版10次，发行十几万册，脍炙人口，风行全国，被誉为和一年以后出版的斯诺先生的《西行漫记》一样，"是一部震撼全国的杰作"。此书发行的数量之大，再版的次数之多，影响之深远，在当时都是不多见的。

中共领袖人物形象现身《塞上行》

范长江外出采访回到天津后，受到《大公报》社同人的热烈欢迎，这时他已经成为该报的正式记者，后又与胡政之、张季鸾（该报总编辑）赴沪，创办《大公报》上海版，任通讯课主任，统筹对外采访工作。1936年12月12日，西安事变爆发，举世震惊，其中内幕是各报社争抢的新闻。《大公报》总编辑张季鸾和总经理胡政之又找到范长江，要他利用人地两熟的优势，再次去西北采访。范接到任务，既兴奋又感到责任重大，他还想起胡曾多次对他说过的，有时一个事件的发生，因时间、地点、人物、环境等诸多因素，它可能是划时代的，很可能会在历史长河中刻画深深的印记，"这次如果不赶快去，也许要错过最后机会了"！这次范长江再去西北，情况就不同了，他不但有了正式的"记者"身份，而且报社还为他支付差旅费；这时的范长江已是新闻界的"名人"，地方官吏和普通读者一听到"长江"的大名，如雷贯耳。他在一篇通讯中曾记述过他的这次旅行的真实目的，他写道："记者于事变（指西安事变）后奉社命从绥远到兰州，因已确知周恩来在西安，且知已到西安附近，曾到过彭德怀、贺龙等的部队，我很想借此机会，会会这般神秘的人物，一探政治的究竟。"

1937 年 2 月 2 日，范长江到达西安。当日，遇到了突发的东北军特务团团长孙铭九等九人反对撤兵，枪杀了第六十七军军长、主和派将领王以哲和参谋处处长徐方等四人（史称"二二事件"），范被阻隔在城门之外，无法入城。2 月 3 日，范找到《大公报》西安分销处的李天炽。经李的介绍，范见到了邓宝珊，后又受到杨虎城的招待。2 月 4 日午后在杨虎城公馆，范长江见到了中共领导人周恩来。周恩来见到范长江后，迎上前握手，并高兴地说："我们红军里面的人，对于你的名字都很熟悉，你和我们党和红军都没有关系，我们很惊异你对于我们行动的研究和分析。"周恩来的一席话，打消了范长江原有的与共产党领袖不好接近的顾虑。彼此寒暄之后，周恩来另有安排，又约 5 日"作竟日长谈"。5 日清晨，范长江如约再次来到杨公馆，与周详谈中共与西北军的联系、中共在西安事变所扮演的角色等读者关心的诸多问题。周恩来坦诚地说，1936 年夏他与张学良在延安正式见面，他们当时主要讨论张所提出的两大问题。范长江对此是这样记述的："第一，蒋委员长与抗日关系问题；第二，用法西斯方法谋中国之统一问题。周对第二点认为难能成立。因为无论名义如何，中国在实质上难有法西斯政治之存在。"周恩来对范长江一再澄清有关中共参与了西安事变预谋的奇谈怪论。在周恩来的引荐下，范长江还到西安新城后面的尚贤庄，在一位德国牙科医生的诊疗所见到了叶剑英。采访周恩来后，范长江大胆地对周恩来提出要去延安探访的请求，周爽快答应，并派车送去。2 月 6 日，在博古和罗瑞卿的陪护下，经过三天的行程，范长江于 9 日下午到达延安城外的中共交际处，受到热情接待。

范长江进入延安城后，"满街是黑衣红星青年人，服装较外间为完好。商业亦较热闹。下午至红军大学休息。……红大，那时已改为'抗日军政大学'，校门上贴了许多欢迎我的标语，因为中国新闻界之正式派遣记者与中国共产党领袖在苏区公开会见者，尚以《大公报》为第一次也。标语中有一条是'欢迎长江先生'，'中国人不打中国人！'我看了有几分不好受"。在抗大，范长江第一个见到的中共领导是林彪，林时任抗大校长。范对林彪的印象："他是 30 岁刚过不远的人，穿一件灰布棉大衣，中等身材，冬瓜脸，两眼闪烁有力，说话声音沉着而不多言。不过，无论意见与用词上，他的立场很坚决，一点不放松。他领我去看他们学生的活动，有些在打乒乓球，有些在打篮球，教官们和他们混在一起，没有人介绍，很难分别，因为服装都是一样的，不好认。寝室内务，不大讲究，官长学生之间，礼节也不多，他说他们不赞成形式主义的。自然他们是以红军作蓝本，而苏联红军的兵学原则，是法国拿破仑的遗留，重自由，重活泼。和德国兵学派的重形式者，完全相反。日本学德国，中国有些部分又是学的日本。红大的教育方针，是自动多于被动，讨论多于上课，室外活动很注意，每日上课时间，最多不过三四小时。"

在延安，范长江的采访活动不受限制，由于时间紧迫，他连轴转，马不停蹄，连吃饭的空隙都搭进去了，一口气"闪电式"采访了 11 人（包括林彪）。他对所采访的中共领导人和知名作家均留下深刻印象，记下了鲜活而生动的描述：

——吴亮平。"宣传部的吴亮平先生，他小小个子，清秀的面庞，无论他吃过多少苦头，还保留着书生面目。他的外国语文很漂亮，苏区对外英文广播，就由他担任。他说话时清楚、明白、有系统，并有平和而坚定的见解。美国记者斯诺入陕北，就是他给毛泽东做翻译。他是一位漂亮的宣传家。"

——廖承志。"这是廖仲恺先生的哲嗣，何香凝先生的痛爱者，他会好几种外国文字，会书、会唱、会写、会交际，而且会吃苦，这是红军中多才多艺的人物。《红色中华日报》现改为《新中华报》就是他主编的。"

——刘伯承。"身体看来很瘦，血色也不好，四川人有这样高的个子，要算'高'等人物。他之有名，不在到了红军以后，西南一带，对'刘瞎子'的威风，很少有人不知道的。他作战打坏了一只眼，身上受过九次枪伤，流血过多，所以看起来外表不很健康，然而他的精神很好，大渡河也是他打先锋。行军时，飞机炸弹还光顾了他一次，幸而不厉害。他在莫斯科曾经令伏罗希洛夫敬佩过。'红军总参谋长'是每个战斗员都知道厉害的。"

——林祖涵。"一位老者"，"老而益壮"。

——朱德。"已有 50 多岁了，而面目仅如 40 岁人之健壮。他说他每天打篮球，说话完全四川音。'半生军阀，半生红军'，他自己笑着自道。他说红军作战没有什么秘诀，只是政治认识透到每个战士，和群众基础工作得到许多便利。"

——丁玲。"我们初见，而想不到见面在这样地方。她打算在陕北收集些材料写东西，将来当有些特别的东西出现。"

——张闻天。"现任中共总书记张闻天先生（洛甫），戴着不深的近视眼镜，出现于人群中，他的谈风轻松精利，不似曾过万重山者。"

——徐特立。"他居然从江西走到陕北，这是了不起的事件。"

——张国焘。"宴会中，只有张国焘先生没有来，说是病了。饭后，我特地去看他，因为我次晨要走，不看他一次，觉得很抱歉。他现在是红军总政治委员，我们去时，他果然已经睡了，他立刻起身，咳嗽很凶，他的风格带严肃性、深沉性，这是另一作风。"

最后，范长江采访的重头戏是毛泽东。2月9日晚，范长江来到毛泽东所住的窑洞，两人谈了一个通宵。范有精彩描述："许多人想象他不知是如何的怪杰，谁知他是书生一表，儒雅温和，走路像诸葛亮'山人'的派头，而谈吐之持重与音调，又类三家村学究，面目上没有特别'毛'的地方，只是头发稍微长一点……他那个窑洞内，除了一个大炕之外，还有一张木椅，一张桌子，一条木凳，一盆木炭。木桌上放了许多纸条，还有经济学和哲学书籍，桌上燃起油烛。他对窑洞产生了感情，因为它冬暖夏凉，适宜居住。他说薛仁贵回窑回的是这种窑，不是南方的砖窑。他因为过去行军作战关系，作计划下命令，都是夜间，于是白天在卧式轿里睡觉，夜间才紧张地做事，弄成和我们新闻编辑一样的日夜颠倒。他用脑过度，脑血管膨胀，经常兴奋，不容易睡着，神经受点影响。如果行军时，身体有劳动机会，睡觉可以好些。他平常很爱读书，外间舆论的趋势，他很清楚地和我谈论。"范长江事后曾深情地回忆过这次采访，他说："在延安，毛主席教导我一个通宵，这十小时左右的教导，把我十年来东摸西摸而找不到出路的几个大问题全部解决了，我那天晚上之高兴，真是无法形容，对于毛主席的敬爱之情，由此树立了牢固的根基。"

在与毛泽东谈话结束时，范长江向他提出要留在延安，收集材料写长篇著作的想法。毛泽东思索片刻，毫无迟疑地答复说："目前最重要的是把中共抗日民族统一战线的主张，利用《大公报》及其他各种可能的办法，向全国人民作广泛的宣传，动员全国人民团结起来，一致抗日。"由此可见，《大公报》在毛泽东心中的地位是很重要的。毛以耐心而又略带命令的口吻说："你应该马上回到上海去，做宣传工作，写书可以以后再办。"范接受了毛的意见。

2月14日傍晚，范长江回到上海《大公报》社。他谁也没见，一头扎进总经理胡政之的办公室，向他汇报西安和延安之行的情况。当胡政之了解了西安事变的真实情况后，立刻让范动笔，准备第二天见报，这与范的想法不谋而合；同时，胡告诉范，他已安排《大公报》附属刊物《国闻周报》于2月8日出版的一期，登载了毛泽东夫妇、朱德、彭德怀、林彪、萧克的照片。范长江就在胡政之的办公室奋笔疾书，悉心写稿，范写一段胡看一段，且帮助斟酌一些关键的提法和用词。当晚10时，文稿草就，胡政之顺手加了一个看似较为中性的标题《动荡中之西北大局》（其实这个标题是有内涵的），并即刻派人送国民党上海新闻检查所审稿。不成想，此稿未能获得通过，胡政之把文稿略加修改，决定"抗检"，冒险发表，还嘱咐《大公报》天津版同时发表。15日，署名长江的《动荡中之西北大局》一文，由《大公报》上海版和天津版同时刊发，引起读者的强烈反响。恰在此时，国民党五届三中全会在南京开幕，蒋介石在这次会议上对于西安事变的经过，完全讲了一套假话，根本不提中共与西安事变的关系，更没有提中共主张和平解决西安事变、释放蒋介石的事，至于蒋介石已口头同意"停止内战，一致抗日"等几条，他因此才被放出来的事，更不提及了。当时《大公报》总编辑张季鸾在南京采访，因该报发表《动荡中之西北大局》一文，被蒋介石叫去怒骂一顿。蒋介石如鲠在喉，如芒刺背，吃了个哑巴亏。

1937 年 3 月 29 日，毛泽东曾亲笔致信范长江说："长江先生：那次很简慢你，对不住得很。你的文章我们都看过了，深致谢意！寄上谈话一份，祭黄陵文一纸，借供参考，可能时祈为发布。"毛信所提到的"那次很简慢你"，是指范的延安之行；"文章"，就是指《动荡中之西北大局》一文。卢沟桥事变后，当范长江要求派《大公报》记者进入山西的八路军采访时，毛泽东立即去电彭雪枫将军："欢迎《大公报》派随军记者，尤欢迎范长江先生。"1944 年六七月间，《大公报》记者孔昭恺参加中外记者团访问延安，在欢迎宴会上，毛泽东让孔坐在首席，并举杯对他说："只有你们《大公报》拿我们共产党当人。"这里，毛泽东也指的是范长江的通讯。范在通讯中不称共产党及其军队为"匪共"和"匪军"。这一切都说明，毛泽东对范长江是很器重的，对《大公报》这块舆论阵地也是不想放弃的，且存有感激之情。

1937 年 7 月初，在胡政之的安排下，《大公报》再次把范长江近期撰写的通讯，汇编成册，取名《塞上行》，初版以至六次再版，发行数万册之多。此书的出版和发行，对激励全民抗战有着积极的意义，对宣传抗日民族统一战线也产生了有效的影响。特别是书中《陕北之行》一文（1937 年 7 月 12 日出版的《国闻周报》也曾单独发表此文），更是引起读者的极大兴趣。

《塞上行》一书打破国民党的新闻封锁，以极大的热情向国统区的广大读者介绍了陕北革命根据地生机勃勃的面貌，介绍了中共著名领袖人物，宣传了中国共产党抗日民族统一战线的正确主张，为广大读者提供了一次正确认识共产党的机会，其功绩是不可埋没的。

抗战烽火中的《西线风云》

1937 年 7 月 7 日卢沟桥事变发生后,范长江作为《大公报》通讯课主任和战地特派员,全面负责该报战地采访,哪里有战斗,哪里就有他的身影。他安排和带领记者奔赴抗日最前线,奔赴卢沟桥、台儿庄、徐州等战场,采写了许多悲壮而生动的战地通讯,记录了人们牵肠挂肚急于了解的一些重大事件。

在战地前沿,范长江经常用军用电话直接向上海《大公报》编辑部口述稿件。在编辑部守候的王芸生常常是在深夜接到电话,速记成文,直接送到印厂排字上版,消息之快,许多读者都为之惊叹。范长江在《大公报》上发表了大量战地通讯,确实起到了鼓舞士气的作用。这些有血有肉的战地通讯,主要报道抗战主战场的战况,他以广阔的视角真实地记述了前线军民浴血奋战的壮烈场面和业绩,反映和分析了我方的困难、矛盾和失误,并激励和鼓舞人们克服困难,坚持抗战,树立必胜的信心。如《卢沟桥畔》《血泪平津》《我们要以决死的心来保卫山西》《保卫前方》《陷落前的宛平》等,当时曾被传诵一时。《大公报》又一次把范长江诸君通讯结集成册,取名为《西线风云》。当时在上海抗敌前沿的《大公报》负责人王芸生为《西线风云》的出版写了"序言"。"序言"中说:"这本《西线风云》,是晋察绥战场上的战时通讯,是同事长江兄等的活动成绩。他们几位出生入死地在战地内跑,随着国军的足迹,冒着敌人的炮火,记录下这些可歌可泣可悲可慨的事迹。这些文字曾输送给读者不少的悲歌感叹,虽不敢说对于国家有了什么贡献,在新闻记者的本分上,他们总算尽职了。我愿国人于读这本书时,不必多挂念这几个报人的艰难,务要切记着这一个地带在我们国家命运的重要!"

抗日战争初期出版的《西线风云》，仍是读者争购的热门读物。尽管当时兵荒马乱，《大公报》依然努力办好发行，不断以广告的形式推介此书。广告词是这样宣传的，"太原失守了！我们对日战争的主战场——西战场起了变化。但是要知道这种变化不是偶然的，是有许多复杂的过程。如要了解这种变化的过程，接受这种血的教训，请看长江先生新编的《西线风云》"，以吸引读者的注意力。

胡政之的关爱

范长江的旅行通讯，能够顺利地在《大公报》上连载，并结集出版，胡政之功不可没。《大公报》为范长江提供了施展才华的机会，而范长江的通讯第一次宣传了共产党抗日民族统一战线的主张，也为《大公报》在读者心目中树立了"敢言"的形象。胡政之确实对范长江关爱有加，为他的采访一路开绿灯，对刊载他的通讯也不惜版面。范长江回忆说："当时《大公报》一些老干部对于我在差旅费方面用得较多，很有意见，主张限制我的活动范围，把我固定在某一个地区，不要到处乱跑。胡对他们说，这几年我们《大公报》在销路上打开局面，主要靠范长江吃饭，不要去打击他。他从来没有在政治上说过我的不是。他甚至于对我示意，要我将来继承和主持《大公报》的事业。……从1935年到1938年，除《动荡中之西北大局》一文，胡政之要我写得隐晦一些，并作一些小修改外，差不多是我愿意写什么，就写什么，我怎么写，《大公报》就照我写的原文发表，从来没有删改过。至少我没有发现他们删改过。蒋介石在南京发怒一事，胡政之告诉我后，也没有批评我。上述这些事实，使我非常相信《大公报》是有'民间报纸''独立言论'的作风。"范长江早期的新闻实践，有《大公报》社培养和重用的成分，但与范自身的努力和奋斗也是分不开的。

短短三年时间内，一位普通记者的通讯结集成册，由《大公报》出版了三本书：《中国的西北角》《塞上行》《西线风云》，这是破例的，既是特定历史时期的产物，也在新闻史上留下了深深的印记。

《南京人报》与"史上最短杂文"

张宝林

一个作家，既写小说，也写剧本，还写评论和杂文，而他最著名的作品，却只是六个字，这情状恐怕是文学史上独一无二的。

这位作家叫郑拾风（1920—1996），他的"最短杂文"是一句短评："今日无话可说。"

1995年11月，高集、高汾收到郑拾风写来的一封短信，只有两三行字：

高集、高汾二兄：

忽然想起40多年前旧事，就在一块帕子上写了几个字，现寄上，聊作纪念可也。

拾风

11月12日

内附一块绢帕，上面写的正是这篇"杂文"：

今日无话可说

一九四六年六月廿四日，南京下关事件次日，我在南京人报发表六字短评以示抗议。

拾风（章）一九九五年十一月

这篇短评，被誉为中国杂文史上最短、最有力度的一篇杂文。

郑拾风，原名郑时学，笔名仆欧、令狐畏、时学、石红等，四川资中人。1937 年毕业于泸县川南联立师范。1940 年参加革命，历任江西《开平报》、桂林《力报》编辑，重庆《新民报》编辑、主任兼主笔，《南京人报》总编辑。1949 年后，历任上海《新闻日报》编辑部主任、副主编，上海《解放日报》评论员，《上海戏剧》编委、编辑部副主任等。他是中国作家协会会员，中国戏剧家协会会员。"文革"后当选为上海市第四、五届人大代表，上海市第七届政协常委，上海戏剧家协会理事。

说到郑拾风和"史上最短杂文"，就不能不多说几句《南京人报》。

《南京人报》，1936 年 4 月 8 日创刊于南京。这张四开四版的小型日报，是中国报业史上的一个传奇。在中国办报，要有雄厚的财力背景，但这张报纸，却是一个文人以半生的砚田收入倾囊而出，靠个人声望和人脉，获得了相当大的社会影响。这个人就是著名的章回体小说大家张恨水。

1935 年，张恨水南下上海，他过不惯十里洋场的日子，不久迁居南京。本想在城郊置买些田亩，著书课子，颐养天年，却在老友张友鸾的鼓动下办起报来。他在《写作生涯回忆》中说："我私人积蓄，还有四五千元"，"经过两个月的筹备，我约共拿出了四千元，在中正路租下了两幢小洋楼（后来扩充为三幢），先后买了四部平版机，在《立报》铸了几副铅字，就开起张来，报名是《南京人报》。"

报纸创刊后，张恨水任社长，请张友鸾任副社长兼经理。

张友鸾是个办报全才，21 岁就曾任《世界日报》总编辑，后来被陈铭德挖去当了一段时间的《新民报》总编辑。他擅长写评论，纵横捭阖，锐不可当，经营管理也是一把好手，小说诗词也是样样精通。他后来二次加盟《新民报》，与赵超构、张恨水、张慧剑并称《新民报》的"三张一赵"，把报纸办得风生水起，一时与《大公报》难分轩轾。他的老友聂绀弩曾在他 60 岁生日时赠诗曰："二十岁人天怕我，新闻记者笔饶谁""才气有棱扪不得，岂惟痛饮始吾师"。

由于张恨水、张友鸾这两位才人联袂，1936 年 4 月 8 日正式开张的《南京人报》一炮打响，创刊的第一天就销了 15000 份，这在当时可是个重大新闻。要知道，当时南京市的总人口还不足 100 万，一般报纸也就销几千份。这张报纸主张抗日，重视社会新闻，版面新颖，栏目众多，走的是通俗化小报的路子，这让它很快在南京站稳了脚跟。

全面抗战爆发后，在南京沦陷的前四天，报纸停刊。张友鸾、张恨水先后到了陪都重庆，均被《新民报》延揽，分任版面主笔。这个时期，郑拾风、高汾也在《新民报》工作，郑拾风当编辑，高汾当记者，而高汾的丈夫高集则在《大公报》任职。那时，几个人都是二十多岁的进步青年，很快成了朋友。而张友鸾对才华横溢的郑姓小同事更是印象深刻。

抗战胜利后，国民政府还都南京，张友鸾也回到南京，勉力把老友创办的《南京人报》恢复起来。他继续担任经理，邀 26 岁的郑拾风搭档，任总编辑。1946 年 4 月 6 日《南京人报》再度出现首都街头。

据郑拾风回忆，他担任总编辑的这段时间，是国民党的新闻钳制逐渐收紧的严酷时期。要在国民党的政治中心曲折反映人民的愿望，披露事实真相，无疑是十分艰难的。如何面对错综复杂的政治局面，坚持"中间偏左"的办报主张，对报社同人是严峻的考验。复刊两个多月后，一个重大的考验摆到了面前，那就是如何报道"下关事件"。

1946年5月，上海各界成立了"上海人民团体联合会"，选举了马寅初等29人为理事，发表了成立宣言，通过了致蒋介石和毛泽东电，反对内战，呼吁和平。他们还组成了一个"上海人民和平请愿团"，由马叙伦、胡厥文、阎宝航、雷洁琼等11位民意代表到南京请愿。6月23日，代表团抵达南京后，当局纠集一帮打手，假冒苏北难民在南京下关车站殴打代表，致使代表团的多位代表和记者受伤。高集当时是《大公报》驻京办事处副主任，作为《大公报》记者去车站采访，也被打成重伤。

高集后来写文章回忆，那天，他和范长江、郁风等人一起去下关车站，到达时天色已晚。代表团一行下车后，这些"难民"就涌了过来，大喊大叫。他们把代表团成员和记者裹挟到候车室，一路上拳打脚踢。到了候车室，更是大打出手。有一个暴徒拿着酒瓶子窜向马叙伦，举起就要砸。高集一个箭步冲上去，用手一挡，瓶子就掉地上了。他那时血气方刚，和这家伙对打起来。那特务恼羞成怒，招呼了几个同伙，没头没脑地把高集一通暴打。当时，高集就感觉，打谁不打谁，这些人目标很明确，记者里，就是要打他和浦熙修。在整个事件过程中，军警就在旁边，但根本不予制止，这也说明，事件是有计划、有预谋的。

当晚，高汾和一些朋友护送马叙伦、雷洁琼、浦熙修、高集等人到了医院。周恩来当晚赶到医院，看望和慰问了受伤的民主人士，也看望了高集和浦熙修。

国民党中宣部事后发布命令，不许各报刊登消息。但各报还是通过各种途径把消息透露出去。《南京人报》总编辑郑拾风坚决主张抗议这种暴行。既然无法用评论的形式发言，他就写下了这振聋发聩的六个大字，于 24 日见报。次日，《大公报》刊登了《首都车站暴徒行凶》的目击记。26 日，《世界晨报》刊登了郁风化名"问蕉"写的《下关不幸事件别记》。在三家报纸中，《南京人报》拔了头筹。

这篇六字评论刊出后，当局十分恼怒，唆使军统背景的《救国日报》总编辑龚德柏攻击和恫吓《南京人报》，还挑拨张友鸾、郑拾风之间的关系，但张、郑不为所动，张友鸾更秉持一贯不干涉编辑内容的精神，保护了郑拾风和编辑部同人。

下关事件后，《南京人报》与当局还有过几次冲突。一次是 1947 年"五二〇"事件后，报纸刊登了独家新闻，详细报道了军警残酷镇压学生示威游行的消息，还配发了两张警察殴打学生的照片。结果，国民党的一个中校特务找上门来，威胁首都军警要来报社"请愿"。还有一次，印刷厂工人把"大总统"误植为"犬总统"，当局要找郑拾风算账。但都被张友鸾和郑拾风想方设法顶了回去。但 1949 年 2 月，这张报纸终究还是被国民党封门了。

因为岳父母高集、高汾的关系，我和郑拾风叔叔也认识。有一次，他来北京，说是写了一个昆剧本子《钗头凤》，正在排练，问我能不能手书一阕陆游原词，他让美工放大了当背景。我遵命写了几张，挑了一张寄给了他。后来我看到剧照，似乎是我的字，又不太像，有点变形。也许美工故意要那样的效果吧。

杨松：延安时期中国共产党的新闻事业奠基人

吴淑金　阚成富　吴隆繁

　　杨松，我党早期革命家、理论家，1907 年 11 月出生于湖北省大悟县。1927 年 2 月受团中央派遣进入莫斯科学习，同年加入中国共产党。毕业后，留校兼任中山大学政治经济学教员和俄文翻译。后被中共驻共产国际代表团派往符拉迪沃斯托克，任太平洋职工会中国部主任。1933 年受中共驻共产国际代表团指派，负责处理满洲问题，参与东北地区党的领导工作。

　　1934 年，杨松化名吴平，以中共满洲省委巡视员的身份回国到东北，成立了中共吉东特委，任特委书记。同年底，密山游击队与人民革命军合并组成东北抗日同盟军第四军，杨松兼任政治委员。

　　1935 年七八月间，杨松作为中共驻共产国际代表团代表，到莫斯科出席共产国际第七次代表大会。其间，他参加了《八一宣言》的起草工作，提出组建统一的东北抗日联军的建议。此后，杨松留在中共驻共产国际代表团工作。

一

1938 年 2 月，杨松从莫斯科回到延安，任中共中央宣传部第一副部长兼秘书长（主持日常工作），并在中央马列学院任教。在繁重的工作之余，杨松还致力于写作，短期内，他写了大量的政治理论著作，著有专著《论民族》，7 万多字，在《解放》周刊上连载。组织编写《今日苏联》一书，介绍苏联的政治、经济、军事、文化等情况。在马列学院与邓力群合编了近百万字的《中国近代史参考资料》，对中国近代史的分期及各个重大事件进行评价；该书连续三次再版，有着很高的史学价值，至今仍为史学家所肯定。还与吴黎平一起编著了《社会科学概论》作为当时延安马列学院的教材，解放战争时期又被东北解放区定为初、高中课本参考书。杨松还与张闻天一起出版了兼用英、俄、法三种文字、32 开本的油印刊物《中国通讯》；在《共产党人》创刊号上发表了《关于宣传鼓动工作及其方式》的长篇文章，既总结宣传工作经验，又明确了党的宣传鼓动工作的基本规范和标准，提出了党的宣传鼓动工作任务，即宣传马列主义的理论、党的纲领与主张、党的战略与策略，在思想意识上动员全民族和全国人民共同抗战。在《中国文化》第一卷第五期、第二期上分别发表了《关于马列主义中国文化问题》和《列宁论中国》；他还在《新中华报》《中国青年》《中国妇女》等各种党的报纸杂志上发表了大量的时论、专论和翻译文章，仅见于《解放》周刊、《八路军军政杂志》上的就有 25 篇，这些都是我党革命理论宝库中的瑰宝。

在中宣部繁忙的工作中，杨松仍然关注东北的抗日斗争。1938 年四五月间，他在《解放》周刊上连续发表《论七年来东北抗日游击运动的经验和教训》《再论东北抗日游击运动的经验和教训》两篇长文，将东北人民前七年的抗战分成三个时期，分别就每个时期的特点作了认真的分析，并对东北抗日统一战线、军队工作、根据地建设及群众工作、游击作战原则四个方面的经验教训作了概括性的总结。这些系统性的分析和总结，为党中央制定抗日战争时期新的方针政策提供了重要的参考依据。同年 9 月 29 日至 11 月 6 日，作为东北地方领导干部和抗日联军代表，出席中共中央扩大的六届六中全会，并担任会议主席团秘书，参与文件的起草工作。他在中共六届六中全会上报告了东北人民抗击日本侵略者的英雄业绩，高度赞扬了东北优秀儿女的爱国主义精神，使全党对东北人民英勇的抗日斗争有了更加全面的了解。因此，会议决定由杨松起草，于 11 月 5 日发出了中国共产党扩大的六届六中全会《给东北抗日联军杨靖宇司令转东北抗联全体官兵的致敬电》，高度评价东北抗联是"在冰天雪地与敌周旋七年多的不怕困苦艰难奋斗之模范"。这一致敬电给东北抗日联军、义勇军和东北人民以极大的鼓舞，指明了抗日斗争的方向，极大地增强了东北人民抗战胜利的信心。

为加强中共中央对东北工作的领导，1939 年 1 月 26 日，中央书记处决定成立东北工作委员会，杨松兼任副主任（由于主任王明始终未到任，杨松实际主持工作）。其任务是"培养、训练东北工作干部，研究东北社会情况，总结东北及其领导的抗日游击战争经验教训，派遣干部恢复同抗联和东北地下党的联系"。在会议讨论东北工作时，毛泽东很注重听取杨松关于东北抗日斗争情况的汇报，详细了解东北抗联的状况，分析东北斗争的经验教训，牵挂着"在那白山黑水最艰难困苦的条件下，与日寇长期做斗争的抗联英雄指战员们"。其间，杨松还组织撰写了《东北抗日斗争经验点滴》共七章，9 万多字，宣传、介绍抗联健儿的辉煌战绩，并总结经验教训，以推动全国抗日战争的顺利发展。

二

1941 年 3 月，中共中央调杨松协助博古创办《解放日报》并出任总编辑。办报初期，人少事繁，百端待举，加上国民党对陕甘宁边区的封锁，当时整个延安经济生活和各种物资材料面临着极大困难。对此，杨松和博古与报社同志们一起克服种种困难，终于使《解放日报》在 5 月 16 日正式创刊。《解放日报》的出版，是我党新闻战线上的一件大事，毛泽东对此非常重视，他亲自为《解放日报》题写了报头。在为中共中央书记处起草的关于创办《解放日报》的通知中，毛泽东指出："一切党的政策，将经过《解放日报》与新华社向全国宣达。《解放日报》的社论将由中央领导同志及主要干部执笔，重要文章除报纸、刊物上转载外，应作为党组织、学校、机关和部队学习讨论的材料。"毛泽东还亲自题写了发刊词，指出："团结全国人民战胜日本帝国主义，这是中国共产党的总路线，也是本报的使命。"

杨松全面贯彻执行党中央的指示精神，作为总编辑，他承担着大量繁重的日常工作，对编辑部的工作一丝不苟，每天从社论到消息，都要仔细审阅，对疑难问题从不轻易放过，总是查资料，找有关同志研究推敲，以求准确无误。他常对报社的同志们说："做一个党报工作者不是一件容易的事，我们要为党培养大批的党报工作者，我们自己也更得积极锻炼成为一位名副其实的党报工作者。"他亲自撰写社论，报纸发行一个多月，就写了 29 篇社论，对介绍世界反法西斯战争的形势，指导各抗日根据地的抗日斗争发挥了积极的作用。针对蒋介石妥协投降的逆流，杨松写了《为远东慕尼黑质问国民党》《晋南战役的教训》《提防零星出卖》和《国民党缺少什么》等社论。这些社论正确分析了当时的战略形势，揭穿了美英帝国主义"远东慕尼黑"的阴谋，批判了国民党崇美降日的卖国行径，唤起了人民的警惕，有力地推动了全国人民的团结抗战。

为更好地宣传党的路线、方针、政策，杨松还多次到毛泽东那里请教，毛泽东为他讲述苏德战争、中国抗日战争、红军长征等，要求他和报纸多讲现代，特别是遵义会议以后党如何挽救危局，要多加宣传，让大家知道正确路线是怎样把革命引向胜利的。杨松谦虚好学、办事认真负责的态度，给毛泽东留下了深刻的印象。

1941 年 5 月 19 日，在延安干部会议上听取了毛泽东《改造我们的学习》的报告，毛泽东提出的"对干部教育应以研究中国革命实际问题为中心"的要求，对杨松震动很大，他认识到担负着宣传舆论重任的《解放日报》需要结合实际情况进行改革，总结经验，不断明确办报方向，真正担负起党报使命。他对张仲实说："我们对于外国的事情还能谈几句，对于本国的情形的确不够熟悉，我今后要下定决心，要把自己改造一下。不然，对党实在没有什么用处。"他号召报社的工作人员要加强学习，不仅要了解国际国内形势，更要熟悉中国革命的现状。1941 年 9 月 14 日，在杨松的主持下，《解放日报》发表了《鲁忠才长征记》和各地区、各条战线的调查报告。毛泽东还为《鲁忠才长征记》写了编者按，给杨松改革新闻工作以很大的鼓励和支持。

1938 年 3 月至 1942 年，杨松先后担任中央宣传委员会委员、中央华中、华北工作委员会委员、中央东北工作委员会委员、中央文化工作委员会委员、中央党报委员会委员、《解放》周刊编委等职。曾 12 次出席中央政治局和中央书记处会议，同毛泽东、张闻天、王稼祥、朱德、周恩来、陈云、邓小平等一起研究制定了我党、我军的政治路线和建设路线，参与领导全国人民团结抗战。1941 年 9 月 10 日至 11 月 22 日，出席了中央政治局扩大会议，检讨了党的历史上，特别是第二次国内革命战争时期的路线问题及反对主观主义和宗派主义问题。

为了办好《解放日报》，杨松夜以继日、废寝忘食地工作，每天休息三四个小时，他办公室的灯光经常从黄昏到深夜，时任新华社副社长的吴文涛对我们说："我们编辑部每天凌晨 3 点起床到新华社取稿，此时总见杨松仍在工作，点着油灯写文章、审稿。他以高度的政治责任心和奋斗精神，在党中央和毛泽东领导下，与报社同志一起，克服各种困难，为宣传党的理论、路线和方针政策，呕心沥血、埋头苦干，使《解放日报》成为我国新民主主义革命时期办得最好、影响最大的报纸之一，是党中央指导中国革命的重要武器。"

三

每天一篇社论，耗费了杨松大量的心血，再加上报社繁重的日常工作，使他劳累过度，原在东北工作时患下的肺病复发。刚开始是咳嗽、发烧，腰总是直不起来，只能支撑着趴在桌子上写文章。1942 年春，杨松的病情加重，连续吐血，但他一直坚持工作，后经张闻天、博古等中央领导一再督促劝告无效后，组织上只好强迫他到中央医院治疗。动身的头天夜里，他还坚持把吴一铿送来的文稿做了认真的修改，并签署了自己的意见。动身的当天他还对前来送行的同志们高兴地计算着说："两个月内我就会回来工作。"经过治疗，杨松的病情曾一度好转，但没过多久又日渐加重，结核菌已扩散到两肺，吐血不止。就在他病重卧床不起的情况下，仍以顽强的革命意志坚持工作，靠着枕头为报社写文章，有时竟通宵达旦。医生不让写，他就动员护士保密。他一再说："革命工作比我的病更重要啊！"直到生命垂危时，他还对博古说："病好以后我还要为党再奋斗 30 年。"对杨松的病情，党中央十分关心，毛泽东主席曾两次亲临医院探望，并拿出自己的 100 元稿费给杨松买营养品，嘱咐中央管理局的同志买鸡炖汤给他补身子。在延安四年多的时间里，毛泽东对杨松深为了解。在杨家岭、王家坪，毛泽东多次出席中宣部和党报委员会的会议，与杨松等同志一起研究工作、一起散步谈心，其密切程度在毛泽东与党内同志的交往中是很少有的。毛泽东每次会见苏联客人，总是请杨松当翻译。平时，杨松还带夫人到毛泽东家里串门做客，两家人建立了亲密的革命友谊。博古、张闻天、朱德、贺龙、王稼祥、陈云、叶剑英、蔡畅、任弼时、关向应等中央领导同志也多次到医院看望，并嘱咐医护人员要千方百计进行医治、抢救，党中央的关心，使杨松充满了战胜病魔的信心。

在那个特殊的年代，由于当时的医疗条件和艰苦斗争的环境，以及物质生活条件的限制，杨松的病得不到有效的治疗，终因病情恶化，于1942年11月23日在延安中央医院溘然长逝，年仅35岁。

四

毛泽东得知杨松逝世的消息后，深感悲痛，他为我党新闻宣传战线上失去这样一位优秀的战士而深感惋惜，即挥笔题写挽词，对其予以高度评价："杨松同志办事认真，有责任心，我们应当记住他、学习他。"毛泽东朴实、亲切的题词和杨松为革命事业鞠躬尽瘁的精神，深深激励着《解放日报》社的每一位同志。杨松逝世后，中共中央为他举行了隆重的公祭，决定将他的遗体安葬在《解放日报》社所在地——清凉山。大家在山顶上挖了一个窑洞，将杨松的遗体安放在里面（1970年移葬于"四八"烈士陵园），以示纪念其伟大精神，更好地致力于党的新闻事业建设。林伯渠、吴玉章、张仲实、克坚、萧三等杨松生前战友也分别为他撰写了悼念文章。当时在《解放日报》社工作，新中国成立后曾任中央宣传部部长、国务院副总理的陆定一说："杨松是为革命工作活活累死的啊，他死在自己的岗位上，把一生献给了中华民族的解放事业和党的新闻事业。"

清凉山位于延安城的东北，与著名的宝塔山隔河而矗立，是中央党报委员会和中央新闻出版机关所在地，《解放日报》社、新华通讯社、新华广播电台、中央印刷厂都设在这里。《解放日报》在创办之时，杨松和社长博古发动大家凿了十孔窑洞作为编辑部的办公室，党的指示和国内外新闻消息源源不断地从这里传向各抗日根据地，指引着人民不断从胜利走向胜利。清凉山同宝塔山一样，成为革命圣地的象征。陈毅曾经写道："百年积弱叹华夏，八载干戈仗延安。试问九州谁做主，万众瞩目清凉山。"

现在，延安新闻纪念馆陈列大厅和清凉山杨松旧居内，布展陈列有杨松生前的遗物和珍贵的图文资料，宣传介绍杨松的革命事迹。人民将永远记住这位东北抗日武装斗争的卓越领导人和党的理论宣传战线上的优秀战士。

夏衍教我编报纸

———

袁 鹰

　　夏衍同志是一位博学多才的世纪文化巨匠，在文学、戏剧、电影、新闻、翻译、外事和团结民主党派、知识分子许多方面，都有突出的贡献和卓越的业绩。他也是新闻战线的老前辈，在上海、广州和桂林编过《救亡日报》（抗战胜利后回上海复刊改名《建国日报》），在香港编过《华商报》，在新加坡编过《南侨日报》，在重庆编过《新华日报》。他在《懒寻旧梦录》的《记者生涯》那一章中回忆，从抗日战争开始到全国解放，"由于偶然的机缘，当了12年新闻记者"（他将报纸工作从记者直到总编辑的岗位都统称为"新闻记者"），他深情地说："我觉得这12年是我毕生最难忘的12年，甚至可以说是我工作最愉快的12年。"我有幸在他这个"12年"过了三分之二的时候同这位久已敬仰的前辈结识，其后一直在他的指导下学习编报纸、编副刊，直到离开工作岗位后，我还时常聆听教诲。屈指算来，已有半个世纪了。

一

第一次见到夏公，是在抗日战争胜利后的 1945 年 12 月下旬，我刚刚进上海《世界晨报》当记者。《世界晨报》是一种倾向进步、文化气息比较重的小型日报，由刚从重庆回来的上海老报人姚苏凤和翻译家冯亦代两位先生主持，姚是总编辑，冯是经理。据介绍我进报馆的老友顾家熙悄悄告我，该报纸是夏衍先生在幕后支持的。我听说过夏衍抗日战争爆发时在上海协助郭沫若先生办《救亡日报》，担任总编辑，上海成为"孤岛"后，报纸迁往广州，又迁往桂林。抗战胜利后，在上海复刊，改名《建国日报》，风行一时，不到半个月就被国民党查封。家熙也是在《建国日报》投到夏公麾下的。他这一介绍，增加了我对夏衍先生的认识，原先我只以为他是一位剧作家和报告文学家和翻译家（我已读过他的许多话剧剧本、报告文学《包身工》和翻译的高尔基的《母亲》），怎么会知道他还是一位有高度政治水平和丰富斗争经验的新闻界先辈呢？

有一天傍晚我回报馆，碰见亦代先生正送一位客人出办公室。那位中年来客身穿深色长袍，围一条浅咖啡色围巾，白皙清秀的脸上架一副玳瑁边眼镜，同亦代先生边谈话边向外走。亦代先生迎面看见我，连忙招呼："你回来了，正好。来认识一下，这位是夏衍先生。"

然后侧身对客人说：这是刚来报馆的记者，本来在上海的。他又补充一句：现在还在大学读书。

夏衍先生含笑同我握手，问是哪个大学。我答：之江大学。

"哦，你也是杭州人？"他用杭州话问。我知道，他和亦代先生都是杭州人氏。

我连忙说明：我不是杭州人，只是抗战前在杭州住过五年，读过小学和初中。之江大学是"孤岛"时期由杭州迁来上海的。

家熙兄正跟在他们后边，走上来插了几句，说我很喜欢文艺，"写过不少散文小说，也写诗"云云，弄得我脸上一阵发烧，嗫嚅说不出话。夏衍先生却坦然一笑："蛮好，蛮好，可以多写点。"

这就是我"初识荆州"的镜头，时在1945年12月下旬的一个黄昏，地点在上海静安寺西一幢大楼底层甬道，直到如今，还记得清清楚楚。从此，我就常在他的春风熏沐之下受到教益。更成为毕生珍贵记忆的是，不久之后我就得到每天亲手发一篇夏公稿件的机缘。

二

1946年1月，在全国人民欢庆抗日战争胜利、反对内战、要求和平民主的浪潮推动下，作为国共"重庆谈判"的积极成果，政治协商会议在重庆召开。这是中国现代史上的一件大事。政协会议前，全国人民都在翘首企盼着时局的进展，然而，国民党的"中央社"和《中央日报》把持着舆论，人们看不到真实的消息。在重庆，还有《新华日报》和几家进步报纸透露点真情，上海和广大"收复区"的老百姓则既看不到《新华日报》，也看不到新华社电讯稿，看到的只能是"中央社"。

《世界晨报》的总编辑姚苏凤先生同国民党大员潘公展过去曾有较深的私人交往，潘公展当时身居国民党上海市党部主任委员要职，他关照苏凤先生在《世界晨报》上一定多用"中央社"消息。苏凤先生不便公开违拗，只能以小型报纸版面有限、新闻容量不大去搪塞。他苦思冥想，生了一计，用进步言论来抵消"中央社"影响。于是同冯亦代先生商量，请夏公在《世界晨报》上开辟一个时事杂感小专栏。夏公欣然允诺，同亦代先生在南京西路一家小咖啡馆商谈时，随手就在咖啡座上写了第一篇。

这就是《世界晨报》1946年1月10日开始见报的花边文字：《蚯

蚯蚓眼》，署名东风。那天正是政协开幕、蒋介石不得不下"停战令"之日，同一天，世界人民瞩目的联合国大会也在伦敦举行。《蚯蚓眼》就这样开张：

今天是个好日子，一个有关世界和平和一个有关国内和平的会，同在这一天开始了。

报载："陪都乐观空气到达高峰。"我们希望这句话不是语谶，因为到了"高峰"，以后就得向下行了。

乐观空气之中，马歇尔元帅显然是一个主角，于是有人写文章的题目是《希望还在美国》。希望在美国吗？我们以为民主不是克宁奶粉，它不能廉价从外国运进来的。

字数不多，却如一贴清凉剂，使那些对以美国总统特使身份来中国"调处内战"的马歇尔抱有幻想的人稍为清醒了一下。民主道路崎岖，绝不是靠一个会议就能得到，更不是靠洋人来赐予的。

这种三言两语式的时事杂感，在当时上海报纸上并不多见。它的形式很像鲁迅先生当年的《小杂感》《忽然想到》和《半夏小集》，但是针砭时弊，却更直接、更迅速。抗战后期重庆《新华日报》的"司马牛"专栏，就是这样短小精悍的匕首和投枪。那个"司马牛"专栏，正是夏衍开创的。《建国日报》在上海虽然只办了半个月，有一篇短文却给上海读者留下极深印象。这是一篇只有五十几个字的短文，连题目也没有，真是短得不能再短了，却如同一枚重磅炸弹：

（一）上海人最怕两种人，一种是从天下飞下来的，一种是地下钻出来的。

（二）要在上海找房子，必须有两种条子，一种是金条，一种是封条。

寥寥几句话，深刻而准确地勾画了那帮"从重庆来的"和自称"地下工作者"的劫收好汉们的嘴脸，表达了上海人民的愤慨。这个"两种人"和"两种条子"的名言，很快就流传在上海人的口头。

1946 年 3 月间，国民党"军统"头目戴笠的座机在南京郊区撞山失事，机毁人亡。即使"中央社"还在故作镇静，闪烁其词，说什么"戴氏前曾屡次遇险，均获安然脱身"云云，但人们还是奔走相告，人心大快，都说是"恶人有恶报"。十年来吃够了特务苦头、谈虎色变、有些过分天真的人更是额手称庆，似乎中国的特务统治随之就灰飞烟灭。夏公就在《蚯蚓眼》中写了一条：

戴笠将军乘飞机失事的消息，成了全市议论的中心。中国人永远把人看得太重，把制度看得太轻。

那年 5 月间，苏凤先生调我去编第一版时事要闻版，这样，每天晚上就发一篇《蚯蚓眼》，工友必定从门口收发室取来一只信封，递到我的写字台上，边走边说："蚯蚓眼来哉！"

信封上写我的名字，信封内只有半页纸。夏公为文很少使用稿纸写，大约是多年来的习惯，直到晚年也是如此。那时他多半写在合众社或者美国新闻处电讯稿的反面。通讯社每天总有一叠送到各报馆，有的还是免费赠阅。纸质较厚，书写方便，且不易破损，当时好几位文化人都爱用它的反面当稿纸。

《蚯蚓眼》专栏总是安排在第一版下方，栏目名制了锌版，尾花也是固定的：一串钥匙，从第一天见报就用它。不知开始时是有意还是无意，这串小钥匙，也许意味着帮助读者解开扑朔迷离的政局之锁吧。

6 月 15 日那天的《蚯蚓眼》，针对当时阴霾密布、内战一触即发的形势，以这样的笔调开头：

> 继杜聿明后，又有阎锡山等六大员要求取消休战令。昨天各报还有一个南京电，"某不愿发表姓名之官员"谈，"时局不能再拖，政府宁愿出之一战"。
>
> 这种武人联名通电的作风，使人想起了民初的督军团。特别是由阎锡山领衔，更有轻车驾熟之妙。

那天晚上，我们两三个上夜班的同事正在办公室议论"督军团"的妙喻，工友又照例递来一只信封："蚯蚓眼来哉！"我抽出一看，是一张小纸条，上面只有一行字："启事：东风先生近有平津之行，《蚯蚓眼》暂停。"

我看了这则启事，不禁满腹狐疑：《蚯蚓眼》问世五个月，从未停过，这一"暂停"停到什么时候呢？我立即打电话告诉姚苏凤先生，说夏公来了这么一个"启事"，我建议如果时间不长，等他从平津回上海后接着发稿，似可不必登"暂停"启事。苏凤先生不紧不慢地说："还是照发吧。他说暂停就暂停吧。"这则"暂停"启事，在 6 月 16 日、17 日连登两天。从此《蚯蚓眼》再未出现，暂停成了绝响。好久以后才知道：所谓"平津之行"是个烟幕，夏公是奉周恩来同志之召到南京梅园新村中共代表团工作去了。

三

夏公笔耕 70 多年，真是著作等身。据不完全的统计，从 1927 年出版第一本翻译德国倍倍尔所著《妇人与社会》起，到 1988 年四川文艺出版社出的四卷本《夏衍选集》止，60 年间，共出版创作和翻译著作至少 80 种。还不包括大量未及搜辑编集的作品，包括电影剧本、影评剧评、政治、杂文、小品、随笔、通讯等，其中相当一部分连他本人也记不清用的什么笔名，发表时未得保存，因而无从查考。70 多年中，他写了不下 1000 万字。廖沫沙同志说过："夏衍同志的写作能力简直是无限"，"夏衍同志实在是中国文坛上罕见的作家之一"。(《夏衍杂文随笔选集》代序)

但是，如果将所有电影、话剧、小说、散文等方面的创作和翻译的书稿统统加在一起，可能还不到他全部写作字数的一半。另外一半以上，则是政论、时评、杂文和随笔。他写的数量最多、时间最久的，是杂文。他终生念念不能忘情，总是丢弃不下的，是杂文。杂文是夏衍全部文学生活中重要的、辉煌的篇章，是他全部生命中一个血肉组成部分。在一位毕生为国为民呕心沥血的文化战士手上，杂文最善于感时咏志，直抒胸臆，最易于表达强烈爱憎，剖析是非黑白，最便于宣泄忧患情怀，也最能直接地赞颂光明、真诚、善良、正义，鞭挞黑暗、奸诈、邪恶、腐朽。

1954 年初，《人民日报》总编辑邓拓带领一个新闻代表团访问苏联。代表团的一个重要任务就是学习"老大哥"《真理报》的全套经验。回国以后，在《人民日报》上发表了一系列介绍《真理报》经验的长文，其中有一篇就是谈《真理报》小品文的。其实，《真理报》上这种讽刺性的纪实文体，同我们的杂文有许多差异，更不同于我们熟悉的古典的明清时代的或"五四"以后的小品，不知那时怎么会译成"小品文"三字？不过，在学习《真理报》蔚然成风之际，借用他们的"小品文"来振兴一下我们有中国特色的小品文，未尝不是一次机遇。因为那时从中央到地方的报纸上，早已很少出现杂文了。

我在 1952 年底奉调到《人民日报》文艺部工作，顶头上司林淡秋和袁水拍同夏公过去都很熟。我们知道夏公在上海很忙，但仍然去信表示衷心的愿望，希望他就这样的题目能写一篇文章。这愿望果然没有落空，文章很快就寄来，就是 1954 年 5 月 16 日发表的《谈小品文》。

夏公一开始就点明这小品文并非照搬苏联货："也许有人认为是一种新的文体，其实，我们过去习用的所谓杂文或者杂感一类文章中有很大一部分就是小品文。而杂文或杂感，则自从五四运动以来，早就是我们进步文学向各种反动思想进行斗争的一种最有力、最有效的武器。……我们思想战线上最优秀的战士——恽代英、萧楚女、瞿秋白、鲁迅都是最卓越的小品文作者，都是最有效地运用这种武器打击了敌人的能手。"他又说，小品文是匕首、是投枪，它的功能是一针见血。

杂文（小品文）作家应该具有哪些素质和修养？他认为有三条：第一是鲜明正确的政治立场和敏锐的观察能力；第二是旗帜分明的爱憎，也就是鲁迅所说"热烈的对于民众斗争的同情"，和强烈的对于一切反面的、腐朽的和垂死的东西的憎恨，以及从这种强烈的爱和憎所产生出来的那种情不自禁的"不能已于言"的真情实感；第三是作为一个文学工作者所应有的文学素养、精练的文体、讽刺和幽默的才能、深刻的生活经验和广博的社会知识。他殷切地呼唤作家们运用这一锐利武器，对一切阻碍我们社会主义建设的恶习、缺点和不健康现象，一切阻碍进步的旧思想、旧势力展开剧烈的斗争，而不要视为畏途，更不要熟视无睹，无动于衷，缄口不言，怕负责任。

话是这么说，实行起来却并不那么容易。时代毕竟同鲁迅当年完全不一样了，即使有夏公这样的老杂文家的呼吁，有《真理报》可以借鉴，杂文的振兴仍然姗姗来迟。对电影《武训传》和其他一些文艺作品的批判刚刚过去，从1954年秋天又连续进行对《红楼梦》研究倾向、对胡风和胡适的大批判，政治气氛逐渐严峻而凝重。在这种气氛中，杂文家即使有"不得已于言"者，下笔之际，不免也是"口将言而嗫嚅，足将进而趑趄"的。所以仍是寥若晨星，难得一见。即使偶尔登出一篇两篇，也是坐而论道，四平八稳，很少尖锐泼辣。直到又过了两年，党中央提出了"百家争鸣，百花齐放"的方针以后，情况才有所好转。夏公本人，也才在1956年7月《人民日报》改版后恢复的副刊上，发表他在《人民日报》上的第一篇杂文。

四

1955年7月，夏公由上海调到北京担任文化部副部长，从此，我见到他的机会就多了。除了文艺界的一些集会外，我那时还有一项固定的工作，即作为《人民日报》文艺部工作人员，同新华社总社文教部一位同志一起列席文化部的部务会议，因而总能定期见到夏公。因为《人民日报》从新中国成立初期开始，形成一条不成文法：报纸关于文艺的宣传报道，在受编委领导的同时，也接受中央宣传部的领导。中宣部主要管文艺思想、方针、政策方面的大政方针和报纸上重要的选题计划，审定有关文艺方面的社论。而日常关于文化艺术工作的宣传报道，则更多地依靠文化部及所属各个业务局的指导和帮助了。

夏公是办报纸的行家里手，他最懂得舆论的作用和威力，常常比行政命令、开会布置、发文件、做总结一类的领导方法大得多。他对报纸文艺宣传的指导，常是最及时、最具体也最细心的。比如有一次部务会议讨论故宫博物院工作，郑振铎副部长慷慨陈词，从故宫博物院防火设备落后状况说到不少地方珍贵文物的散失，说到动情处，几乎声泪俱下："如果再不采取紧急措施，任凭国宝损失，我们就是犯罪！犯罪！"会议室里顿时鸦雀无声。这时夏公忽然侧过头指指我："你们可以发篇短文批评一下！"振铎先生又重复地说："再不抓，简直不得了！"有时，在讨论电影或者戏剧工作时，夏公也会当场提出请电影局长、艺术局长为《人民日报》写一篇评论。有他发话，报社的组稿工作就好做得多。

1956 年暮春时节，浙江昆苏剧团为首都舞台送来一出好戏《十五贯》，一时轰动京城，场场满座，"满城争说《十五贯》"。尤其是饰演况钟的周传瑛和饰演娄阿鼠的王传淞的出色表演，使人击节叹赏，拍案叫绝，人们一下子改变了对这个古老剧种的偏见，空谷幽兰，重放清芬。田汉同志讲了句"一出戏救活了一个剧种"，引起文化界、戏剧界许多有识之士的深思。当时又正值全国范围内开展"肃反"运动之后，"肃反"有很大成绩，自然免不了也出现些冤假错案。听说周恩来总理专门要公安司法部门的负责人员都去看看这出戏，从况钟那支"三起三落"判案的笔到无锡县令过于执凭主观臆测办案的笑话，照一照镜子，从中得到正面和反面的启迪。

夏公当时在文化部分工并未主管艺术局，但他以一位老党员的高度责任感和一个老戏剧家的事业心，及时抓住这个契机，又一次提醒我们"赶快发一篇短文"。5 月 17 日下午，他在出席文化部和中国戏剧家协会为《十五贯》举行座谈会的间隙中，专门打电话来催问，并且说周恩来总理亲自参加了座谈会。我的政治敏感性很差，只回答说已经约请谁谁谁在写评论了。夏公以办报行家的口吻急切地说：评论文章迟几天发不要紧，先发一篇短文，最好今天搞好，明天见报。

我不敢怠慢，放下电话就动脑筋。那时已经快到下班时候，不少同志已离开办公室，去参加座谈会的朱树兰尚未回报社，来不及再请别人写，只好自己动手，草草赶出一篇短论。我不懂戏曲改革，对昆曲更是一窍不通，此时都无从顾及，幸亏看过一场《十五贯》的演出，就根据夏公在电话里讲的一点精神，匆匆凑了 1000 字。

傍晚，我带着原稿赶到朝阳门内夏公寓所。他正同几位朋友吃晚饭，一见我走进客厅，立即离席而起，接过原稿坐在写字台前。饭桌上，姚溱同志招呼我："来来来，别着急，喝杯酒吧，上等绍兴酒。"我哪能坐下喝酒，只好辞谢，站到写字台边等夏公审稿。

他边看边改边说："总理今天在会上说了一番话，要引进去。"

我为难地说："总理的话是不好随便摘引的，要请总理自己审定。"

夏公挥挥手："那好办。新华社电讯稿里肯定要摘，他们会请总理审稿的，你只要从新华社消息中摘引几句就行了。"

改完以后，他抬头盯住我问："这篇东西能作为社论发吗？"

这却是我不曾想到的事。我原以为，能作为不署名的短评配合新华社消息发在第一版下角，就很不错了。《人民日报》那时的规矩，凡社论大都要早几天送到中央有关部门或者主管报纸工作的胡乔木同志处审阅定稿，才能发表。而这篇千字小文，是按短评形式写的，题目是《从"一出戏救活一个剧种"谈起》，像个杂文题，怎能作社论发呢？我只好迟疑地说，回去同总编辑商量一下看。

姚溱在那边饭桌上忍不住插嘴："你们也可以打破一下框框嘛！"

夏公送我到客厅门口，又叮嘱一句："你跟邓拓说一说，最好发社论，影响大些。总理对它评价很高的。"

他最后这句话起了决定性作用。我一回到报社，立即给总编辑邓拓打电话，转达夏公的建议。总编辑一锤定音："可以。"他还要我马上同新华社联系，将他们所摘周总理的那段讲话要来，引到文章里。

周总理说：《十五贯》有着丰富的人民性、相当高的思想性和艺术性，它不仅使古典的昆曲艺术放出新的光彩，而且说明了历史剧同样可以很好地起现实的教育作用，使人们更加重视民族艺术的优良传统，为进一步贯彻"百花齐放，推陈出新"的方针，树立了榜样。

周恩来同志非常熟悉文艺。他对文艺事业和文艺工作者的无微不至的关怀和热情细致的支持，有如春天的雨露，点点滴滴都铭记在人们的心灵深处。也许是由于从抗日战争时期起多年在周恩来同志直接领导下工作，得到言传身教，耳濡目染，从夏公身上就常常使人感受到那位伟人的风格。即如《十五贯》的这篇社论，经过他的修改，下边的段落中就体现了他的细心和关切：

"浙江省昆苏剧团轰动上海、轰动北京，满城争说《十五贯》的盛况，不仅给了现代的'过于执'们一个响亮的回答，也向这几年的戏曲改革工作，向领导戏曲改革工作的文化主管部门，提出了严重的问题：在百花齐放的时候，是不是还有不少的花被冷落了，没有能灿烂地开放？在扶植和发展了不少地方剧种的时候，是不是同时也压抑和埋没了另一些地方剧种？""据说，全国的地方剧种和艺人至今还没有完全、精确的统计和调查，这中间，蕴藏着多少艺术珍品，亟待我们去发掘啊！那么，那些对于我们还很生疏的剧种的命运，也就十分令人牵挂了。希望每一个还没有受到重视的剧种，今后不再要到来北京演上一出戏以后，才能'救活'。"

《人民日报》为了一出戏发社论的事，在过去从不曾有过（批判电影《武训传》是另一种性质的社论，自当别论），在那以后也不见。此论一出，社内社外都不免有耳目一新的反映。见报当天下午，胡乔木到报社来，恰好碰上每日例行的编前会，他也如平时一样顺便参加。值班副总编辑有点惴惴不安地问："今天那篇《十五贯》的社论你看了吗？行不行？"接着就略加解释："昨天正好手头没有别的社论了。"言外之意，是不得已才用它顶社论发的。我又赶紧补充一句："是夏衍同志看过的。"乔木只点点头："行啊，怎么不行？"我们才算放下心。

五

1956 年 7 月，《人民日报》改版，扩大版面，增加报道内容，并且在第八版上恢复副刊，副刊没有刊名，人们就称为"八版"。我奉命担任八版主编。虽然上海解放前我曾经在地下党领导的《联合晚报》编过几个月的副刊《夕拾》，又因中学时代就开始向上海的报纸副刊投稿，对报纸副刊似乎尚不陌生。但是彼一时此一时也，要编《人民日报》副刊，不免战战兢兢，诚惶诚恐。幸而得到许多老中青作家的支持，出谋划策，提供稿件；当时受党中央委托主管报纸工作的胡乔木同志两次来文艺部作具体的指导，出了不少主意；加上文艺部的主要负责人林淡秋和袁水拍两位又都编过副刊，有他们坐镇把关，我也就不太怯场了。

我去请教夏公这位办报纸编副刊的前辈。他第一句话就是："现在的副刊也好办也不好办。"这句话的内涵，我能理解。我渴望他能耳提面命的是究竟怎样才能办好。他笑笑说：

"以前我在《华商报》写过一篇编者的话，叫《做厨子不易》，我看现在更不易。"

"做厨子不易"是夏衍一篇短文的题目，发表在 1947 年 11 月 14 日的香港《华商报》副刊《热风》上，用编者名义，谈的却是编副刊的甘苦。我回来赶紧找到那篇短文，细细读了一遍。

　　早有人说，编刊物像做厨子，每天一桌菜，要得到一家老小大家满意才好，而现在，我这个厨子的服务对象是一个"大杂院"呢！像"节约餐"一样的已经有一种限制，而读者从名流学者到工农大众，各有水准与嗜好之不同。譬如这次的读者来信中，有人说："多登一些文艺作品"，有人说："文绉绉酸溜溜"的玩艺儿愈少愈好，有人说："我们要刺激"加大葱辣椒，但也有人相反地说："最好轻松一点，不要剑拔弩张。"这些，编者认为还是一个可克服的技术问题，把这些不同的要求记在心头，在配菜上特别留意到每一个读者的嗜好，求出一个大多数人的共同性来，这难题是勉强可以对付得过去的。其实，作为一个厨子，重要的还不止于技术，而应该是还有一个心术的问题，不偷工减料，不懒得出去采访，而随便买些烂鱼臭肉乃至有毒的东西来伤害主人的健康，这不是为一个厨子的天职么？

　　短短二三百字，用极其通俗浅显的比喻，讲了一番深刻的道理。我体会它的核心就是：作为一个厨子，重要的不只是做菜的技术，做什么样和多少种的菜让吃的人满意，而在于他的"心术"，即如何为主人服务的良心和道德。作为一个副刊编辑，重要的不只是稿件取舍、版面编排，而是如何为读者服务得好的思想、精神和责任感——每个编辑人员的"心术"。

　　《华商报》是中共港澳工委当年在香港办的报纸，当然要反映共产党的方针政策主张，但它是以民营面目出现的，对象又是香港这个特殊地区各个社会阶层的读者。明确提出将"为读者服务"放在编辑工作的首要地位，而且将读者看作厨子的主人（而不是顾客），这种观点，在当时也是非同一般的。

　　果然应了夏公那句话：做厨子不易，现在更不易。《人民日报》毕竟不是《华商报》，解放后的中国大陆更不是 1947 年的香港，夏公当然心如明镜，只是没有细说。我是从多年的磕磕碰碰、摔跤呛水中逐渐明白，而且至今也未必说得清楚。其中甘苦，说来话长，此处就不必多费口舌了。

我和副刊编辑们企求于夏公的，自然不只于"厨子"论，更渴望读到他的杂文。我知道，希望他仍然能如新中国成立前在重庆《新华日报》和在上海《世界晨报》那样每天来一二百字的"司马牛"、《蚯蚓眼》，或者如后来在香港时那样每周每半月来一篇《蜗楼随笔》《茶亭杂话》，那是奢想。夏公作为文化部副部长（一度还任党组副书记），又兼任许多文化艺术团的领导职务，公务繁忙，琐事缠身，不可能每天抽出写文章的时间。但是，他若能不时地给点杂文，我们就很满足了。因为夏公不止一次说过，副刊最重要的是杂文，杂文是副刊的灵魂。我也是按他的指点编副刊的。夏公没有让我们久等。8 月初，就寄来他给《人民日报》的第一篇杂文《"废名论"存疑》，署名任晦。

文章针对解放后许多企业、商店、学校纷纷改掉原来名称以排号代替的现象，提出批评。他从北京的一〇一中学说起，说到清华大学的校名得到保留，但知识分子心中有相当深厚印象的商务印书馆、开明书店这些名称早已不见，许多老百姓熟悉的老铺老店业已改为第七门市部、第八供应站了。接着又说道"这种风气也流行到了应该是丰富多彩的文艺界"，"我们的文艺杂志、文艺团体似乎有了一套正名规律，不是'人民'，就是'中国'"，"最彻底也最有讽刺性的是漫画杂志。在外国，这一类杂志有的叫《鳄鱼》，有的叫《箭》，有的叫《牧鹅少年马季》，而我们中国，就直截了当地叫作《漫画》。正像一个人的名片上只印着一个字：人"。如此议论下去，最后就引出了这样一个神来之笔的结尾：

我设想若干年后，人们的履历表将如下式：

姓名：王十七

籍贯：第五省、第三十八县、第二二六乡。

学历：第十一省第九十八中学毕业。

职业：第十五省第九市第三副食品商店第七门市部经理。

此文一发，反应热烈。拥护者有之，反对者有之，我们听到的常是截然相反的评价。某些习惯于一切都统一按军师团营连排班编制排号定名的人，自然要大为反感，斥之为"奇谈怪论"。幸而那时正是"双百"方针刚刚宣布不久，"上纲上线"的歪风尚未兴起，否则，也会出现追查动机、目的影射之类的"商榷"文章。证之于后来大动乱年代又一次兴起改名为"红旗""永革""卫东""卫青"的狂潮，以及近一二年来又纷纷恢复老字号、老名称的热风，再回头看看这篇40多年前的杂文，可以看到：夏公说的其实是一条非常朴素的真理。

夏公知道"厨子"的主人们有各种不同的口味，需要为他们调配各种不同的菜肴。同时，他也最善于利用副刊这块园地发表些在其他场合（例如会议）不便或不适合发表的意见。《"废名论"存疑》引起波澜以后，有好长一段时间他没有再在《人民日报》副刊上发表杂文，却写了其他方面的文章。1957年初，他用"子布"的笔名，连续写了三篇关于电影的杂感，对当时电影事业遇到的困难，提出了中肯的意见和尖锐的批评。6月间，"反右派"的风暴倏然兴起。一时间电闪雷鸣，刀光剑影，他又应副刊之请写了两三篇杂文，形势使然，未必是他的本意。大势所趋，难以有什么作为。那一时期，副刊用大量篇幅连续发表了许多"反右"稿件，也是在雷霆万钧的严峻气氛中不得不发的，根本谈不上"主人"（读者）口味的需要，也不是"厨子"的技术和心术所能决定。

做"厨子"确实不易！

六

夏公说过，他在新中国成立以后写的杂文，曾经"引起过两次不小的波澜"。一次是 1956 年写的《"废名论"存疑》，另一次是 1962 年写的《从点戏谈起》，这些事现在想来都很滑稽"（见《夏衍杂文随笔集·后记》）。前一篇《"废名论"存疑》波澜不算大，议论一阵就过去了。那后一篇《从点戏谈起》，在当时确实引发了一股涌动的暗流，开始只限于私下里喊喊喳喳，到几年以后，竟然成为足以翻船溺命的惊涛恶浪，确是所有有关的人都始料不及的。

《从点戏谈起》是一篇 1200 字的杂文，发在 1962 年 5 月 7 日《人民日报》副刊《长短录》专栏里。它从相声《关公战秦琼》里那个为人熟知的韩复榘的老太爷的笑话说到《红楼梦》里一个未必为人熟知的小插曲：贾元春省亲时在大观园里点了小女伶龄官的两段戏。文章批评了韩复榘老太爷那种点戏者的狭猛、专横和无知，肯定了"曹雪芹笔下的元春的性格是可爱的。她欣赏龄官的艺术，加点了两出戏，但是她并不下死命令，只是谈'不拘那两出就是了'，欣赏演员的艺术而加点两出，又特别指出'不拘'，这中间就不仅有鼓励，而且还有了爱护和尊重的意思，从这里可以看出，这个点戏的人是有气度而又有教养的"。后文还有几句论及龄官："至于龄官，那就刻画得更可爱了，她敢于在皇帝的宠妃面前'执意不作''非本角之戏'，而'定要'演自己对工的戏，这种有主见而又敢于坚持的风格，是难能可贵的。"

文章并没有犀利的锋芒和激烈的警句，署名黄似，像是个陌生名字。但是细心的读者和内行人，可以从那娓娓闲谈中蕴含着深刻的道理看到夏衍杂文的风格。而且它是《长短录》专栏里几篇开场锣鼓之一，所以更加引人注意。

《长短录》专栏是《人民日报》副刊在 1962 年 5 月 4 日那天推出的一个新栏目。那年 1 月底，党中央召开扩大的中央工作会议（通称的"七千人大会"），总结新中国成立 12 年来社会主义建设和党内生活中的经验和教训，特别是 1958 年"大跃进"以来工作中的偏差和失误。毛泽东同志在会上提倡恢复党的实事求是传统和民主集中制，告诫领导干部要听得进不同意见。其后，周恩来同志连续对文艺界做过几次谈话，号召破除迷信，解放思想，强调要重视艺术规律和文艺民主。从那以后，文化界、学术界思想开始活跃起来，报纸刊物上生动活泼的文章和议论也逐渐增多。在这种气氛下，我们就考虑约请几位杂文家联手在报纸副刊上开辟一个专栏，为当时那个喜人的局面再添一把火，再鼓一把劲。

说到杂文专栏，自然第一个就想到夏公，这个杂文专栏由他"领衔"是最理想不过的。他当然工作很忙，那几年所写的，多数是电影戏剧评论或是涉及对外文化交流的应景文章，但也没有放下写杂文的笔。又想到吴晗、廖沫沙两位，他们都在副刊上发表过不少随笔，同邓拓同志合作的《三家村札记》也正为读者交相赞誉。又想到一位老杂文家孟超，当时虽已从事戏剧的编剧和出版工作，业余也仍在写杂文。我去看望夏公，就此事向他请教，请他出山挂帅。他看了我们拟定的名单，立即提出："应该加上唐弢！"停了一会儿，他又轻轻叹口气："可惜绀弩不在！"聂绀弩是夏公最赞许的杂文家，因受胡风一案连累，正在北大荒漫天风雪中劳动。

报纸编委专门开了一次会，同作者们商定了"表彰先进，匡正时弊，活跃思想，增加知识"四条方针。4 月底，第一批稿件分别寄到编辑部。于是，自然地选择了"五四"这个吉日开场。我向夏公提出，他能不能写一篇作为发刊词或开场白。他说请廖沫沙写，廖公不便推辞，就写了一篇《"长短相较"说》（署名文益谦）。第三天，就请贾元春女士出场点戏了。

《从点戏谈起》一文的主旨，是希望文化部门的领导人能像贾元春那样对艺术家宽容些、尊重些，懂得些艺术规律，不要凭着主观瞎指挥，闹出韩复榘的老太爷那样的笑话。如果再深思一下，一切工作都该如此。不尊重客观规律性只凭主观臆想，任何事情都办不好。夏公后来说这篇文章"当时就有人说，这是讽刺某某人、批评某某人，或是某某人授意写的。从这件事看，我以为某些神经衰弱的人拿起镜子来照一照自己，可能都会有一点阿 Q 的影子吧"。这一类反应是理所当然的。有些人看了心里不受用，疑神疑鬼，或者自我对号入座，只能说明文章起了镜子的作用。

然而，事情远远没有结束。四年以后，史无前例的"文革"妖风从天而降。1966 年 5 月上旬，我正在北京房山县一个山村做"四清"的收尾工作，那时，报纸上、广播里，已经连篇累牍、大张旗鼓地批判《海瑞罢官》《燕山夜话》和所谓"文艺黑线"，山雨欲来风满楼，黑云压城城欲摧。一天早晨，村里的大喇叭广播《解放军报》的一篇文章，听着听着，忽然有这么一句："……不仅《燕山夜话》《三家村札记》要铲除掉，《海瑞罢官》《李慧娘》《谢瑶环》，以及《长短录》中的毒草等，凡是反党反社会主义的东西，都要一一铲除，毫不例外。"

"《长短录》中的毒草！"我听了不禁一怔。夏公改编的电影《林家铺子》和孟超编剧的《李慧娘》先后都已被判定为"大毒草"，对吴晗的《海瑞罢官》和吴、廖两位参加的《三家村札记》的批判方兴未艾，急剧升温，在这次大风暴中肯定难以幸免。但是，《长短录》有什么毒草呢？几分钟内，我将记得起来的篇目默默地过了一遍：《"长短相较"说》《为话剧青年一代祝福》《从点戏谈起》《争鸣的风度》《花木虫鱼之类》《谈写文章》《小学生练字》《白蚁宫的秘密》《郑板桥的两封家书》《"谢本师"》《甘为孺子牛》《谈陈亮词旁引》……这些谈思想修养、谈读书学习、谈工作方法的文章，怎么会是毒草？难道贾元春点戏、戚继光练兵、陈老莲学画的故事，都成了"反党反社会主义的东西"了？

几天后，我从房山回到报社，在乱哄哄的办公室里，偶然看到了一张校样，题目赫然为"《长短录》批判"。粗粗浏览一遍，禁不住倒吸一口冷气。那篇不知出于哪位才子高手的"妙文"，上纲上线、罗织罪名的本事确实不小，据他们分析，《长短录》的每一篇文章，不是借古讽今、指桑骂槐，就是旁敲侧击、影射现实；说《长短录》的定名，就是"说资本主义之长，道社会主义之短"；从作者名单证实是"三十年代文艺黑线"和"三家村反党集团"开设的"反党黑店"，是"报社内外的反党分子相勾结向党进攻的阴谋活动"。恰好他们找到夏公在《长短录》开始见报当天写给我的一个便条，开头就风趣地说"长短宝号已顺利开张……"于是望文生义，坐实了"反党黑店"无疑。

不久以后，在一次批斗大会上，"造反派"对低头站在台上的吴冷西、胡绩伟等报社领导人大声吆喝，要他们交代《长短录》的反党阴谋，特别是诬陷江青的阴谋。吴、胡当然无法"交代"这类莫须有的罪名，于是台下就有一位迫不及待地突然从座位上站起来，抛出一枚"炮弹"："《长短录》有很大的阴谋！他们竟敢恶毒污蔑江青同志是皇帝的宠妃！"

这一喊，台上台下都大吃一惊。我正坐在这位揭发者的后两排，更加感到愕然。会场上大多数人肯定并不明白或记不清这"皇帝的宠妃"

一语从何而来，我们几个经手的人则是心中有数的。不过，这个罪名实在荒谬得不可思议。《从点戏谈起》一文，夏公写贾元春明明是作为反衬韩复榘的老太爷的正面形象，赞赏她的开明态度，不论怎么拔高，也不会使人联想到江青，揭发者何以断定"皇帝的宠妃"另有所指？江青竟被如此明明白白地说成"皇帝的宠妃"，弄得会场上的人一时不知所措，是跟着他斥责《长短录》的"宠妃论"，还是应该仗义执言，批评他的胡乱比附不伦不类？如按他这个荒谬逻辑推论下去，究竟谁在"恶毒污蔑"呢？总之确实是很滑稽的事。

狂乱的会场上自然是不可理喻的，所以吴冷西、胡绩伟两位对此事始终一言不发。"造反派"大约觉得不便追问下去，就此草草收场。听说在红卫兵和文化界"造反派"批斗夏公的会场上，也有人闪烁其词地追问"宠妃"问题，我估计夏公大约也是不屑一辩，置之不理。那时候，加在他头上的形形色色的帽子已经不计其数，《长短录》中的文章实在算不得什么了。

七

十年浩劫，夏公同许多老同志一样，惨遭磨难，目损肢残，那批阴谋家、野心家对他们是必欲置之死地而后快的，尤其是江青对20世纪30年代就知道她那些见不得人的底细的老文化人有刻骨铭心的仇恨，咬牙切齿之声隐约可闻。夏公被囚达九年之久，直到1975年邓小平同志主持工作期间，幸有毛泽东主席有"周扬一案似可从宽处理"的指示，才得从秦城监狱释放回家。

我听到他回家的确讯，已是在四凶被翦除之后。尽管那时他还没有完全恢复自由，所谓的"结论"上还留着尾巴，但他一见到我，仍然像过去一样关心报纸的工作。他反复地说到两件事，建议报纸注意：一是要澄清所谓"文艺黑线"问题，把被"四人帮"搞乱了的文艺界大是大非搞清楚。二是要纪念那些被林、江一伙迫害摧残致死的文艺家，清除泼在他们身上的污泥浊水，替他们恢复名誉。他说这是我们这些幸存者的责任。在谈到这两件大事的时候，他神情肃穆，语调凝重，却一句也没有提到自己受到的灾难。而他这两条建议，对当时的报纸文艺宣传，实在具有拨乱反正、还历史本来面目的作用。

他身体力行，开始写一批怀念和悼念文章。最早寄来的一篇纪念周恩来总理诞辰80周年的《巨星永放光芒》（1978年3月2日《人民日报》），后来陆续寄来《忆阿英同志》《知公此去无遗恨——痛悼郭沫若同志》，又在《人民戏剧》杂志上发表《周总理对演剧队的关怀》，在《解放日报》上发表《悼念应云卫同志》（1978年11月19日）和《从心底里怀念我们的好市长》（1979年5月27日）。值得一提的是，他不仅悼念党和国家的领导人和文化界著名人士，更关注一些长期被冷落、已经鲜为人知而实际上对革命、对人民有特殊贡献的人。《人民日报》先后发表过他的《一个被遗忘的先行者——怀念"左联"发起人之一童长荣》和《回忆杨贤江同志》。还刊登过他一篇短文，回忆他在20世纪30年代接受潘汉年同志的嘱咐，去联系当时隐居在上海法租界里的一位秘密共产党员杨度。人们都知道杨度是当年袁世凯的"智囊""筹安会"要员，有名的保皇派，若无夏公此文，谁能想到他后来思想转变得那么大，竟成了中国无产阶级先锋队的一员！有一次，夏公从北京医院来电话要我去，说是中央已决定为蒙冤30年的潘汉年同志平反，陈云同志要他写一篇文章。他在医院病房中完全凭记忆写成，在我送去的校样上改完后，又告我经过考虑，此文先不在《人民日报》上发了。可能是"潘案"关系太大，受冤太深，公开发表可能影响不好。当然这只是我个人猜测，真情如何，至今也不清楚。

1987 年 1 月起，我离开工作了 30 多年的《人民日报》编辑岗位，报社文艺部由蓝翎、缪俊杰、舒展三位负责。离职之际，我向多年来一直关注和支持我工作的师友同行寄了一封打印的信，奉告此事，表示谢忱，请他们像过去一样继续支持报纸，继续赐稿。信发出之后，不久就收到一些长辈和同辈陆续来信，表示慰勉之情。

2 月底，收到夏公的一封信：

袁鹰同志：

手札拜读，岗位事业是两码事，离开岗位可能有失落感，但卸下担子，可以多一点时间读书写作，也似乎可以说是"焉知非福"，坦然处之，静观世态，亦乐事也。

《桃李不言》已拜读，写得很好。对于公是一件很好的诞日礼物，他一定很高兴的。患难中的友情，是可贵的。

家熙同志来信，要我写纪念《新华日报》的文章，盛情甚感，但我打算"封笔"一段时期，所以难以应命了，乞转告，不另复了。祝春安

夏　衍　二，二六

这是夏公对我在离开报纸岗位之时最后的垂注，语短情长，属望殷殷，使我感奋不已。从此记住"岗位事业是两码事"的教诲，离而不休，未敢懈怠。除了坚持读书和写作之外，继续做些报纸以外的编辑工作，编杂志，受出版社委托编书，参加些文学评奖活动，无非想竭尽绵薄之力继续干点事。对纷繁变幻的世态，对"你方唱罢我登场"的文坛，也按夏公所嘱，坦然静观，闲看花开花落，云卷云舒，"亦乐事也"。

夏公本人就是一位鲜明、突出的楷模。他笔耕一生，大部分都是在

担负繁重工作的间隙中抽空写成的。新中国成立初期在上海，身兼党政和群众团体领导职务三四十个，每晚在灯下还能挤时间为《新民晚报》写随笔。十年动乱中受尽折磨，到了 80 岁高龄，仍然挥笔不停，为拨乱反正大声疾呼，为改革开放擂鼓助威，赞誉新猷，针砭时弊，殷殷关注文苑艺坛的新苗成长。我每次去他寓所，常常见到他倚在沙发上，以小茶几作书桌看书写作，只是不再如过去那样给自己定下每天写 1000 字的指标了。

信上说的《桃李不言》，是前一年秋天我应《文汇月刊》主编梅朵兄之约，为了庆祝于伶同志八十大寿而写的一篇文章，介绍了于公大半生为中国现代话剧事业辛勤奋斗的业绩，也介绍了他被囚秦城监狱所作的诗词。此文在《文汇月刊》1987 年第 1 期发表，正值于公 80 岁诞辰（1987 年 2 月），夏于二公都很高兴，作为作者，我也"与有荣焉"。

岁诞辰举行的纪念和颁奖仪式，所以提前去医院探望，他虽身体虚弱，说话声音很低，但是精神还不错。护士进房要替他注射，他只好中断谈话。我扶他慢慢从沙发上站起身上床，顺便向他告辞。他连声说："对不住了，我真是不知老之已至啊！"

从浙江回来，为《群言》杂志完成《夏公访谈录》的约稿，已是岁暮。1995 年初去了一次上海，回京以后，还未及向他汇报在上海为由他作序的《长夜行人——于伶传》签名售书的情况，老人已进入垂危状态。5 月 5 日，终于撒手尘寰。

"不知老之已至"，就成为夏公留给我的最后一句话。他在 95 年人生的最后 20 年，生命之火依然旺盛，熠熠生辉，确实是"不知老之已至"。这句话将成为我永远的箴言：不去想"老之已至"，能干什么就多干些，还没有来得及干的事就赶快干，我现在的年龄比夏公说这句话时还小 20 岁。

我与《挺进报》

蒋一苇

　　《挺进报》在四川长期地下斗争史中，只是很短时间的一段小插曲。但它震撼敌人，影响群众，涉及的面很广，特别是因《红岩》小说的出版，使《挺进报》出了名。

　　算起来，《挺进报》前后共有五代。我们是第一代，共出了23期，但第23期尚未发出就被破坏了；陈然烈士被捕后在监狱里办的"白宫版"《挺进报》是第二代；由邓照明、刘兆丰领导，李累等主办的《挺进报》是第三代；因一位同志被捕，报纸暂停了一下，以后由董夏民等恢复出版是第四代；在1976年的"天安门事件"中，一些不知名的同志也出了一种《挺进报》，专门揭露"四人帮"，我把它看成是第五代。当时"四人帮"一伙认为第五代《挺进报》是"严重的反革命事件"，列为专案，像当年国民党追查第一代《挺进报》一样追查，由此亦可见《挺进报》在人民群众中特别是在青年中的影响之深，在他们的心目中，《挺进报》是对敌斗争的一个强有力的"匕首"。

　　我是当年参加办《挺进报》的成员，现根据经历讲一讲我所知道的

《挺进报》。

一

抗战期间，我就在广西和党内的一些同志有接触，虽受他们的影响，但因他们都没有公开身份，我没有能解决组织问题。1944年，我又转赴重庆，因为那里有《新华日报》，可以找到党的关系。

在重庆，我没有任何社会关系可以介绍，于是"毛遂自荐"，写了一封万言长信，说明自己的经历和愿望，用蒋国栋的化名寄给了《新华日报》。不久，《新华日报》登了一则代邮："国栋兄：请于×月×日来化龙桥本报编辑部一叙。"我如约前去，接见我的是林默涵，当时化名林军，是负责编《群众》周刊的。当时我很天真，每个礼拜去找他一次，每次都提出入党要求。他因不了解我的底细，哄我说，与国民党有协议，在国统区不发展党组织，但可与他们经常联系。所以，我就替《群众》周刊写稿，保持联系。这是1945年初的事。以后比较熟了，林默涵说："你经常到化龙桥来，太危险！我另外给你介绍一个人，就不要往这里跑了。"于是把我介绍给刘光，由刘与我联系。刘之后是张黎群（张佛翔），张之后是周力行。一直到国共和谈快破裂，内战实际已经打起来了，周力行才决定解决我的组织问题。而我刚刚写好自传，周即调到南京"军调部"去了。他走前曾对我说："你的关系交给了张友渔同志。"等我去找张老，张老说："你的工作关系交来了，但党的组织关系，周力行没有说。不要紧，我们马上打电报到南京去问。"没有过几天，四川省委和《新华日报》被迫撤回延安，我和党的联系就断了。

张友渔说的工作关系是什么呢？那是在抗战胜利以后，组织上交给我的第一个任务，是办一个叫《科学与生活》的刊物，目的是通过这个刊物来团结一些科学技术工作者。当时估计"和谈"可能成功，也可能失败；如果成功，可以动员一批科学家、技术人员到解放区去。《科学与生活》的社长严希纯，是一位秘密党员、很老的同志，一直到死都没有公开党员身份（后来作致公党的秘书长）。之所以提到《科学与生活》，是因为这时的《科学与生活》与后来的《挺进报》有某些间接的关系。如成善谋烈士，就是该刊的编委，是严希纯介绍来的。后因"和谈"破裂，为了长期隐蔽，1947年1月党组织要我改办另一个刊物——《彷徨》，工作对象是社会职业青年，面目是灰色的。这刊物筹办时是周力行领导，周走时把我交给张友渔，这就是张老所说的"工作关系"。

张老派何其芳来领导《彷徨》，何明确告诉我们，这个杂志一定要按"灰皮红心"的原则来办。杂志的内容，讲的都是失学、失业、失恋之类的问题，面目是灰色的，但思想是健康的；另外则通过"读者信箱"和发展"社友"等办法联系读者及一批进步青年。这时，参与办《彷徨》的核心人员有三个：一个是陈然，管"读者信箱"，联系读者；一个是刘镕铸，管发行；再就是我，是主编。此外，还有吕雪棠负责美术装帧，吴子见参加编委工作。这几个人都和后来办《挺进报》有关系。

二

《彷徨》出了两期，1947年2月中共四川省委和《新华日报》被封闭撤回了延安，我们和上级领导断了关系。怎么办呢？我们商量，反正《彷徨》是"灰色"的，上级叫我们长期隐蔽，我们就按原方针坚持下去。当时，我们几个人一致认为，《新华日报》虽然撤走了，但重庆一定有地下党（那时我估计，刘镕铸是党员，这时也断了联系；陈然与我很要好，但早年曾入党这段历史，他从来没讲过，我完全不知道；吴子见这时也没有入党），于是大家议定，分头去找地下组织关系。

一天，吴子见来对我说："找到关系了！"原来他有个熟人托他来打听我们这些人的情况。我高兴得很，马上找刘镕铸、陈然商量怎么办。可是刘镕铸有经验，他说："这种事可不能随便搭上关系，不知道他是真牌子还是假牌子。"我和陈然认为刘可能是党员，而且老练，有经验，因此公推老刘出头去与那人面谈。不几天，老刘兴奋地对大家说："真牌子，来的是真牌子！我们在茶馆里见了面，互相谈的人头、时间、情节都对上了，是真牌子。"当时我们真是高兴极了。就这样，我们和党的地下市委接上了关系。以后才知道，这时市委已分工，由彭咏梧（江姐的丈夫）领导我们。

接上关系后，市委决定要我们改办市委机关报。这得郑重其事了！首先要找个安全的地方，大家想来想去，决定选点在陈然家里。这时已是1947年6月。

陈然当时是中国粮食公司（以下简称中粮公司）机器厂修配车间的管理员。这时，中粮公司已经迁回南京（或上海），但这个车间还在。车间设在南岸野猫溪，是一栋很小的两层楼房，楼下只有几部机床、八个工人，楼上住陈然一家。陈然没有结婚，家中有他的母亲、姐姐、姐夫和妹妹（当时在念初中）。小楼周围环境比较单纯，又是一个独院，所以把报纸的机关设在这里比较保险。同时，组织上决定《彷徨》停刊，叫我专职办报，住在陈然家。

开始参加办报的只有四个人：刘镕铸、陈然、吴子见和我。我们商量，要给小报取个名，大家提了许多，如《黎明》《曙光》等，最后决定叫《挺进报》。吴子见会写隶书，由他用白纸写了《挺进报》的报头，我平时把它藏在门缝里，每次刻蜡纸时拿出来作样板。那时彭咏梧虽然领导我们，但一直没有露面，只和刘镕铸、吴子见接触。我没有见过老彭，这段时间里许多上级给的东西，如第一期上类似"发刊词"的一篇文章等，都是通过吴子见拿来的。在我的印象中，吴子见相当于市委和我们间的联络员，直接领导我们工作则是刘镕铸，后来他是《挺进报》特支书记。

<h1 style="text-align:center">三</h1>

《挺进报》于1947年7月开始出刊，市委要求每期印300份。但当时我们没有经验，又正值夏天，天气酷热，往往只印五六十份后，蜡纸就化了；再印，满纸都是麻点，不得不重刻。第一期两张蜡纸刻了三次，才勉强印了200多份。白天我躲在楼上编、刻，陈然照常上班当他的管理员，晚上两人一起印。印报是采取最简单的办法，不用油印机，只把蜡纸的一头钉在板子上；也不用滚筒，只用一块竹片，刮得光溜溜的，蘸上油墨在蜡纸画上刮印。两人合作。我管揭纸，陈然一手按蜡纸，一手刮油墨。这样的好处是，印完以后，蜡纸一烧，竹片一丢，什么痕迹也没有。所以后来《反攻》的刊物转给我们时，带有一台手摇油印机，我们都没有要，一直用这个土办法。

这时的分工是我管编、刻，陈然管印制，刘镕铸管发行。陈然拼命钻研印刷技术，开始印的质量不好，麻点多，他发现主要原因是我们用的是毛边纸，上面有许多小纸疙瘩，一印一压，纸疙瘩顶穿蜡纸，就出麻点，后改用打字纸，就解决了这个问题。陈然的印刷技术越来越精，到1947年底翻印毛主席的《目前形势和我们的任务》的小册子，一张蜡纸甚至可以印出2000张。刘镕铸的发行，主要是交给组织上转发，一般是在内部同志中传递，不邮寄。我和陈然只留几份，都不外传。有一次，陈然的妹妹从外面带回一张《挺进报》，像宝贝似的悄悄地拿给哥哥看，反被陈然训了一顿，说："这些东西拿回来干什么？"妹妹被训斥得莫名其妙。

《挺进报》前期是按照列宁讲的"报纸既是宣传者，又是组织者"的原则来办的，主要是在党内和可靠的外围群众、积极分子中传看，搞"攻心战"则是后来的事。当时，市委领导的还有一个地下油印刊物叫《反攻》，它和《挺进报》有分工，《反攻》主要登政论性文章，《挺进报》主要登新闻消息，配小评论。从 7 月开始，我们一个礼拜，至多两个礼拜出一期，消息来源原来是靠香港新华社寄来，但没有保证，以后就主要靠组织上提供的电信稿了。当时我们收到的抄写的电信稿中，经常有的只记了一半，下面括弧注明："外面有人，暂停。"新中国成立后才知道，这是成善谋烈士收听记录的新华社广播稿。我们虽然和成善谋早就认识，但当时并没有想到是他在担任这一工作。

到 10 月间，彭咏梧到下川东搞武装斗争，并把吴子见带走，由市委常委李维嘉（化名黎纪初）接替彭领导《挺进报》。他经常到陈然家来与我们见面，传达一些事情。至 1947 年底，组织上对我们已经比较了解，李维嘉决定解决陈然和我的组织问题。12 月 31 日，刘镕铸和李维嘉到我家来吸收我入党（当晚就宣誓），同时用同样的办法吸收了陈然。春节在陈然家吃年饭时，刘镕铸同时宣布陈然为特支组织委员，我为特支宣传委员，刘镕铸为特支书记，组成《挺进报》特支。

我们入党以后，一天夜晚，陈然才把他过去的经历讲给我听，讲了一夜。他是北京人，父亲是海关小职员，他从小随父亲到上海，抗战后流亡到宜昌，参加了鄂西地下党领导的"抗战剧团"。1939 年，他 16 岁时在"抗战剧团"入党，以后当地组织被破坏，转移到重庆，关系在南方局徐冰手里。和他同时转来的还有一个人，因找工作被骗进了特务机关，并被迫写信叫陈然也去，同时让他妹妹来通知陈然这个情况。陈然急忙把这情况向在八路军办事处的徐冰汇报，徐当即叫他马上离开重庆，而且暂时切断和组织的关系。他想不通，但不通也得通。因陈在外地没有什么熟人，只有原来"抗战剧团"一个同事在江津，徐冰就叫他到江津去，暂时把关系切断，并规定以后只能由组织来找他。到了江津，那个同事在摆地摊，陈也只有帮忙摆地摊。不久，陈然又得了痢疾，无法生活，只得从江津回到重庆，由姐夫介绍到长途汽车上去卖票。待他再到办事处找徐冰，徐冰未见，就这样断了关系。他在讲起这段历史时，十分沉痛，严厉自责，检查自己组织性不强，他说："我就是死在那里，也不该回来。"他后来接到李维嘉暗示要他立即转移的信，亦不敢轻走，坚持等见到上级后再行动，以致被捕，也和这段教训有关系。尽管这是个不幸的结果，但也充分说明陈然是如何地严格要求自己。

《挺进报》特支组成后的 3 月间，刘镕铸另有任务转移走了，由陈然代理特支书记。不久，组织上决定《反攻》停止出版，《反攻》的宣传任务交给了我们，与《反攻》有关的同志一部分转移，另一部分转到《挺进报》特支。这些关系由陈然接收，而且只和他一人发生联系。有一次，我看见陈然在默记交给他的关系的名单，如后来主办"第三代"《挺进报》的李累的关系那时就在陈然手里，所以可以说第二、三代《挺进报》仍然是原来《挺进报》特支的人。陈然对党真是忠诚，直到他后来被捕，也没有泄露任何党的机密，他联系的任何同志也都没有受到损失。

1948 年初，组织上又决定《挺进报》改变发行方针，以"攻心"为主，动摇瓦解敌人，少在内部传看，避免出问题。于是，我们收集各种机关、公司、商号的信封，把《挺进报》寄给敌人的大小头目，包括西南绥靖公署主任朱绍良、重庆市长杨森在内。陈然还专门仿印了一批美国新闻处的信封，用这种信封保险，邮检不扣（杨森收到的《挺进报》就是用的这种信封）。

考虑可能出现的危险，准备万一我们这班人被捕，《挺进报》遭破坏，我们在 1947 年底，组织了第二套班子，吸收了吕雪棠（后改名吕品）进来。他原来也是《彷徨》杂志的工作人员，在捍卫小学教书，由他专门模仿我的笔迹作个后备，如果我们被捕了，《挺进报》仍可照常继续出，而且字体不变。所以有一个时期，《挺进报》是两个人同时刻写的。

四

1948 年 4 月初，即《挺进报》被破坏前十多天，李维嘉来告知，有个重要领导人被捕，敌人怀疑他是《挺进报》负责人，要我们赶快出一批《挺进报》，仍然寄给敌人，说明《挺进报》还在，以转移敌人视线，掩护被捕同志。依照李的指示，我们突击出了两期。以后李维嘉又叫我们准备都疏散，但形势暂时还不定，要我先走，规定一个礼拜为期，如果决定撤，一个礼拜内陈然来找我，一道走；如果一个礼拜内陈然不来，说明形势还稳定，我必须在第八天回到陈然家里。于是我暂时离开，吕雪棠留下刻钢板，继续出报，我在北碚躲了一个礼拜，陈然没有来，我按规定在第八天回重庆。

第八天是 4 月 22 日，正是《挺进报》被破坏的那一天。早上我从北碚坐船，到重庆已是中午，到陈然家，午饭已过，陈然进城去了。我在他家吃了饭，换了衣服，赶进城去找陈然。先到张克勤那里问，说陈然刚走，随后找到几处都没找到。我因不知道这几天的情况，就叫我妹妹蒋真打电话，把我夫人陈曦喊出来，我们躲在国泰电影院假装看电影，交换情况。陈曦说，陈然昨天来过，他接到一封信称"近日江水猛涨……"意思是叫他走，落款却是"彭云"。彭云是彭咏梧和江姐的小孩，这时由我们抚养。陈然接到信很犹疑。他不认识李维嘉的笔迹，更没有想到这封信是李维嘉在万不得已的情况下写的，所以不认为是组织的通知，只估计是我们的某个同志从敌人那里得到了什么消息，来不及通过组织，直接通知他的，因而想等我回来再商量。从电影院出来，天正下大雨，我们没带伞，等了一会儿，雨停后又到朝天门吃担担面。我乘晚8时半最后一班轮渡过江到野猫溪，并不知道陈然已在晚7时多被捕了。这里还有一个巧合。原来，抓陈然的特务带的是另一个派出所的警察，陈然被抓走后，留守的警察没有吃饭，也走了，特务又去叫当地派出所的警察来看守，正在这个空隙，我到了陈然家门口。这时天色已黑，又下雨，四周房屋的门都关得紧紧的，路上只我一个人在走。走到他家门前台阶，看见了一条麻绳，拖得很远很远，当时我很奇怪。此前，经组织同意，已与他二姐约好，如果出了事，要放信号，即把擦地的拖把搭在门前竹篱笆上。我注意查看，没有告警信号。因为陈然刚被抓走，他妈妈哭闹要跳楼，还来不及放信号。在平时，楼下的工人晚8点就睡了，晚上我去时，总是敲门叫陈然下楼开门。于是我照常敲门，刚一敲，门就开了。原来那位领班挨了特务一耳光，正在院子里生气，他开门便说："陈先生刚被警备司令部抓走了，老太太要跳楼，你赶快上去劝劝。"我问："他们还留人没有？"他说："还有一个，在楼上守着。"我说："我得赶进城去营救陈先生。"掉头就跑了。

等我到江边，末班轮渡已开走，我只得沿江跑到弹子石一个熟人家住了一晚，并托他通知与陈然有关的人不能再去了。第二天我不敢直接过朝天门，怕特务"抄靶子"，就从弹子石坐小划子到江北，再从江北过江到临江门进城。那时我妹妹蒋真在工矿公司工作，经常不回家，我怕家里也出问题，打电话给她，用福州话与她通话，估计即使有特务守在她那里也听不懂。她说："昨晚我在家，没出什么事。"我叫她通知陈曦来见我。陈来后，我告她如特务来，可以家庭妇女身份应付。同时叫她在回去的路上通知两个人：一个是王诗维，当时我知道他在开明图书局是帮助刘镕铸搞《挺进报》发行的；另一个是吕雪棠，请他们马上转移。吕雪棠得信后走了，王诗维因为派小罗到陈然家送信，要等小罗回来，结果被捕。晚上，特务来到我们家，什么也没搜到，就把陈曦带走，因那天抓的人多，她被关在传达室里。那时彭云在我们家，正好比我的大孩子小一岁，比二孩子大一岁，就假充我的老二，改名蒋云。陈曦把老三带在身边，装成一个家庭妇女，在传达室不断拧孩子的屁股，孩子大哭大叫，闹得特务不得安宁。特务头目感到心烦，说："算了，算了，放她回去！"于是放陈曦回家，同时又派特务在我家守了一个礼拜才撤走。特务撤走后，陈曦担心云儿出问题，便赶快把云儿转移给何理立、谭竹安他们去照顾。

《挺进报》破坏后，5月间我转移到香港，找到南方局的朱语今，朱语今说："正在为重庆情况不明着急，你来得正好！"我汇报了我所知道的情况，就留在香港等关系。接着陈曦、吕雪棠也转移到了香港。同时知道吴子见在下川东起义打散后，住在万县，我怕他出事，又通知吴子见到了香港。到年底，邓照明到香港，带来了我们的组织关系，组织上安排我和吕雪棠、陈曦到三联书店工作，吴子见分配到东江游击队。

（重庆市政协文史办供稿）

毛锥十载写纵横

——邓拓与《晋察冀日报》

———

高 芳

文旗随战鼓

中国全面的抗日战争开始不久，1937 年 11 月 7 日，晋察冀军区成立。这是中国共产党在敌后建立的第一块最大的抗日根据地。晋察冀抗日根据地的游击战争，从此雄风突起，迅速展开。

聂荣臻当时是晋察冀军区司令员，他十分重视抗战的舆论宣传。他认为，办份党报，是打仗和开拓根据地都迫切需要的头等大事。军区成立以后，聂荣臻和中共晋察冀区委书记黄敬、军区政治部主任舒同等领导人商定，立即创办根据地的党报。于是，刚刚创立的晋察冀抗日根据地在即将打退敌人的第一次围攻时，1937 年 12 月 11 日，晋察冀军区的《抗敌报》（《晋察冀日报》前身）就在根据地中心阜平县城创刊了。

《抗敌报》创刊后的头四个月，是由晋察冀军区政治部主办的。报社主任由军区政治部主任舒同兼任，副主任是沙飞和洪水。当时，从四面八方积极加入晋察冀这支办报战斗队伍的十几个革命青年，克服了许多困难，把报办起来。初创时，虽然只能以幼稚的面目同大众见面，却是忠实地反映了晋察冀边区军民奋起抗战和艰难创建根据地的战斗精神，为这个党报的创办和发展铺下了最初的基石。

初创的《抗敌报》是石印报，在阜平城只出版了 24 期，就遭到日本侵略者的轰炸，报社设备全部炸毁。报社工作人员毫不动摇，随边区领导机关向西转移，越过长城岭，到达五台山中的大甘河村，重新开始石印，继续出报。

1938 年 4 月，中共晋察冀省委召开第一次党代表大会。会后，将原晋察冀省委改为晋察冀区党委，《抗敌报》从军区政治部划出来，改为晋察冀区党委的机关报，邓拓被派去担任报社主任。

邓拓，1930 年加入中国共产党，1937 年秋，从河南开封到华北敌后参加抗战，他先在中共晋察冀省委机关工作，曾任党内刊物《战线》编辑。聂荣臻和邓拓早在晋察冀抗日民主根据地开创之初就相识了。对于当时的情景，聂荣臻曾这样回忆道："他同十几位知识青年跋山涉水，远道从太原赶来五台。一见面就给我留下这样的印象：他是一位朝气蓬勃、满腔热血的革命青年。一经交谈，甚是投机，我很喜欢他那种爽朗的性格。他首先告诉我，他已经学会了识别和采集很多种野菜，为的是日后困难时能借此充饥。可见他已经做了艰苦奋斗的思想准备。"

邓拓到《抗敌报》当主任时，正是这个报纸发展到由晋察冀区党委接办的新阶段。报社从军区政治部搬到大甘河村东一个破旧的"龙王庙"里，没有办公桌，大家动手搬掉旁边"奶奶庙"里的泥塑像，把土台当作编辑的办公桌，在麻油灯下编稿子。晚上也睡在土台上。4 月的五台山沟，小白杨树虽然开始吐绿，夜卧土台仍感冰凉。新闻战士不

1943 年，邓拓在阜平晋察冀日报社

在乎这点困难，他们清早就到附近农村或机关、团体去采访，回社再写稿并给通讯员复信。战争的环境，锻炼出战斗的作风，昼夜苦战，效率很高。吃的是五台山土生的山药蛋、莜麦面，生活条件虽然艰苦，但报社同志办报精神高涨。

我国知名木刻家、作家金肇野曾于 1938 年 6 月随"延安抗战文艺工作团"来到八路军晋察冀军区司令部，得以与邓拓相识。他曾在邓拓的宿舍兼办公室的斗室里住了一个多月。他这样回忆初次来到抗敌报社时的情景：

金肇野： 这是一间坐南朝北的破旧瓦房，房顶的破碎瓦片摇摇欲坠，瓦块间隙茅草丛生。大梁头长着蘑菇，墙犄角生出绿苔。破窗旧纸已经被风雨吹得破碎不堪，扯开的窗纸条儿在吱吱啸叫。靠着东墙壁安放一张两屉的长方小桌，桌面上堆积着《抗敌报》和编完待发的一叠稿

1938 年，聂荣臻（左二）、宋劭文（左五）、邓拓（左三）等人与白求恩 （中）在阜平中正街合影

件。稿件旁边散放着红笔、墨水、剪刀、糨糊……报馆编辑的工作环境和气氛感染着我，在我心头闪过一阵紧张工作的愉快感。

正是在这样的环境下，伴随着反击日寇围攻的炮声在五台山、长城岭回响，报社同志们鼓起满腔热血，在战斗中奋力开拓起游击办报的新闻路。还研制出了轻便印刷机，开始出版铅印报。当时的邓拓年仅25 岁。

战地报人

《抗敌报》是在敌后抗日根据地出版的。晋察冀抗日根据地战略地位重要，随着晋察冀边区迅速扩大，控制长城内外、威胁平津，被日本侵略者视为心腹大患。1938 年 7 月、8 月间，为配合保卫大武汉，军区部队曾进击到北平近郊。9 月，敌人调集 5 万兵力，对边区搞了个"八路围攻"，声言要"犁庭扫穴"，疯狂至极。敌人的主要目标是边区党政军领导机关和主力部队，当时在五台山的抗敌报社，是围攻目标之一。

周明（《晋察冀日报》印刷厂厂长）：聂荣臻曾经告诉邓拓说，五台山是战场，为作战方便，报社可先向太行山的北部山区转移。但是老邓为坚守党的宣传阵地，尽快地把反"围攻"的消息告诉边区人民，决心在做好转移工作的同时，多出几期报纸。

陈春森（《晋察冀日报》最早的编辑、晋察冀日报史研究会前会长）：8 月底发了《加紧秋收与保留青纱帐》《彻底克服太平观念》的社论。9 月又发社论，批评平汉线附近地方割掉青纱帐而失去游击队的隐蔽活动阵地。随后又连续发了《加紧动员，粉碎敌人的围攻》《怎样进行坚壁清野》等社论。

到 9 月 30 日发表社论《反对麻木不仁与惊慌失措》时，围攻的敌人已逼近五台山。报纸印了一半，就不得不拆了机器，转移阵地，向河北阜平、平山间的深山区转移。黑夜到达长城岭下的龙泉关的益寿寺时，得知东路敌人从曲阳进攻阜平城。报社收到聂荣臻司令员来电，叫报社队伍必须在当夜离开益寿寺，躲开敌人主力进攻的阜平通五台山的大道。这时天降暴雨。沿村转送的民兵和骡马已回五台山，必须另去动员龙泉关地区的群众运输队。邓拓和青年发行干部尤奔，骑上战马，冒着倾盆大雨赶到龙泉关区公所，联系民兵运输队的问题得以解决后，大队人马才避开大路，从益寿寺出发，翻过南山，钻进险峻山谷中的一个小村——瓦窑村驻下。

周明、方炎军（周明夫人，社报干部）：瓦窑村是个十几户人家的贫困小村，没有高房大屋，乡亲们支持我们，清理出几间柴房做排字

1942 年，邓拓（前排右三）与报社编辑记者合影于平山滚龙沟

房、机器房，借几张桌子当案子来排版。没有汽灯，就用碗做的麻油灯在昏暗的灯光下拣字、排版、印刷。记者、编辑就坐在乡亲们的门槛上、小凳上，在膝盖上写稿、编稿，校对人员就在乡亲的炕桌上校对稿样。睡觉时，乡亲要让热炕，他们衣单被薄，我们于心何忍，大家睡了地铺。吃的是土豆、蔓菁、青菜饭和乡亲们送给的一点咸菜。这就是当时在打游击中我们的印刷厂和编辑部。老邓是跟大家同甘共苦的。行军时他前后照应，停下来他奋笔疾书。在他这种精神的感染下，大家不顾疲劳，不怕危险，夜以继日地工作。当报纸印出来送了出去的时候，大家的喜悦和自豪之情，是用语言表达不出来的。

邓拓带领大家日夜突击，连续出版 4 开和 16 开的铅印《抗敌报》四期，把刚收到的中共晋察冀区党委和军区政治部号召粉碎敌人围攻的文告、各路军民抗击日寇的新闻，都很快发表出去，使群众及时了解了反围攻的形势。四期报纸印完了，敌人已经到了龙泉关，离报社只有 10 公里，大家才又转移到平山的土楼村继续出报。这里是太行山东麓的一条深谷，比瓦窑村更加隐蔽。日寇围兵多路乱窜，始终没有找到《抗敌报》这个流动阵地。

"七进七出"铧子尖

在《抗敌报》创办近三年时，中共中央北方分局决定，1940 年 11 月 7 日，把隔日刊的《抗敌报》改为日刊，改名为《晋察冀日报》。为庆贺改版，邓拓还特意创作了一首《晋察冀日报》社歌。

1941—1943 年是全国抗战相持阶段中晋察冀抗日根据地最艰难的时期，也是《晋察冀日报》在敌后出版最困难的时期。1941 年 8 月 13 日开始，7 万名日伪军分路从四面窜进边区，进行所谓"铁壁合围"。其中有一股 16 日就奔袭到平山、灵寿北部，离报社驻地——平山滚龙沟很近了。

对于日寇这次"扫荡"，晋察冀抗日根据地的党政军民早有迎击的准备。7 月 31 日，报社社务会议制定了《反"扫荡"工作提纲》，要求全社人员"足够估计残酷战争环境的新困难、新特点，准备在最紧张的情况下，坚持出版铅印报"，并规定，"凡是有连续 24 小时的驻地时间，就保证出报一期"。

到 8 月 20 日前后，报社几乎被包围。邓拓等社领导考虑，在最紧急的敌情到来之前，要多做反"扫荡"的宣传动员工作，当即决定继续坚守岗位，赶出日报，同时准备好突围。24 日，敌军逼近滚龙沟 10 公里时，报社人员才急行军转移到村外。这样，多坚持了 10 天，多出版了 10 期报。这 10 期报纸，大量宣传报道了八路军、民兵游击队英勇反"扫荡"的战绩，及时发表了《开展对敌宣传战》等社论。报纸发到读者手中后，迅速传开，鼓舞了反"扫荡"中的军民。

1942 年，邓拓和丁一岚在平山县

　　此时，报社人员才急行军，转移阵地。然而为时已晚，侦察回报，报社队伍已经处于被敌人包围的境地。

　　陈春森：在万分紧急的情况下，社长邓拓和党总支书记谢荒田、秘书杨国权等五人小组，坚定沉着，邓拓对小组同志们说："情况很严重，大家要从最坏处着想。如果敌人向这座山重来，我们万一走不脱，就和他们拼，宁死不当俘虏。你们有手榴弹，在万不得已时，要拉开它和敌人同归于尽；我和老谢有手枪，会把最后一颗子弹留给自己。"

　　听了邓拓的话，大家决定就地坚壁器材，化整为零，四五人一组，分成几十个组分散突围，冲到周围山头，利用山洞或凹地进行隐蔽，待敌人撤走后，仍回到滚龙沟集合。92 岁的陈春森夫人陈英当时是内参《敌情咨讯》编辑，她说：春森同志带领国际、国内、地方版的四五个编辑坚持在游击转战中编报，然后在铧子尖的牛棚中印刷、外发。

　　刘长明（时为《晋察冀日报》图书管理员）：我们组四个人，冲到滚龙沟最西面的一个高耸险峻的山头，山名叫"铧子尖"，在山上找了个山洞隐蔽起来，观察敌情。滚龙沟盛产毛栗子，上山时，仓促摘了一些生栗子，装在口袋内。山上有老乡种的一些土豆，还不太熟。我们四个人靠吃生栗子、生土豆度日。组里有一位南方的同志，会抓蛇，抓到后能迅速剥皮，找个隐蔽处，用火烧一烧就吃。久未闻到肉味，半生不熟地吃点蛇肉，味道也很美。

周明、方炎军：邓拓分析形势后认为，滚龙沟山高路险，沟壑纵横，群众熟悉，道路熟悉，有我们的储备物资，有利于出报，有与敌周旋的余地，毅然决定在滚龙沟南山区的铧子尖坚持报纸的出版。

铧子尖是滚龙沟一个最隐蔽的出报点。日伪军在滚龙沟附近十多公里的几条山沟里，反复"梳篦扫荡"，始终未发现这个战斗着的据点。因为报社人员和村上的老百姓、民兵、游击组，配合得十分密切，放哨、侦察、锄奸、包围，团结成了一家人。电台通讯、报纸发行，隐蔽伪装得滴水不漏。敌人离报社只有 5 里多，敌情紧急。

刘长明：敌人来了，就坚壁机器和物资，上山隐蔽；敌人一离开，就迅速回来，挖出机器，组装出来就出报。很多情况是在野外玉米地里就地展开工作，经常顾不上吃饭，好几次在锅里煮麦子，还未煮熟，敌人突然袭来，从锅里抓点半生半熟的麦子，边跑边吃，糊糊口就是一天。

在铧子尖驻扎了 25 天，共出版发行了 23 期报纸。出报的机械器材被埋下又挖出，反复七次。这就是游击办报"七进七出"的由来。中共中央北方分局和晋察冀军区领导机关以及广大读者，在反"扫荡"中仍能持续看到铅印的《晋察冀日报》，莫不喜出望外，受到极大的鼓舞。

"到敌后之敌后去"

"向敌后之敌后挺进"，是聂荣臻 1942 年 9 月在晋察冀边区党政军

1943 年，邓拓在阜平马兰村

高干会上，适时提出的全面对敌斗争方针。邓拓和其他战地报人一起，勇敢地冲向北岳区西部外线，大跨度地"游"到太行山、五台山的深谷中，隐蔽在日寇"三光政策"造成的"无人区"的边缘地带，继续坚持出报。

然而，要成功跳出敌人围攻中心区，转移到外线，深山中不仅布满了风霜，还有随时遭遇的敌情。

1943 年秋冬，日寇对晋察冀进行所谓"毁灭扫荡"，包括十来个重点"清剿"区。《晋察冀日报》的驻地——阜平县马兰村一带是重点地区之一。邓拓带领《晋察冀日报》这支坚强的新闻队伍，以非凡的战斗精神与敌人对抗，在深山密林中与敌周旋。

陈春森：他的身体显然瘦多了，但是战斗不停止。他说：我们的报，决不能停刊！报纸的存在，就说明根据地军民在坚持战斗。那时，为了坚持出报，报社分成两个梯队，一个梯队侦察掩护，一个梯队负责出报。八头骡子驮着轻便机器，人背轻便电台。邓拓同志和编辑、记者们都是一手拿笔，一手拿枪。我们打游击到山梁上，在敌军的包围下，有敌机低空盘旋，编辑们仍沉着工作，突击写稿。

9 月16 日，反"扫荡"大战开始后，报社职工仍在坚持出报，第二天起，就一连三天向边区广大读者报道敌人进犯的新闻，并连续发表两篇社论，及时把中共中央晋察冀分局领导反"扫荡"、日寇包围根据地的意图宣传出去。对反"扫荡"战况作了宣传动员后，才从老阵地阜平县马兰村开始转移。到达麻棚村时，侦察员报告：东西两面来犯之敌，离报社还有 20 公里左右。敌情紧急。但指挥部仍然按照原定的"有24 小时的暂住时间，保证出报一期"的精神，在被包围的生死关头，拼命多出了一期报，才冒险突围。没有料到的是，两天之后，他们在转移过程中，与敌人进行了第一次正面遭遇战。

丁一岚（邓拓夫人，报社电台干部）：9 月24 日那天夜晚，我们在雨中转移，当队伍走进北营村（灵寿县境内）时与敌人遭遇，在武装班和敌人交相射击中，邓拓的坐骑被射中，后面的背侠同志也中弹牺牲了。伤痛的马在河边向前奔突几步便死去了。邓拓从马上急跳下来，指挥着队伍向村西梯田边山路上转移。当时我已怀孕几个月了，跑了一段路，渐渐落后。老邓发现了，跑到我身旁。我感到体力不支，不愿拖累整个队伍，让他不要管我，敌人追上来时，牺牲也只牺牲我一个人。邓拓深情地鼓舞我说："不能这样，坚持下去，跟上队伍！"他拉着我跑了一段，又到前边指挥队伍去了。

第二天，从俘虏的日寇伤兵中得知，这股敌人是一支运输队。这一场深夜遭遇战，敌我双方互不知情。敌人丢下一些物资，乘黑夜逃走。

陈春森：邓拓组织大家掩埋了烈士的遗体，带着队伍继续前进，转到一个山村里，收拾出几间草房，架上电台，装上机器就出报。他在麻油灯下赶写社论，号召群众开展"麻雀战""地雷战"，把敌人消灭在地雷阵里。夜深了，我把编就的报稿送给他看，他很认真地审阅修改。他写完了社论，还给第一梯队的"尖兵"布置侦察任务。他带领这支年轻的新闻队伍，战斗在北岳大山区，出没于长城内外的"游击区"，不知疲倦，年年战斗。敌人每年在"扫荡"中总想搞垮我们报社，但我们始终坚持了新闻阵地。

坚持出报的决心，激励着队伍继续前进。夕阳西下时，登上了玫瑰坨西侧的一片高地。这就跳出了敌人围攻的中心区，转到接近外线比较安全的地带。

反"扫荡"大战结束后，在《晋察冀日报》创刊六周年纪念大会上，中共中央晋察冀分局副书记刘澜涛在讲话中，表扬了报社，三个月抗战苦战中，"我们的日报却始终未停，一直为边区广大人民服务，为他们所拥护、爱戴。这就是我们的胜利"。

马兰村诞生了第一部《毛选》

邓拓在后来撰写《燕山夜话》时候，笔名为"马南邨"。"马南邨"，取"马兰村"之谐音，这是《晋察冀日报》所在的一个小村子。让邓拓心系马兰，使"马兰"这个名字具有光彩和响亮的原因，不仅因为抗日战争和解放战争时期，晋察冀日报社曾四驻马兰，还因为马兰村是中国第一部《毛选》的诞生地。而这部《毛选》就是邓拓主持编辑的。

周明、方炎军：1938年"七一"后的几天，邓拓拿着《解放》杂志来到工厂。他说："毛泽东同志的《论持久战》发表了。"接着他说："《论持久战》写得太精辟了！实际，雄辩，逻辑性很强，通篇充满了辩证法，是指导抗日战争的理论武器，要让边区的干部和人民很快都能读到。我们的报社，不但要出报，还要出书，还要办成出版社。抗战一周年就要到了，我们就用'七七出版社'的名义，先印这本书吧。"

这是晋察冀日报印的第一本书，也是邓拓在抗战开始不久宣传毛泽东思想而出版的第一本书。然而，此书却曾以《妇女问题》为封面。这是怎么回事呢？

赵清学（时任中共中央晋察冀分局警卫员）： 1942年中共中央晋察冀分局在平山的时候，机关通讯员从晋察冀日报背来几大捆书，放在姚依林秘书长所住的院子里，交给了做秘书工作的刘俊宁（彭真夫人，即张洁清同志）。刘俊宁和另外一位秘书便将那些书分成小捆，交给交通队的同志，要他们带到敌占区去。我当时做警卫员工作，特别喜欢读书，便凑了上去。见封面上印着醒目的"妇女问题"四个大字，就放下了。刘俊宁说，你爱学习，拿去看吧。我有点不好意思，说，我不做妇女工作，看《妇女问题》有啥用。刘俊宁说，看来邓拓这个办法很好，连小赵也信以为真了。我一时愣住了，心想，这与邓拓的办法有什么关系呢？我接过书本，打开一看，里面是毛泽东的《论持久战》，这才明白了。

从此以后，凡是毛泽东有新作问世，报纸发表后都印成单行本出版。这成为报社一个不成文的制度，一直到报纸终刊。学习研究毛泽东的著作，也成了邓拓孜孜不倦的终生的事业。

邓拓宣传毛泽东思想的一大贡献，是1944年他在中共中央晋察冀分局的领导下，受聂荣臻、程子华、刘澜涛的委托，以晋察冀日报社的名义，编辑出版了五卷本的《毛泽东选集》。这是全国第一本系统地编选毛泽东著作的选读本。邓拓为选集写了"编者的话"，高度评价了毛泽东对中国革命的卓越贡献，号召干部、党员虚心和细心地学习毛泽东的学说，用毛泽东思想来武装自己。

周明、方炎军： 邓拓说："本来是想再多选几篇的，像《中国革命战争的战略问题》是马克思主义的军事科学著作，可惜还没有公开发表，这次不能选入了。"他对选集的排版、印刷作了详细的交代后，特别强调说：让边区的党员干部都能比较系统地读到毛泽东的著作，使大家都统一到毛泽东思想的旗帜下来，这是一项重大的政治任务，你们务必要把书排印好，要争取时间，不要出错误。

沈达、曹国辉（《晋察冀日报》印刷厂校对人员）：我们当时参加校对工作，都按老邓的要求，工作严肃认真，一丝不苟。一、二校照原稿逐字逐句地仔细校对，三校两人合作校，一个人念原稿，一个人看校样。念原稿的人，吐字清楚，抑扬顿挫，铿锵作声，使对方听得清楚，又能听懂稿件的意思；看校样的同志，聚精会神地凝听对方念的字音、词意，眼看着校样，校正错误。

出版《毛选》时，正值1943年秋冬敌人为期三个月的残酷大"扫荡"刚结束之后。印刷厂设备十分陈旧，物资也很缺乏。经过大家的努力，短短几个月中高质量地印装成书。

赵清学：不久，邓拓派人送《毛选》来了。四大捆，其中有一百本精装，红缎子、蓝缎子书皮，上面烫着金黄的"毛泽东选集"五个大字。装订得这么漂亮，谁看到都喜爱，连刘澜涛同志都爱不释手。顿时，院里围了许多人，大家都被《毛泽东选集》吸引住了，人人都想得到一本。

陈克寒曾这样称赞邓拓："这部书出版于1945年党的七大之前，是我国革命出版史上第一部毛泽东同志的选集。虽然它同后来出版的《毛泽东选集》相比较，内容没有那么完备，印刷也并非精美，但是，它立下了开创的业绩。"新中国成立以后出版的《毛泽东选集》出版说明中提到："几年前各地方曾经出过几种不同版本的《毛泽东选集》。"这其中就包括这个全国最早的晋察冀版本。

在敌后坚持战斗过来的《晋察冀日报》，已经是血和火的历史碑文，

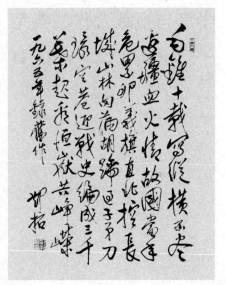

1965 年，邓拓书录旧作——"纪念《晋察冀日报》终刊"

是晋察冀军民的战斗画卷。到夺取全国胜利的前夕，党的工作重心即将由农村转向城市的历史时刻，《晋察冀日报》完成了它的历史任务，与晋察冀豫边区的报纸合并出版中共中央机关报《人民日报》。邓拓同志当时回忆那十年办报的战斗历程，曾写诗抒发他同根据地人民共同战斗的不尽之情："毛锥十载写纵横，不尽边疆血火情。故国当年危累卵，义旗直北控长城。山林肉满胡蹄过，子弟刀环空巷迎。战史编成三千页，仰看恒岳共峥嵘。"

（本文根据《晋察冀日报史》及亲历者回忆整理而成）

学者与报纸合作的典范

——郭沫若对《光明日报》的关注和支持

穆 欣

　　任何报纸要想办得好，必须依靠一支坚强的作者队伍。一张以文化教育为主要宣传内容、知识分子为主要读者对象的报纸，必须依靠学者、作家和艺术家的支持，相互协作：学者给报纸提供"食粮"，报纸为学者提供"阵地"，密切合作，彼此关切，才能办出特色，赢得读者。

　　《光明日报》创刊以后，先后办过三十几种专刊和副刊。通过专刊组织联系各学科的专家和青年学者，组成了一支数量众多的作者队伍。其中有不少学术界知名人士一直热情地支持专刊编辑工作。例如史学家郭沫若、范文澜、陈垣、翦伯赞、吴晗；作家、诗人、艺术家茅盾、老舍、巴金、叶圣陶、华君武、梅兰芳、程砚秋、俞平伯、沈从文、李可染；各学科专家谈家桢、沈尹默、潘菽、冯友兰以及老一代革命家叶剑英、陈毅、董必武等都曾在《光明日报》上发表过文章。报社学术部、文教部的编辑记者，经常同他们联系，约请他们撰写文章，听取他们对报纸编辑工作、学术讨论的意见。

当时支持这些专刊最力的当推史学大师和杰出诗人郭沫若。他的许多学术文章和大量诗词都是首先交给《光明日报》发表的。他为《史学》《文学遗产》以及副刊《东风》都撰写过许多文章，还为《文学遗产》题写了刊头，《史学》专刊经常得到他的关注。有人计算了一下，从 1950 年 3 月到 1965 年 8 月，他在这个报纸上发表的学术论文有 30 多篇，刊登在《东风》的诗文当以百计。

《光明日报》创刊不久，1950 年 3 月 21 日就发表了郭沫若所写的《读了〈记殷周殉人之史实〉》。他所读的这篇文章是曾参加河南殷墟发掘工作的郭宝钧写的，文中谈到发掘中发现大量活人殉葬的事实，郭沫若认为这是殷代奴隶社会的绝好证据。同时提到奴隶社会的下限问题："在我的理解中，殷周都是奴隶社会，而奴隶社会的告终应该在春秋与战国之交。"此后开始了一场由殷商社会性质的研究演变为中国古代史分期问题的学术讨论。7 月 5 日，郭沫若又发表了《申述一下关于殷代殉人的问题》，文中说："我自己很想把春秋和战国之交作为奴隶制与封建制的分水岭。"

连续掀起学术讨论的热浪

1957 年至 1967 年，我在《光明日报》工作期间，郭沫若曾连续在这张报纸上掀起文史方面的学术讨论热浪。

1959 年 1 月 25 日，《光明日报》专刊《文学遗产》发表郭沫若写的《谈蔡文姬的〈胡笳十八拍〉》，肯定《胡笳十八拍》的真正作者就是蔡文姬，并说它"实在是一首自屈原的《离骚》以来最值得欣赏的长篇叙事诗"。他很动情地说："那是用整个的灵魂吐诉出来的绝叫。我是坚决相信那一定是蔡文姬作的，没有那种切身经历的人，写不出那样的文字来。"文章同时否定先前胡适、郑振铎、刘大杰等认为是伪作的说法，结果引起一场关于蔡文姬《胡笳十八拍》著作权的讨论。刘大杰、高亨等不少人对此提出不同意见，郭沫若接连写了"六谈"加以驳辩，均在《文学遗产》发表。8月，这个问题在《文学遗产》专刊上的讨论方才告一段落。

在此期间，郭沫若完成五幕历史剧《蔡文姬》。在研讨《胡笳十八拍》过程中，《文学遗产》编辑部收到就此问题所写的文章为数不少，限于篇幅未能全在报上发表。8月初旬这一问题的讨论暂时告一段落，《文学遗产》编辑部从未刊稿中选出一部分，连同已经发表的共计28篇，编成《〈胡笳十八拍〉讨论集》一书出版。其中收进郭老的"六谈"以及他写的《跋〈胡笳十八拍〉画卷》。

1959年1月25日，郭沫若在《文学遗产》上发表《谈蔡文姬的〈胡笳十八拍〉》，提出替曹操翻案的问题，并且在文章中主张应对曹操在历史上的贡献作出高度评价。他的意见得到翦伯赞、吴晗等诸位史学家的支持，也引起了广大读者的兴趣。报社编委会决定，为了打破自反右运动以后学术界出现的"万马齐喑"局面，选择曹操评价问题作突破口，活跃学术界的讨论气氛，作为推动百家争鸣的尝试。2月19日翦伯赞在《史学》专刊上发表《应该替曹操恢复名誉——从〈赤壁之战〉说到曹操》。3月19日，吴晗在《光明日报》发表了《谈曹操》。3月23日，郭沫若又在《人民日报》发表《替曹操翻案》（《光明日报》24日转载），将他在《谈蔡文姬的〈胡笳十八拍〉》提出的论点作了进一步的发挥，从此，关于曹操评价问题的讨论迅速扩展到全国各地许多报刊。香港《文汇报》《大公报》也发表了参加讨论的文章。

郭沫若的意见得到史学界多数人士的赞同，纷纷撰文参加讨论，毛泽东也注意到了，曾对身边工作的同志说："这个案要翻！"有一天，在北戴河，他充满感情地说：

　　曹操统一北方，创立魏国。那时黄河流域是中国的中心地区。他改革了东汉的许多恶政，抑制豪强，发展生产，实行屯田制，还督促开荒，推行法制，提倡节俭，使遭受大破坏的社会开始稳定、恢复、发展。这些难道不敢肯定？难道不是了不起？说曹操是白脸奸臣，书上这么写，剧里这么演，老百姓这么说，那是封建正统观念制造的冤案，还有那些反动士族，他们是封建的垄断者，他们写东西就是维护封建正统。这个案要翻。

　　在为曹操翻案的讨论结束后，郭沫若又在《光明日报》发表数篇文章，为唐代女皇武则天翻案。

　　1960 年初，郭沫若撰写《武则天》剧本初稿，5 月在《人民文学》上发表。三个多月后，他写了一篇说明性的文章《我怎样写〈武则天〉?》，说明剧作只写了武则天 60 岁前后的六年，也即"她最成熟的时代"，而避开"缺点很难掩盖"的"晚年"。同时强调剧本是"根据尽可能占有的史料和心理分析，塑造了武则天的形象"。在郭沫若看来，武则天"以一个女性的统治者，一辈子都在和豪门贵族做斗争，如果没有得到人民的拥护，她便不能取得胜利，她的政权是不能巩固的"。由此出发，肯定武则天"执政时代是唐朝的极盛时代，不仅海内富庶，治绩和文化也都达到相当的高度"，从而评价武则天的历史地位："她把唐太宗的'贞观之治'发展了，并为唐玄宗的所谓'开元盛世'奠定了坚实的基础。"

　　他对武则天的评价，学术界一般都能接受，没有引起太多的争论。只是有人就某些具体问题提出一些不同意见。如像武则天的出生地和出身、谁杀死了李贤，等等。

　　1960 年 12 月，郭沫若就著名历史学家、中山大学教授陈寅恪的著作《论〈再生缘〉》（《再生缘》是清代女子陈端生所写的一部弹词小说），在《光明日报》上接连发表多篇文章，主要围绕陈端生的事迹进行考辩。从1961年5月4日至10月22日发表六篇，被人称作"一轮密集型的研究'排炮'"（1962年1月2日郭沫若还在《羊城晚报》发表了关于这个问题的最后一篇文章《读了〈绘声阁续稿〉和〈雕菰楼集〉》）。

郭沫若所写的六篇文章中，基本上赞同陈寅恪的一些见解，也有不同看法，最大的不同之处是对陈端生的思想分析。

因为《再生缘》中宣扬元朝皇帝"征讨朝鲜"的战争，1962年初，周恩来总理曾经叫人向我打招呼：不要再在报纸上讨论这个问题，以免由此伤害中朝友谊，在国际上造成不良影响。郭沫若后未再就此续写文章，在报纸上停止了这场讨论。本来，郭沫若已将他核校的《再生缘》前17卷交由中华书局出版，人民文学出版社也拟出版陈寅恪《论〈再生缘〉》，并请郭沫若写序，但都未能实现。

1965年6月10日，郭老所写《由王谢墓志的出土谈到兰亭序的真伪》在《光明日报》发表后，即在《光明日报》上展开了一场关于《兰亭序》真伪问题的讨论。这是郭老生前与人打的最后一场笔墨官司。

当时南京市文史馆馆员高二适写一篇《〈兰亭序〉的真伪驳议》，对郭老的意见提出异议。7月14日，他把文稿寄给章士钊，章士钊于7月16日写信给毛泽东，将此文同作者高二适给他的信一起附送，希望此文能够发表。7月18日，毛泽东将高文转给郭沫若时在信中说："笔墨官司，有比无好。"同日又复信给章士钊说："争论是应该有的"，准备劝说郭老等"赞成高二适一文公之于世"。郭老读过高二适的文章，将它送交《光明日报》，于1965年7月23日发表。8月2日，他又写了《〈驳议〉的商讨》一文同高二适讨论。从此开始一场争论。

学术界和书法爱好者，对于这场"关于《兰亭序》真伪问题"的讨论，表现出了极大的兴趣。郭沫若的看法引起了热烈讨论，著名书法家启功、赵万里、徐森玉，考古学者商承祚等都撰文参加讨论，也得到林枫、陈叔通以及名作家老舍、美学家宗白华等的关注。

这场讨论延续六七个月，报刊上发表了不少文章。多数文章赞成郭沫若的意见，支持他以辩证唯物主义的批判态度推翻历代帝王重臣的评定；也有一些文章持论相反，不同意郭沫若的看法。《兰亭序》真伪的争论，由此进入一个新阶段。这次讨论比较热烈、活泼，参与讨论者都能畅所欲言地发表意见。

《满江红》得到毛泽东唱和

作为当代杰出的诗人，郭沫若所写的大部分诗词都发表在《光明日报》上。1985 年 9 月，《光明日报》出版社出版过一本《〈东风〉旧体诗词选》，收入他在《光明日报·东风》发表的诗词就有 121 首。他还发表论述诗词的文章。如 1956 年 12 月 15 日发表《谈诗歌问题》；1962 年 6 月 9 日，为纪念杜甫诞生 1250 周年、李白逝世 1200 周年，又发表《诗歌史中的双子星座》。

郭沫若在《光明日报·东风》发表的诗词中，影响最大的是 1963 年 1 月 1 日发表的《满江红》词。这首词发表后即得到毛泽东的唱和。

当时《光明日报》的综合性副刊《东风》，每逢重大节日，根据读者的希望，循例邀约读者喜爱的知名作家撰稿，以示庆祝。1962 年岁尾，郭沫若应允为 1963 年元旦出版的《东风》写一首词。

1962 年除夕夜晚，《东风》编辑从郭沫若处取回用毛笔楷书工工整整书写的《满江红》词稿。原稿格式独特，不似通常词作的排列形式，而是在大红格内似沿中轴线两边对称的排列。字体写得潇洒，形式也美。作者要求用后要将原稿退还给他。编辑部对郭沫若非常尊重，取回这篇词稿，就按照他精心设计的形式抄录一份，编者亲自拿到排字房看着工人排好，打好清样，对照原稿仔细核校，确认没有差错方才罢休。1月1日，《东风》按照郭老设计的形式，不用标点，题目用作者手迹，在显著位置刊出：

满江红

沧海横流　方显出英雄本色

人六亿　加强团结　坚持原则

天垮下来擎得起

世披靡矣扶之直

听雄鸡　一唱遍寰中　东方白

太阳出　冰山滴

真金在　岂销铄

有雄文四卷　为民立极

桀犬吠尧堪笑止

泥牛入海无消息

迎东风　革命展红旗　乾坤赤

其时，毛泽东住在杭州西湖侧畔的汪庄。这首词在《东风》发表后，郭沫若将手稿寄呈毛泽东审定，康生也于1月3日就此事写信给毛泽东。毛泽东读了这首词后，深为词中"沧海横流，方显出英雄本色"的激情感染，豪情受到激发，诗兴为之萌动，遂立即动手写成一首气势恢宏的和词：

满江红·和郭沫若

小小寰球，有几个苍蝇碰壁。嗡嗡叫，几声凄厉，几声抽泣。欲学鲲鹏无大翼，蚍蜉撼树谈何易。正西风落叶下长安，飞鸣镝。千万事，从来急；天地转，光阴迫。一万年太久，只争朝夕。革命精神翻四海，工农踊跃抽长戟。要扫除一切害人虫，全无敌。

1月9日，就在这首和词写就的当天，毛泽东乘兴挥毫，即先书赠给正在杭州养病的周恩来一帖，并题上"书赠恩来同志"，又附笔告诉周恩来"郭词见一月一日《光明日报》"。同日还寄一帖给在北京的郭沫若。和词当时虽未发表，曾在北京一些同志间传抄传诵，后经反复推敲、多次修改后，于1966年12月31日在《人民日报》正式发表。

这首《满江红》的唱和，再次显示出毛泽东对郭沫若的尊重和他们的浓厚友情。

和编辑黎丁的"忘年交"

郭沫若毕生保持着热情奔放的诗人气质，他不但关心《光明日报》，对曾和他接触的编辑人员也以"老朋友"相待。他与文艺部编辑黎丁的交往令人感动。

黎丁是位资深编辑，甘愿为作者"作嫁衣"。他的责任心强，工作井井有条，做编辑将近半个世纪，从未发生过丢失来稿的事，因此能得到作者的信任，受到尊重，与许多人成了真诚的朋友。报社的一位同事回忆：关于《兰亭序》的讨论，他为郭老提供过资料，郭老常戏称他为"黎大总统"。茅盾在"文化大革命"闭门索居时，他经常是茅公的座上客，传递友人的信息。老舍在遇难前两天向他吐露过心志。他向冰心组稿总是有求必应的。巴金自20世纪40年代至今给他写过几十封信，有的信具有很高的史料价值。丁玲能向他讲秘而不宣的观点。很多人称他是文艺界知名人士的活字典。

黎丁同郭沫若的联系尤为密切。1965年《光明日报》上展开《兰亭序》真伪问题的讨论时，郭沫若接到毛泽东那封"笔墨官司，有比无好"的信后，准备撰文回答高二适的《驳议》，开出一批书目请黎丁帮忙借阅。这是郭沫若生前打的最后一场笔墨官司，前后历时六七个月。其间黎丁东奔西走，到北京图书馆和一些藏书家家里将郭老需要的书陆续借回，并将每本书中与《兰亭序》有关的段落，都用毛笔抄出送去。郭老一边看一边批注，这场讨论结束后又把这批手抄的资料退还黎丁。

1965年初冬，郭沫若在于立群1963年7月1日所写毛泽东《长征》诗的条幅上写了跋语赠给黎丁：

毛主席长征诗，写于一九三五年十月，寓有战略上藐视困难，战术上重视困难之深意。视五岭之逶迤如腾细浪，视乌蒙之磅礴如走泥丸，此藐视困难也。忆及金沙江之巧渡，大渡河之抢渡，则是重视困难也。

跋立群所书长征诗，以赠黎丁同志，不知以此解为何如。

当时报社住房困难，黎丁住在靠近人大会堂西侧石碑胡同一个大杂院里，只有两间简陋的平房。因他和文化界知名人士交往广泛，得到他们赠予的字画甚多，有丰子恺、潘天寿、傅抱石、黄苗子、老舍、叶圣陶、叶恭绰等。他都收藏起来，墙上从来不挂字画。虽与居室简陋不无关系，主要还是他不肯拿这些东西炫耀。这次郭老和于立群所赠条幅，他很珍视，但也没有装裱张挂。

黎丁常陪郭老搜寻资料，有一天陪他和夫人到琉璃厂逛旧书店。黎丁住处距琉璃厂不远，从荣宝斋出来，因为郭老要看一份黎丁存放在家里的资料，遂乘车绕往黎丁住处去取。车到人大会堂西侧，黎丁考虑住处狭窄，人口多又挤，就说胡同里不便行车，自己回家取来，请郭老暂留车上静候。郭老却让司机悄悄开车，尾随跟进。黎丁到家刚打开收藏资料的书柜，郭老和夫人以及秘书、警卫员已拥进屋内。黎丁有点不好意思，忙把资料找出，送郭老一行上车离去。

1964 年 10 月 16 日，报载赫鲁晓夫下台，同日我国第一颗原子弹爆炸成功。双喜临门，郭老兴奋不已，在 10 月 23 日写了一首散曲：《猢狲散带过破葫芦》。该散曲辛辣讥讽了苏联领导集团和美帝国主义，表现出对打破美苏核垄断的喜悦。其后几经修改，因为当时有关方面规定不在报刊上发表反对修正主义的文艺作品，所以一直未能公开发表。1965 年 2 月 1 日适逢春节，郭老特以"鼎堂"署名题赠黎丁：

猢狲散带过破葫芦

猴儿戏巧乎？只博得全场倒彩。戏未演完滚下台，一个倒栽葱摔破了天灵盖。像一窝兔子堕胎，像一篮鸡蛋打坏，像一缸粪便倒尘埃，像一头泥牛入沧海。真个是西风落叶下长安，树倒猢狲散裙带，看后台又怎样安排。呜呼哀哉！

正跪倒阿马阿猪，正哭坏女夫妹夫，正停敲大锣大鼓，正罢舞子徒孙徒，轰隆一声，新蘑菇飞上天去。行船却遇出台风，屋漏又遭倾盆雨。惊呆了约翰牛，（音械，意同骇）坏了洋记驴。眼看着四海翻腾云水怒，核霸图成了个破葫芦。哀哉呜呼！

——写给黎丁同志鼎堂

一九六五、二、一、春节

黎丁珍藏着这件墨宝，度过了惊心动魄的"文化大革命"后期。直到 1978 年 6 月 12 日郭沫若谢世后，黎丁才将它送交《光明日报》，于 6 月 23 日在《东风》发表。

不可磨灭的记忆

报社编辑部几位编辑人员经常和郭沫若联系，我也常能同他见面。有时在某些会议上聆听他的发言，或在某些负责同志家里碰到，遇有开展重要学术讨论的时候，也同有关编辑、记者到他的住处讨教。

他是著名的书法大家，我曾经向他求字。1963 年 5 月 4 日，承他题赠"时代精神饱，地方色彩浓，能师大众者，敢作万夫雄"的条幅。1965 年夏，他从江西视察回京，分别在《红旗》杂志和《光明日报》上发表组诗《井冈山巡礼》，共 22 首。承他题赠 7 月 1 日写的《黄洋界》一首："海拔一千六百米，汪洋万里淫黄洋。雄关如铁旌旗壮，小迳挑粮领袖忙。五里横排遗楠树，千秋蔽芾胜甘棠。杜鹃今已花时过，百战壕边草木香。"他的夫人于立群同时也题赠所写毛泽东诗作《大柏地》。其后又承郭平英同志录示郭老在亲自编选的《沫若诗词选》中对《黄洋界》里"五里横排"句的附注："黄洋界上旧有小路，曰'五里横排'。路旁有楠树一株，毛主席当年挑粮上山时，曾在此树下歇肩。"这些题诗是我收藏的最有价值的墨宝。

郭沫若对《光明日报》的热诚支持和对编辑人员的热情关怀给我留下的是永远难忘的记忆。

我所知道的金仲华和《新闻日报》筹办经过

————

邹凡扬

初见金公

当我还是一个初中生的时候，就已经从《世界知识》上读到过金仲华的文章，也知道他是邹韬奋的主要合作者之一：邹韬奋创办《大众生活》《生活日报》和《永生》杂志，抗战时出版《抗战》与《全民抗战》三日刊，都有金仲华参与。

抗战胜利后我进入上海新闻界。当时由中共上海地下党领导的《消息》三日刊、《联合日报》《联合晚报》《文萃》等报刊，编委中也有金仲华。那会儿我的领导姚溱与金仲华接触较多，也时常谈起他。遗憾的是，我却一直无缘见他，后来听说他去香港了。

我第一次见到金公，已是上海解放以后的事，当时我正在军管会协助对新闻单位的接管工作，军管会文教接管委员会新闻室负责人张春桥是我在那里的第一个"顶头上司"。记得那天是 1949 年 6 月 1 日，我忽

金仲华在写作

然接到姚溱的电话，要我立即到《新闻报》报馆找金公报到，筹备出版《新闻日报》。"金公是谁呀？"我有些摸不着头脑。"怎么，你连金公也忘了？就是金仲华，他从香港回来了。"

到金公手下办报，我当然高兴，于是放下手头的事，立即向汉口路274号《新闻报》报馆走去。那时，《新闻报》是一张发行量大、规模大、设备新的报纸，和《申报》一起，都是地下党接管准备工作的重点，我为此来过多次。5月25日解放军入城。27日，军代表恽逸群宣布接管新闻报，解散编辑部，有一个军管小组留驻。

我走到报馆时，大门虚掩着。我直接上三楼，走进编辑部的一间大办公室，室内阒无一人，静静摆着六排单人写字台，同我此前来时灯火辉煌、人来人往的紧张气象，恰成对照。

这时有一个人走进屋来，他身材魁伟，气宇轩昂，手里握着一只烟斗。我认定他就是金公，忙上前打招呼。他和我虽然并不相识，却一见如故，就在大办公室谈了起来。他对我说："就等你了。"因为上面决定筹办《新闻日报》时，最先调给他两个人，就是钦本立和我，老钦已先

1938 年，金仲华（右）与邹韬奋（左）、胞妹金端苓（中）在武汉合影

我向金公报到了。

我首先打量他的衣服。同我预料的不同，他既没有穿西装（香港回来一般穿西装）也没有穿军装（随军南下的都穿军装），而是穿一套浅黄卡其布中山装，缝制合身，布料还泛着光泽，明显是新做的。他见我好奇，便笑着说："这是在北京赶制的。新解放的地方，都在换装，街上没有人穿西装了，从香港带回的衣服都不能穿了。最流行的是蓝布人民装，女同志穿列宁装，双排扣的，束一根宽腰带。不知道列宁什么时候穿过这种服装。"我呢，当时穿了一身美式旧军装，外套一件粗呢西装上衣，脚蹬一双美军皮鞋。相比金公得体的着装，我不禁为自己穿得"不伦不类"而有些局促起来。

好在金公并不介意这些，他重点问了我这两年的经历特别是上海解放前夜的情况。谈到筹备出版《新闻日报》时，我问："究竟是打算恢复出版原来的《新闻报》，还是另办一张新的？"金公说："《新闻报》是一张历史悠久的商业报纸，上海沦陷后被日本人接管过，抗战胜利后又被国民党接收，和《申报》一样，都成为国民党控制下的反共反人民的工具。所以才决定两报都停刊、解散编辑部。现在《解放日报》已在《申报》原址出版，发行量是 12 万份。鉴于申、新两报原来的发行量不下 30 万份，估计目前还有 10 万到 20 万的读者没有着落。两报的老读者在政治、经济、文化和社会地位方面都有其特点，我们对他们接触少，了解很不够；他们对共产党、解放军、人民政府，也是初见面，了解更不够，许多人容易抱着怀疑、恐惧甚至对立的态度，因此这部分人暂时不会订阅《解放日报》。但是，他们也是上海市民的重要组成部分，不能没有报看。出版《新闻日报》，就是为了这些读者，为了联系他们，接近他们，了解他们，争取他们。《新闻日报》仍用新闻报原来的书写体作报名，中间加一个'日'字，表示同旧《新闻报》有所区别。《新闻日报》是共产党领导下的人民的报纸，与旧《新闻报》有本质上的不同。不过《新闻报》长期形成的商业报纸的某些传统，也有可取的地方，不能一概抹杀。某些特色和风格，受到读者喜爱的，我们仍要吸收保持。"

金公对《新闻报》的历史显然很熟，他特别提到"新园林"这个很受读者欢迎的《新闻报》副刊，说："我将请陈向平和谷斯范来主编副刊，'新园林'改名为'新园地'。陈向平是上海宝山人，原是《东南日报》编辑、老报人，谷斯范是作家，两人的办报经验和写作风格，都比较适合办《新园地》这个副刊。《新闻日报》另有'社会服务'和'读者来信'两个专栏，也是联系读者的重要阵地，体现《新闻报》的传统，通过这些栏目，我们可以恢复对老读者的联系，更加深对他们的了解。老《新闻报》读者服务栏的编辑有的可以留用，如游蓉荪，请编委

金仲华参与创办的《永生》杂志

徐怀沙分管这一摊。怀沙是浙江德清人，也是长期在上海办报的老报人。"

筹办《新闻日报》

《新闻日报》的领导机构与主要干部配备，由中共中央华东局决定提请中央审批。当时没有设社长、副社长职务，而是设立了一个临时管理委员会，由恽逸群兼主任委员、总主笔金仲华、总编辑张春桥、总经理许彦飞，当然这是后来 7 月间的事了。此前金公只对我说："我拟请邵宗汉任总编辑，但上海正准备恢复《联合晚报》，也请邵任总编辑。如邵不能到位，则我将延请刘思慕先生。"这里金公并没有提到张春桥。当时邵、刘都在香港，他们没有返沪之前，总编辑的职务，由金公代理。

对于编辑与采访业务，金公主张分为平行分立的两个部门，当时最迫切的任务是先物色一批编辑、记者人才。上海解放后，《解放日报》创刊，《文汇报》复刊，《大公报》《新民报》《商报》等报继续出版，各报招兵买马，捷足者先登，而《新闻日报》的编辑、采访两部尚无一

1955 年 4 月 27 日当天发行的《新闻日报》，刊登了
"大世界游乐场将改名上海人民游乐场"，"改造升
级"迎接"五一"的消息图文

兵一卒。对此金公说："我之所以向《解放日报》借调钦本立，同时把
你调来，是因为你们两人都曾在上海搞过地下工作，又是老记者，人头
熟，要立即拉起编辑、记者两支人马，新闻编辑最好多找熟悉上海情况
和新闻业务的老报人。"金公又说："我已经请同我一道由香港回沪的郑
拾风担任编辑部副主任，借调《解放日报》的张映吾到《新闻日报》
分管编辑工作。张、郑都是四川人：郑是四川才子，老报人；张映吾是
老延安，延安《解放日报》老编辑，熟悉党报传统，适合把政治关。"

接着金公说："采访部主任已约定请陆诒担任，他是著名记者，又
是老《新闻报》出身，在重庆《新华日报》、国新社、上海《联合晚
报》等多家报社当过采访部主任。不过现在人还在香港，过一段时间才
能回来。在陆诒到任以前，由钦本立、你和胡星原担任采访部副主任。"
胡星原也是和金公乘同一条船从香港回来的，他活动能力很强，善于做

群众工作，曾任《联合晚报》的驻京记者。

金公认为，采访部记者可多找年轻人，像学生运动中的进步大学生、教师等，没有新闻工作经验也没关系，可以以老带新，边干边学。他说："当采访部主任的要辛苦些，不仅要着眼于眼前的稿子，完成报道任务，还要着眼于培养人才，记者中最能出人才。《新闻日报》何时出版，就看你们何时能把编采两部的人员配齐。我希望以一个月为期，争取在 7 月 1 日出报。"

筹备工作终于提前完成，《新闻日报》6 月 25 日出版了，首日发行量是 13.4 万份，最高曾达到过 19 万份，居沪上各报之冠。大家很高兴，但金公反对叫"最高发行量"。他说："十几万份算什么，还没有达到解放前《新闻报》的发行量，上海有几百万人，随着人民政治文化水平的提高，报纸的发行量必定会成倍甚至成十倍地增加，这是确定无疑的。"大家都很佩服金公的远见，从此也不再为发行量一时的高低或喜或忧。

"一把手"值夜班

三楼编辑部大办公室重又灯火辉煌，热闹起来。因为多是新人，工作未上轨道，忙乱异常。尤其是采访部，大部分是新手，没有搞过记者工作。每天早上我们要开全体会议，布置工作，对新手要逐一落实选题，明确报道思想；晚上全部稿件都由采访部主任看过，再转送夜班编辑；其间还要往返修改，每天非到半夜不能收场，第二天一早又要开会。钦本立和我、胡星原三人，各用两张草席，每晚睡在总经理室的地板上。因为缺觉，我们都熬出了红通通的"兔子眼"。

金公对这种工作方式提出意见，他认为新闻应由记者自己去找，独立工作，独立思考，不能天天依赖上面出题目做文章。后来，陆诒主持采访部工作后，提出"赶鸭子下水"的口号，记者都要出去、下去，新闻是要"跑"的。"跑新闻"靠"四勤"：腿勤、手勤、嘴勤、脑勤。采访部主任是"记者头"，应带头下去，他自己就同大家一起去跑新闻、写稿子，哪怕二三百字的新闻，他也写。在陆公带领下，记者每天倾巢而出，办公室走得空空的，只留下几个干事看守。

晚上记者交稿，陆公看稿，很少修改。他总是拿着稿子，走到记者的桌前，提出对稿子的意见，同记者商量，由记者自己修改，他从不把自己的观点强加于人，记者们也像尊重老师一样尊重他。由陆公形成的这种师生情谊和工作作风，至今仍被人们称颂着。采访部后来又分为政法、工业交通、财贸、社会、文教等几个组，每天的工作由组长安排。

随着分组，有人对集中办公这种方式提出异议，认为大办公室秩序不好，互相干扰，并且说这是原《新闻报》总编辑赵敏恒在位时的"统治"方法：当年，赵独坐编辑部中央，环顾四周，全编辑部没有一个人不在他的视线之内；他上班入座，居高临下，室内便鸦雀无声，人人都在被监视的状态下工作。因此有人提出，现在已经不是《新闻报》的旧时期了，应该把大办公室分隔成小办公室，每组一室，保持安静气氛，更适合脑力劳动和文字工作环境。金公对此则表示反对，他说："大编辑部并不是赵敏恒的发明，国外报社里这种办公室多得很。报纸编辑部不是书斋，应该有新闻工作的紧张气氛，部门间联系指挥方便。并且，总编辑的座位并不比别人高，谈不到居高临下，监视群众；他监视你，你们不都在监视他吗，我看这无所谓监视，倒是平等的互相监督。"由于金公的坚持，编辑部大办公室始终没有分隔开，中间那个位子，都由值夜班的总编辑坐着。秩序渐趋正常，大家天天见面，关系也比较融洽。

金公是总主笔，抓报纸的总方针和言论；总编辑刘思慕当时还在香

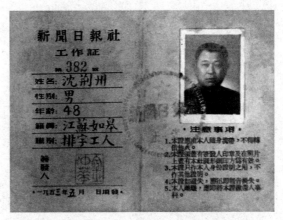

当年一位员工在新闻日报社的工作证，由时任社长金仲华钤印

港，要等参加新政协和开国大典后才回来上任，因此大约有三个月时间由金公代理总编辑。每天晚上，金公会先写一篇社论，然后再签各版大样、清样，他的社论稿都由他亲自校读；待各版清样出齐之后，编校人员都下班了，他就回到办公室斟一杯酒，慢饮几口，抽一筒板烟，然后下楼到机印车间看印刷工人们上版子；轮转机开动后，他会亲手取出第一份印出的样报回办公室，把报纸翻看一遍，把酒饮完，然后在长沙发上就寝。三个月里，天天如此，据说这是他在《星岛日报》任总编辑时养成的习惯，视拿到带有油墨香味的第一份报纸为一大乐趣。印刷工人尊重他的习惯，到开印时便打电话通知他。金公曾说，总编辑必须值夜班，签大样，直至全部报纸编完，最后一个离开。在金公的带头下，《新闻日报》自始至终，都由总编辑值班签大样，从没有丝毫怠慢。

金公曾建议，新招收的青年编辑、记者，不论其经历、学历如何，都要从校对做起。由于值夜班，金公与校对接触也很多，认为从校对中也可以培养出编辑。果然，《新闻日报》校对组后来出了两个大编辑：陆炳麟和邹兆琦，他们都是金公最先发现并建议提拔的。还有一位王世勋，当时是最年轻的校对，因校出重大政治错误记功，调任记者。

"打翻红墨水"和"飞行集会"

金公代总编辑期间推行了两项制度，都是从《解放日报》学习得来的。一是"评报栏"：在编辑部大办公室墙上张贴当天的《新闻日报》，请大家评论。凡是对版面的意见，或表扬或批评，都可用红笔或黑笔直接写在评报栏上，也可写成稿子张贴在评报栏，不同意见可以针锋相对地争论。评报栏时常因为一篇稿件、一个标题处理不当，或落了新闻，或落后于别报，激起争论，红字蓝字，大纸条小纸条，琳琅满目，人称"打翻红墨水"。自总编辑起，凡编辑部人员上班，都会先到评报栏前看看。金公认为，这种评报制度，有民主办报群众监督的意义，可增强编辑记者切磋业务的精神和责任心，激发编辑部的活力。二是"编前汇报"。每天下午5时举行，各部主任、组长、夜班编辑、总编辑都参加。会上汇报当天稿件，安排次日见报的版面，有时也传达上级指示和重要情况，评报栏里的争论，也可在这个会上讨论，各抒己见，可以不作结论。这个会必须准时开，半小时内结束，所以也叫"飞行集会"，但往往议题太多，意见不一，欲罢不能，食堂催请吃晚饭，才勉强散会。后来在晚上11时夜班吃夜宵前，又举行第二次编前汇报，由总编辑最后决定各版版面。

任命总编辑前后

在金公兼代总编辑期间，调张春桥担任《新闻日报》总编辑之议仍在磋商中。中共中央曾在1949年7月25日复电华东局和上海市委，对《解放日报》与《新闻日报》的领导机构与人事原则上表示同意。但提出两点意见：一、恽逸群身兼两报三要职，势难兼顾，在范长江调回北

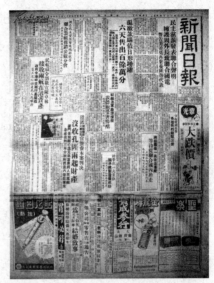

1950 年 1 月 14 日刊行的《新闻日报》，内登有
国内民主党派拥护我国政府致电联合国，反对美
国行霸权主义插手中国事务的"联合声明"

京后，尤其如此。如《新闻日报》临管会能另推主任或增一实际负责之
副主任较好。二、张春桥任《新闻日报》总编辑亦较弱，如：由邵宗汉
任总编辑，以张为副，或较适当。

8 月，张春桥自告奋勇到《新闻日报》作了一个报告，就毛主席
《论人民民主专政》一文的发表，大讲无产阶级专政。他说："在无产
阶级专政的国家，不允许资产阶级报纸存在，如果宣传资产阶级思想，
随时可以封你们的门。"他当时穿着军装，是以军管会的身份说话的。
金公没有出席这次会。

同月，范长江受金公邀请，到《新闻日报》编辑部的全体会议上讲
话。他从一条体育消息讲起，赞扬《新闻日报》的体育消息、社会新闻
搞得好，因为《新闻日报》有这方面专职的记者，对上海情况熟悉。他
说："《新闻日报》有在解放区办报的人才，有在国统区办报的人才，

有在香港南洋办报的人才，熔这三方面的办报经验于一炉，可以办成一张富有特色的报纸。"报社职工对范长江的讲话感到亲切和鼓舞，对张春桥的讲话则觉得严厉得意外。

之后一天，金公找我去，告诉我张春桥将来《新闻日报》任总编辑，张当晚来报社，金公要我陪他到编辑部看看，说："你原是他的部下，老相识嘛。"当晚张春桥到社，这次他没有穿军装，改穿便服。金公亲自陪他到编辑部大办公室转了一圈，我也陪着。张到采访部坐一回，闲谈几句便走了，以后也没有到任。《新闻日报》总编辑的任命，最后是在北京确定的。10 月，邵宗汉和刘思慕等从香港回京后，得到中宣部任命：邵宗汉被北京留下担任《光明日报》总编辑，此前金公所力邀的刘思慕担任《新闻日报》总编辑，金公则被任命为新闻日报社社长。

金仲华和《新闻日报》报风

———

邹凡扬

"刘紧张"和"金潇洒"

1949 年 10 月，经中宣部任命，由刘思慕担任《新闻日报》总编辑，金仲华任《新闻日报》社社长。

此时，金公虽不必像代理总编辑时值夜班、签大样，但仍每天上夜班写社论，并同刘公商量决定第二天的版面，到半夜才回去；两人才思敏捷，合作默契。刘公写作勤奋，走到哪里都拿着一叠纸、一支笔，手不停挥，有时开会坐在主席台上，别人做报告，他却在写稿，长篇大论的报告做完，他的文章也写好了。他在办公室里，不是写稿就是看稿；不是接打电话就是从报纸堆里翻寻需要的材料，我从未见他有空闲的时候。

那时上海市委宣传部分管报纸的是姚溱副部长，他常常被从睡梦中叫起来接电话。如果电话里讲不清楚，姚溱还不得不裹着棉大衣赶到报

金仲华和家人子女在一起

社来。为此姚溱还给刘公起了一个绰号，叫"刘紧张"。

金公的作风比刘公要潇洒得多，他言谈从容，遇事不怒，从来都是笑口常开。金公到办公室后，第一件事是打开收音机听新闻、听音乐，第二件事是看桌上当天报纸发行量的报表，然后泡一杯茶，抽起板烟斗看报。他写的社论，都是从当天新闻中找题材，评论中也采用新闻材料。他认为新闻评论应该有观点有事实，应掌握最新事态，所以社论也应该是抢出来的。

金公抢写社论也很从容。他一上班就在找题目打腹稿了，到了晚上，如没有什么突发的事，他的社论便可一挥而就。社论要抢，新闻当然更要抢了。可是我常为"抢新闻"而吃批评，被指责为"资产阶级办报思想"的表现。我曾为此求教于金公，金公笑笑说："这是你采访部主任的职权嘛，别人怎么说，我管不着，我只管你新闻好不好，不管你抢不抢。抢不到葡萄的人说葡萄酸，那是阿Q精神。"

金公主张新闻要竞争。新闻竞争是世界范围内的竞争，它客观地存在着，激烈地进行着，不管你愿意不愿意。新闻事业在竞争中发展，新闻人才在竞争中成长。金公时常用足球比赛比喻新闻竞争，越是惊险场面，越能踢出好球，拼抢越是激烈，越能提高竞技状态，把球踢得精彩百出。当然，踢足球也要遵守规则，服从裁判，犯规要受处罚，不过裁判失当的事也是有的。对于报纸来说，最权威的裁判还是公众。

既要"接地气"，也要"高大上"

金公认为，读者一般关心身边的事，所谓"接近性（接地气）"。尤其是《新闻日报》的读者，更关心他们的切身利益，所以采访部要把本市新闻抓好，关心店员职工、里弄居民、家庭妇女、社会群众的生活和需要。但是光看鼻子眼面前的事也不行，"高大上"的内容也得要有，要引导他们看到全中国、全世界。上海是个国际大城市，世界上发生的大事，虽然离我们很远，但可能牵动全局，也是上海人所关心的，必须知道的。遇有重要、新鲜的国际新闻，金公就亲自抓。他同国际版的编辑联系很密切，先是张孟恢，其后是邢象超，最后是沈杰飞、骆兆添。金公常常亲自布置朱育莲绘地图，张文元配漫画，使国际版形成特色，并培养出人才。张孟恢先被调往北京搞翻译工作，邢象超、朱育莲二人随后被《人民日报》调去。金公都慷慨输送，从不阻拦。他说，我们再来培养新人。

要读者扩大眼界，记者编辑先要扩大眼界。记者不能长期待在一行一业某一个局部范围内，要让记者出去闯，打天下，名记者都是闯出来的。他力主《新闻日报》要设驻京办事处，往各地派驻特派记者，派记者到国外采访。我曾被派到朝鲜采访，刘公则到日内瓦参加国际会议采访。1957年我被派到北京，在北长街设立《新闻日报》驻北京办事处，

1958 年 7 月，中国人民保卫世界和平委员会代表团赴斯德哥尔摩参加世界裁军和国际合作大会，金仲华（左二）与胡愈之（左一）、许广平（右一）和外国友人在一起

记者陈念云、胡中谨、李仲实、张习之、徐之华等都曾到驻京办事处，采访全国宣传工作会议，全国人大、全国政协会议、苏联的伏洛希罗夫访华，工商业改造以及经济、财贸消息，同当时由浦熙修主持的《文汇报》北京办事处展开了"竞争"。首都是政治、经济、文化中心，驻京办事处不但担任报道任务，还完成了许多组稿任务。按金公的原来计划，还准备在广州、香港设记者站和办事处，反右派以后，这个计划被搁置。

"刘少奇谈话"之争

金公十分重视新闻。每天的报纸，总要把最新最重大的新闻放在最醒目最重要的地位，"新闻日报顾名思义就是报道新闻"。他不赞成把没有多大时间性的文件或文章放在新闻版的头条地位，不赞成一期报纸被一两篇长文占满，而只在边角登一点消息。他尤其反对为某一件事组织各界人士发表几个版的表态文章。他反对报纸杂志化、新闻文章化。

编辑部曾经发生一场争论。全国人大通过《土地改革法》，刘少奇委员长对《土改法》的精神有一个谈话。《土改法》是以文件形式全文发表的，刘少奇谈话是以新闻形式发表的。当夜刘公值班，决定把刘少奇谈话做新闻标题放一版头条，《土改法》文件加框放一版下部。第二天的《解放日报》，版面处理与《新闻日报》恰巧相反，一版上方是加框的《土改法》全文，刘少奇谈话放在下面。于是评报栏里贴出意见，认为《土改法》是国家法定文件，刘少奇是个人谈话，两者分量不同，不可轻重颠倒。这种意见压倒多数，也有个别人持相反意见，双方意见都有人签名附和。刘公上班后看了评报意见，他当即表示，刘少奇谈话用新闻形式发表，解释了《土改法》的精神，对条文还有阐明和发挥，光看《土改法》，还理解不了这精神，因此谈话十分重要。《土改法》全文照登就可以了，放在哪一版都没有关系。

刘公特别指出，把刘少奇谈话说成是个人意见是错误的。消息传出，报社外边也有人表示《新闻日报》的版面处理有原则性错误。报社内同志收到这一反映，又贴出一批批评意见。当天编前会，金公表态支持刘公，其他人各抒己见，没有结论。第二天，收到航寄的《人民日报》，中央党报的一版版面，与《新闻日报》基本相同。评报栏的形势出现大反复，刘公上班后，到评报栏前看了看，没说什么。一场争论本可平息了，但有的同志还不服气，说《人民日报》也可能有错呀。有人叫我以个人名义给时任人民日报社长范长江写封信，把这里的争论告诉他，请长江发表意见。

几天后我接到长江同志的回信，信很简单："你来信所说的事，我认为谁先谁后没有什么关系，不必争论了。"我把信贴在评报栏上，金公说："报纸要办出各自的特色，版面怎样安排，什么稿子当头条，什么当二条，标题怎样标法，这都应由各报的总编辑决定。"

金仲华的之江大学毕业证书

当"特色"遇上"方针与任务"

长期以来报纸最难办的是新闻版，尤其是每当开展政治运动，运动新闻连篇累牍，翻来覆去重复着雷同的话，各报的面目基本上是一样的。金公说："社会生活是复杂多样的，各版要有不同的特色，全份报纸才能丰富多彩。如果千篇一律，单调无味，没有说服力，读者也不要看。因此要注意坚持报纸的特色。"

有人认为，保持报纸的特色，就是给报纸规定"方针与任务"，规定它的读者对象、专业方向……这种做法，与金公的办报思想是相反的。金公所讲的特色，是从读者需要出发，争取更多的读者，使办报的路子越走越宽；而所谓规定"方针任务"，是要把报纸读者限制在规定的范围，报纸的宣传也限制在某些专业范围之内，这样的办报路子，只会越走越窄，使读者越来越少。金公坚持《新闻日报》是一张综合性报纸，而"方针任务"却规定报纸向专业方向发展。

1951年11月，张春桥接替恽逸群任解放日报社长兼总编辑。他指定我参加解放日报编委会的会议，从他那里可较早听到党的指示和重要传达。有一次为《新闻日报》的"方针任务"问题，我同张春桥有过一次争论。他说："你们在新闻报道方面应当抓重点，如对工商业的改造；其他方面是党报的任务，你担负不了的。"我说："《新闻日报》是一张综合性报纸，凡是重大新闻《解放日报》登，《新闻日报》也不能漏掉，如果对《新闻日报》采取'利用限制改造'，那这张报纸最后只能消灭了。"

张春桥说："你是共产党员，你的党报观念哪里去了？"我说："党交给我的任务是把这张报纸办好，不是把这张报纸消灭。"

张春桥怔了一下，说："你的党性与事业心是有矛盾的，事业心驱使你把报纸的发行量提高，但是党的任务，是要改造这张报纸，改造完成，也就不需要它了。"

尽管此前私下的议论和猜测已经很多，但这还是我第一次从张春桥嘴里听到这样的消息。张春桥说这是"党的任务"，而且他把对这一任务的态度提高到"党报观念"与"党性"的高度。说实话，我压根就不知道"党报观念"是什么意思，我怀疑这个词是张春桥生造出来压制别人的。对此，有一次金公告诫说："我们不是党报，不用'党报观念'这个词，但党性并不是党报所专有，我们也有党性，我们拥护党的领导，尊重党报，学习党报，这就是党性。"

和张春桥的"一稿两投"之争

金公很重视群众工作，重视发展通讯员，建立通讯网。《新闻日报》创刊后他让采访部副主任胡星原负责群众工作。他认为，胡的优点是"大刀阔斧，积极热情"。在胡星原的努力下，《新闻日报》在短期内建立起几千人的通讯员网，经常举行大型报告会和小型学习班，印发学习材料和通讯员业务的刊物。金公、刘公等都带头对通讯员做报告、上课、写文章，搞得热气腾腾，很有声势。《人民日报》还派专人来邀胡星原去北京介绍经验。

后来，在新闻总署召开的第一次全国新闻工作会议上提出了"编采通合一"的方针。金公亲自向全报社动员贯彻这次会议精神，他强调全报社都要重视群众工作，同时要配备专门的部门和专职人员来做具体工作，如处理读者来信、接待来访等。他认为，无专职人员，群众工作也容易落空。所以，《新闻日报》的通联工作仍归属采访部并配备专职的通联干事，由胡星原领导。

张春桥担任党报总编辑以后，曾在报上登出告示号召全党办报，并规定"党报通讯员不得一稿两投"。本来各报通讯员大多数是共同的，并无某报通讯员之分。这一告示出来，所有通讯员都归党报所有，胡星原的情绪大受打击，他生气地说："我成了空军司令了！"

金公安慰胡星原，说："全党办报，也包括办《新闻日报》在内。我们的报纸不是私营报纸，也是共产党办的，不过我们不是党报，所以才提'群众办报'。群众比党员多，我们的群众基础雄厚着呢。我们培养联系的通讯员，可以向党报推荐、输送。通讯员不是我们所私有的，我们不能垄断。"

关于一稿多投，金公说："凡是评论、论文、署名的文章、特约的稿件，都不能一稿多投，这是新闻界公认的准则；通讯员写的新闻、消息和报道材料，只要符合事实，愿意投哪家报纸，应由通讯员自己决定。至于新闻稿，例如某些机关的统发稿、通讯社的电讯稿，则可以一稿多投，用不用由报社决定。"

上海解放以后，市长陈毅、市委书记陈丕显、副市长潘汉年等都曾亲自召集各报负责人，通报情况，指示宣传工作，听取各报负责人的意见。上海市委宣传部的夏衍、姚溱，《解放日报》的范长江、恽逸群等都经常到报社来指导工作，后来担任上海市委文教书记的石西民，更建立了各报负责人会议的制度，各报联系密切、关系融洽。唯独在张春桥担任市委宣传部副部长、《解放日报》总编辑期间，党报与各报的关系不很融洽，各报负责人会议不开了，有的报纸还改名、外迁了。那么，《新闻日报》的前途又当如何呢？为此，金公找市委请示，要求加强党对《新闻日报》的领导。后来，上海市委派魏克明到《新闻日报》担任党组书记、副社长、副总编辑，重新规定《新闻日报》的方针任务是"对资改造"。张春桥亲自陪老魏到《新闻日报》，并宣布了这一决定。

最后一面

上海电视台建成后一直受到批判，说电视会导致和平演变，是为资产阶级服务的。我觉得不公道，向他诉说。他说曹荻秋副市长等都很支持电视，陈丕显、石西民也支持电视，批判电视的只是个别人。电视的发展是必然的，劝我不必悲观。那时私人买不起电视机，电视节目只在单位组织收看，黑白电视，每周播出四天，但是每只电视机前都有几十人看，说明它潜在的观众之多。金公极有远见地说，电视要成为观众最多、影响最大的大众传播媒介，它可以立足本地、眼望全球、无限扩大人民群众的眼界。当时正在三年自然灾害时期，人力、物力、财力十分困窘，金公则竭力加以鼓励，他说你从通讯社抄钢板的记者做起，夜报、日报、大报、小报、旬刊、印刷媒介都干全了，现在进入电子媒介，由电台到电视，新闻工作中你可算是全才，前途无量呀。每次他从国外回来，总要把我找去，给我许多国外资料，并亲自到电视台，向新闻部的全体人员讲国外电视，特别是新闻电视的状况。金公曾经说："电视发展的关键是在人民的购买力，要等到普通家庭都能买得起电视机的那一天。"他相信这一天迟早会到来。

　　直到十一届三中全会后的 80 年代，这一天终于到来了。电视机大量进入普通家庭，实现电视大普及，证实了金公的预见。可是金公已经不在了。他没有亲自看到这一天。1966 年，一场史无前例的灾难突然袭来，我同金公从此失去联系，虽然知道他仍在上海，就在附近什么地方，但听不到任何消息。我同金公的最后一面是在屏幕上相见的。在上百次电视批斗大会上，都没有他，我想可能他会被"保护"过关的。可是这一次他也出场了，一长串人被吆喝着走进会场，其中有市委书记、市长、副市长。金公走在最后，他穿着一身浅黄色卡其布中山装。在一片草绿色和灰蓝色服装中，他的浅黄色中山装十分显眼。这不是新中国成立初期我们第一次见面时穿的那套服装吗，他的身材依旧匀称，步履依旧稳健，只是脸无笑容，双唇紧闭。

大师的细致与谦恭

——读华君武关于报纸栏目的信札

———

张宝林

高汾同志：

信和报纸收到。谢谢你和编辑部的鼓励。我忽然想到，从漫画角度来看目前有关一些和财贸有联系的题材，如果能像《寓讽刺于表扬》那样，有一篇短文，配以一幅漫画，不是也很有意思吗？当然我写不好文章，如果你们认为可以的话，我每月可以给你们1—2篇，因为我在这方面也颇多感触。因此不揣冒昧又送上《争当主角》一篇，请看能用否？我还想写一篇《饭店门前摆粥摊》，是讽刺官商作风的。

《寓讽刺于表扬》的排法我略有意见，我不喜欢这种排法，最好是画和文章在一方框内，如图所示（注：信里附有手绘图版三个），现在这种出框的排法不好看，也许是我的老古板思想。

我最近给《读书》月刊画的，完全是关于读书种种，如给你们画的也多是有关财贸方面的种种倒也是很有意思的，不知你们以为如何？

编辑是十分重要的，过去我给《光明日报》画了许多内部讽刺画，现在不画了，都在编辑。我认为你是一个使人愿意为报纸效劳的好编辑，当然你也是一个老记者，不消多说。你说我画好，我说你编好，大有互捧之嫌。

专此

握手

华君武 26/8/79，29/8/79 发

因改了两遍今天才寄上。

这是一封很令人感动的信。信的作者是华君武。

华君武（1915—2010），中国著名美术活动家、漫画家，别名华潮，祖籍江苏无锡。早年就读于杭州浙江省立第一中学、上海大同大学高中部。学生时代就在《浙江日报》《论语》《时代漫画》《独立漫画》《上海漫画》《申报》《大美晚报》《华美晚报》等报刊上发表漫画作品。抗战爆发后从事抗敌宣传。1938 年到延安，入陕北公学学习，后到鲁迅艺术文学院任研究员，并为《解放日报》画时事漫画，曾和蔡若虹等人合办《讽刺画展》。1940 年加入共产党。1946 年 1 月任《东北日报》记者，后在报社文艺部当美编，常画时事漫画。1949 年 12 月调北京，历任《人民日报》美术组组长、文艺部主任。1953 年兼任全国美协秘书长，1979 年当选为中国美术家协会副主席，主持日常工作。2010 年逝世，享年 95 岁。

华君武很早参加革命，在美术界成名后又长期担任文化官员，但他最大的成就是漫画，他的主要身份是漫画家，而且是从一而终的漫画家。漫画被一些人认为是"小画种"，是不登大雅之堂的玩意儿，远不能和国画、油画相媲美，但华君武、方成、丁聪不这么看。他们一生执

着于此，而且都是凭借着漫画，成为卓尔不群的大师。

华君武的漫画，与其他几位漫画大师有所不同。他的风格被学术界称为"华家样"，即唯他华君武才有的样式，十分独特，人们一眼就能辨识：画的内容紧扣时代脉搏，绝大多数是讽刺画，几无歌功颂德；构思机智、巧妙、常常出人意表；题材广泛，内涵丰富，笔法粗犷简练，近乎"粗头乱服"，一派率直天真，稚拙厚重。华君武的画有股内在的力量，像会武功的人，似乎并不经意，你却很难招架。这样一位战士型的文人，性情却很平和，也没有架子。

他的画作，前期主要配合时事新闻，战斗性很强，这样的画对敌人当然极具杀伤力，但在阶级斗争观念盛行的时候，也会伤害一些好人。对此，他深感歉疚。改革开放以后的 30 年，他在公开场合的道歉，据说不下 30 次。其实，在那样的时代，作为一个画家身份的文化官员，他要配合，要紧跟，亦无大错。仔细想想，身陷秽溷之境，谁又能独善其身？所以，对那些往事，大家也都给予了理解。他的忘年交、漫画家谢春彦说，他这个人是"满纸荒唐画，一本正经心"。文化学者王鲁湘对他的评价是两个字：雅正。

华君武给高汾写这封信，是在 1979 年 8 月，正值具有历史意义的第四届文代会召开前夜。两个月以后，他就当选为美协副主席、文联书记处书记。这个时候，作为上一届美协的秘书长，他肯定要参与美协甚至文联大会的筹备，工作繁忙是毋庸置疑的。但是，按照他理解，他的主要身份仍是画家，对于漫画创作，他绝不松懈。他的儿子华端端曾经回忆，"文革"前，美协副主席蔡若虹劝他把精力放在协会的工作上，少画些漫画，他很不以为然。现在，他即将当更大的"官"了，也绝不会放下画笔。这封信恰好印证了这一点。

让我们仔细读读这封信。

信的开头是客套话。高汾是他的老友，那时在《财贸战线》副刊部当编辑。《财贸战线》的前身是《大公报》，后来则成了《经济日报》，在中国算是一份大报。她向华君武约稿，大约说了一些恭维话，所以，他首先向她和编辑部的"鼓励"表示感谢。

接着，他谈了对财贸题材漫画创作的看法。他觉得这类题材的稿子，最好采取图文配的形式。从信的内容看，他似乎已画了一张《寓讽刺于表扬》，还配了一篇小文，在报上发表了。也可能这幅画是别人画的，高汾以这幅画为例，约他画这样的漫画。具体如何，我没有考证。总之，他收到样报和约稿信后，就用很规整的钢笔字写了这封回信。他认为像《寓讽刺于表扬》这种图文配的形式不错，他想采用这样的方式，像当年给《光明日报》开专栏那样，在《财贸战线》开个专栏。他说："如果你们认为可以的话，我每月可以给你们1—2篇，因为我在这方面也颇多感触。"后面又说，"如给你们画的也多是有关财贸方面的种种倒也是很有意思的，不知你们以为如何？"

华君武长达70余年的漫画创作，主要分两个时期，前期从《东北日报》到20世纪50年代初，主要画时政漫画，后期则以内部讽刺漫画为主。从1953年开始，他陆续画了一些这类漫画，发表在《新观察》和《漫画》月刊上，数量并不多。大量创作是在50年代末。1959年6月，《光明日报》改版，编委会决定请华君武在副刊《东风》开辟一个"社会生活漫画"专栏。此后直到"文革"前夕，《光明日报》上基本每周一期。他为这个专栏定的规矩是："一、画错误的思想不针对人，亦对事不对人之意。也可以避免'自动对号入座'。二、漫画是一种批评，对待人民内部也要与人为善，不要丑化。三、也批评人性中的弱点，思想方法上的形而上学等，以扩大漫画的题材。"

这五六年，是华君武漫画创作的高峰期，此后，他的作品就以这种

"内部讽刺漫画"为主了。他还画过许多系列作品，比如"笑林广记""东郭寓言""疑难杂症""生活拾趣""漫画猪八戒"等。事实证明，他的前期作品，随着时移势易，大多已成历史，但后期的许多经典作品，极具生命力，至今还被人津津乐道。比如，《科学分工》画的是两个人吹笛子，一人吹笛，一人按眼；《永不走路，永不摔跤》，画的是一个裹在褓褓中的白胡子老头；《决心》是一幅连环画，画一个人信誓旦旦要戒烟，这边把烟头从窗口扔下去，那边飞快下楼，把烟接住。还有批评乱给人扣大帽子的《杜甫检讨》，批评假大空发言的《误人青春》，批评生造简化字的《仓颉认字》，批评占用公用电话胡侃的《生根》等，都给读者留下了极为深刻的印象。这些作品，作者的初衷也可能是讽刺某种特定社会现象，但好的艺术品，从来都具有超乎时空的思想高度，它的深层含义，像品尝橄榄，越咂摸越有味道；又像一座富矿，越挖掘越有价值。不信，闭眼想想那两位吹笛按眼的老兄，你不以为那是一篇极为深刻的政论文吗？

《光明日报》约稿的那段往事，一定在华君武脑海留下了深刻印象，所以他在信里说："编辑是十分重要的，过去我给《光明日报》画了许多内部讽刺画，现在不画了，都在编辑。"据他回忆，他说的这位编辑，名叫杜惠，郭小川的爱人，是华君武在延安时期的老朋友，当时在《光明日报》副刊部工作。我们可以想象，报社编委会决定开辟专栏，责任编辑亲自登门约稿，而这位编辑又是多年的老朋友，更重要的是这类题材，正好是他经常思考、屡有创作冲动的内容，他还有不答应的道理吗？

现在，又一个"杜惠"出现了，这就是高汾。这位高汾，和杜惠很像，老朋友，1938 年入党、参加革命的老记者，而且恰好也是他在《人民日报》工作时老同事高集的夫人。所以他开了个玩笑："我认为你是一个使人愿意为报纸效劳的好编辑，当然你也是一个老记者，不消多说。你说我画好，我说你编好，大有互捧之嫌。"老友之间，开些轻松的、无伤大雅的玩笑，是常有的事。但现在这个玩笑，更像是一种达成默契后的庆祝，他已经憧憬着那个新的专栏了。

从信里，我们还知道他同时附上了一篇新稿——《争当主角》，而且预告下一个篇目是讽刺官商作风的《饭店门前摆粥摊》。他特别强调，这都是图文配。

以前他画画，就是单纯画画，虽然画上有时也有题跋，但文字大多不长，但这回却别出心裁，画之外，要另配一篇短文。这是为什么呢？

我反复读这封信，发现一个秘密。他这次寄稿子，用的量词不是"幅"，而是"篇"。这说明，他准备给《财贸战线》开的专栏，不是"图配文"，而是"文配图"。他是先有文章，后配漫画。正因为如此，他很谦虚地说自己"写不好文章"，如果就是画画，他不会说这样的话，那显得太矫情了。他的文章当然也是很好的，人们只是奇怪，编辑约他画漫画，他却要搭配一篇文章。

但是，仔细一想，也不奇怪。画画还是写文章，都要"看碟下菜"。政治题材、社会题材、情感题材，往往不需借助文字，一幅画就解决问题了。财贸是一个相对狭窄的领域，要讽刺评说的，多是一些微观的具体事件，画幅漫画，讥讽一番，自无不可，但画多了，就少有新意。这样的题材，倒是适合写小品文。《财贸战线》约稿，华君武首先想到的是写文章，正是这个道理。但他毕竟是一位漫画大师，以他的生花妙笔，自己给自己的文章配画，自然是得心应手，相得益彰。

最有意思的是华君武这样级别的大师，居然那么认真、那么仔细地对栏目版式提出那么具体的建议。《财贸战线》刊登《寓讽刺于表扬》时，文章和漫画没有排在一个花边方框内，他"略有意见"，认为这样排"不好看"。于是，他不怕被人说成"老古板"，在信里规规矩矩地画了三个版样，他认为这样才合乎规范。这三个版样有个共同之处：文图都在一个方框内。第一个，文字排在右边，图嵌在左下方；第二个，图在右上方，文字在图的下面，再甩到左面；第三个，是文字把图包在中间。这是报纸编辑图文处理最常见的几种版式，但《财贸战线》的那位版面编辑也许是个新手，没有搞懂。华君武在《东北日报》《人民日报》工作多年，在安排版面上是行家里手。但在离开报纸多年后，还这样关心报纸的排版，真叫人感慨良多。现在，哪一个身居高位的人，还会注意这样的细枝末节呢？

还有，信中多次出现"如果你们认为可以的话"，"不知你们以为如何"，"不揣冒昧"，"请看能用否"这样的谦辞。信的最后一句话是"因改了两遍今天才寄上"，说的应该是那篇《争当主角》的文章。信的落款是"26/8/79，29/8/79 发"，这说明两遍修改他用了三四天时间。莎士比亚的名言"满瓶不响，半瓶咣当"，此之谓乎！

从战火中走来的高级记者吴化学

龙一兰

1930 年刚满 12 岁的吴化学，就参加了革命、入了党（当时多报三岁，由 C9 转 C0）。从此，他便穿梭在战火中，做地下工作，做兵运工作，当八路军大刀队队长，以后又任指导员、教导员，带领部队打了不少仗。

1940 年，吴化学入抗大一分校文工团组建的宣教队，学习戏剧、音乐、舞蹈、美术理论，为以后从事文艺工作打下了坚实的基础，毕业后任剧团团长兼导演。从这时起，他进入了戏剧、舞蹈、音乐、诗歌的创作时期。在一年多的时间里，他编导了 20 多个节目供剧团演出；同时在《群众日报》《曙光》报上发表了《反扫荡的烽火》《十月革命的曙光》等诗歌作品。战火为他提供了创作的素材，战火要求他强烈地反映战斗生活，又是战火指引他走向创作的深层。

1942 年，部队领导发现了吴化学的才华，调他任《曙光》报记者，并拨 40 万元（旧币），为他配置了一架"富士"相机。在当时抗日军民经济十分困难的条件下，这个举动非同小可。吴化学深知领导关怀文艺工作的分量，他如获至宝庄重地背起了相机。相机便成了他的好伙伴，也成了他战斗的武器。革命战士有了武器，如虎添翼。吴化学在任《前锋》报记者组长、采编主任期间，一手握笔一手持机，双管齐下，佳作颇丰。他曾化装秘密潜入山东北邹长焦家桥敌据点，与敌人对面相视而未被发觉，用搜集的第一手材料写了通讯《北邹长人民是怎样同敌人进行斗争的》。他随游击小组摸进敌人据点抓特务，写了《摸了周村的岗兵》的特写。他曾和民兵一起反扫荡，阻击日本侵略者的进攻，创作了《麻雀战》的速写。在禹城战役中，他手提盒子枪和战士一起冲锋，既拍下了我军将士英勇善战的战斗场面，又写出了报告文学《七百九十八名拒降日军的歼灭》。山东军区领导袁也烈在干部大会上表扬说，这篇用文学笔调写的文章，写得很好……

革命的战火越烧越旺，赴汤蹈火的随军记者吴化学也锻炼得越来越坚强。

1945 年 8 月，中国人民经过八年的浴血奋战，就要迎来抗日战争的胜利曙光。朱德总司令命令全军向日本侵略者实行战略大反攻。当时，吴化学正在胶济前线采访。消息传来，他无比兴奋。一天黄昏，他得到紧急通知：盘踞在寿光县尚家庄的伪军张景月部闻风逃窜，我县大队正从西路追击，希望快去采访。吴化学和另一位记者吴杰骑上自行车便飞奔而去。8 月天气，骄阳似火。两个毛头小伙儿光着膀子，穿着短裤，把相机和衣服放在车袋里，全速飞驰。进到尚家庄时，突然有人向他俩打枪、甩手榴弹，方知敌人还未撤退。吴化学大喊："吴杰快跑！"遭遇中吴化学腿部中弹，吴杰不幸倒下，壮烈牺牲。他的好伙伴——相机也因误入敌人的鹿砦难以取出而丢失了。采访未成，却失去了战友，失去了手中"武器"，吴化学无比痛心，怒不可遏。

他怀着为战友报仇雪恨的满腔怒火，在此后的几个月里始终跟着队伍追击这股敌人，终于在寿光城东的稻田战斗中将其全部歼灭了。吴化学逐个清点战俘，发现一个名叫桑田的俘虏穿的布褂兜上有个洞，露出半个眼镜盒，正是自己在尚家庄丢的。于是，他便顺藤摸瓜，追问相机的下落。这个俘虏如实地作了交代。吴化学当即令俘虏带路，到城东小刘家柳条编的粮囤底下找回了自己心爱的好伙伴——相机。仔细一检查，相机连同照过的胶片都是完好的。冲洗后，有的照片还在报上发表了。这是用血的代价换取的呀！

1946 年，吴化学在山东抗日根据地创办了第一所新闻学校，并兼任校长。他带领学员赴前线参战实习时，这位智勇双全的校长，在德州战役中，身先士卒，冲锋陷阵，竟活捉了敌鲁北"剿共"中将司令王继祥。他不但拍下了这位司令俯首就擒、失魂落魄的狼狈相，还写出了《东地受降》的战地特写。吴化学的英勇行动，在前线一时被传为佳话。

流一滴血，得一分收获。进入虎穴，得到虎仔，在战争年代，吴化学成了枪林弹雨中的多产记者。他在报刊上发表的战地新闻、报告文学、散文、诗歌、剧本等共 300 余篇（部），编著了《宁死不屈》《禹城大战》《滨蒲战役》《解放德州之战》和《采访写作讲授纲要》等书。他拍摄的八路军英勇奋战的多幅照片，分别刊于山东军区《导报》《山东画报》上，并在全国战斗英模代表大会上展出。

对吴化学的作品，人们赞不绝口。当时在渤海军区有"迅涛的胡琴拉得好，化学的文章写得好"的传颂。他被评为模范记者，吴化学的努力成功了！

党器重这位有才华的"红小鬼"。1953 年吴化学被调入新华社新闻摄影部任记者。不久，他便担任中央记者组的国内外重大新闻的报道工作。1957 年至 1964 年，他任中央记者组组长。他领导中央记者组，出色地完成了毛主席、刘主席、周总理、朱委员长、邓总书记等中央首长的重要活动、外国元首访华、国庆、"五一"和人代会、党代会等采访报道工作，曾受到周总理的当面表扬。

吴化学调北京工作后，始终保持着战争年代的那种顽强的工作精神，那种强烈的创作欲望，业务上精益求精，不断进取。他的作品，同在战争年代一样，无不凝聚着勇往直前的精神。为了表现天安门广场热烈庆祝的场面，在近30年的时间里，他几乎登遍了周围所有高大建筑物。在国庆10周年时，他登上中山公园的一个制高点，拍摄了《国庆天安门狂欢之夜》，收到了良好的艺术效果。为了更好地拍摄报道党和国家领导人同群众在一起的活动场面，1959年，他策划、安装了天安门广场用11吨钢材制作的四个塔架。

1962年周总理指示新华社出版《长江》画册，吴化学专程赴武钢拍摄炼钢的照片。他在选取钢水出炉的理想角度时，竟被热浪冲昏，险些倒入钢水中。他的手被烫伤，在场的工人都捏了一把汗，惊讶来了一个不要命的记者。至今，铁砂仍留在他手部的皮肉中，粒粒可辨。为了拍到高质量的照片，他要"走万里路"以至爬险峰，绝不吝惜汗水。1956年3月，他在拍摄延安全景时，连续七个中午不休息（因早晚有云雾），爬上比宝塔山更高的山峰，直到拍摄满意为止。他说："我被一股热爱党中央的激情所驱使，着眼于全国广大人民对延安的景仰和向往，立志非把延安表现得美好绝不罢休。"吴化学就是这样一位永不停步的新闻记者。

他又成功了！可谓硕果累累。他拍摄的照片，现存中国照片档案馆的有2600多幅，代表作是《毛主席和周总理在天安门上》《朱总司令在建筑工地上》《宋庆龄副主席和孩子们欢度节日》《革命圣地延安》《画家叶浅予在剧场》等。在国庆10周年时，他主持编摄了巨型国礼性画册《中国》《人民大会堂》。同时还出版了理论专著和摄影艺术论文：

《摄影工作讲授提纲》《舞台艺术摄影》《航空摄影》《记者修养》以及诗词《风花集》等。1987 年，他又参与编摄了《华东抗日、解放战争摄影集》《渤海区革命历史图片集》。1991 年他成功地举办了个人影展。

在和平的年代里，吴化学仍然是一个多产记者。

这里，还要着重提及的是他的美学理论著作《摄影美学》。早在五六十年代，吴化学就从敬爱的周总理和好友萨空了那里得到提示，决定对怎样提高新闻记者、编辑的审美能力这一问题加以研究，用马克思主义美学观点，从我国的摄影艺术实践出发，弘扬民族文化传统精神，探索摄影美学的原理和规律。这是一条没有人爬的"崎岖小路"，他像当年上战场一样，义无反顾地攀登起来。

从 1958 年起，吴化学手不释卷，系统地攻读马克思主义有关美学的经典论著，翻阅了大量的中外有关美学的图书刊物，走访了众多文艺理论家、美学家，积累了大量的资料。这时，有人指责他"不务正业""唯美主义"。吴化学理直气壮地说："走我自己要走的路。"他煞费苦心，孜孜不倦地探索，于 1963 年写成初稿。

不幸，"文化大革命"降临头上，他呕心沥血多年形成的书稿和资料被洗劫一空。

一个坚强的战士是不畏惧任何困难的。1987 年吴化学平反后，便开始进行书稿的起死回生工作。经过顽强地回忆，与有关材料的搜集，他竟奇迹般地将书稿复原出来。

在书稿复原中，吴化学的夫人 1983 年患了重病，他承担起陪护任务，直到 1990 年夫人不幸病逝。之后，他专心致志地用了三年时间，字斟句酌，删繁就简，终于完稿。此时，这位当年的"红小鬼"，已是古稀之人了。

1993 年 4 月，《摄影美学》这部专著作为重点图书出版了，实现了周总理、萨空了的遗愿。它具有重要的学术和实用价值，填补了摄影艺术理论和美学中的空白。吴化学经历了 36 年的艰辛，沿着"崎岖小路"攀登，矢志不移，终于达到了一个顶点。

这位从战火中走来的新闻战士具有谦逊的美德，他从不计较任何地位待遇，不止一次地把评级、出国的机会让给别人。他说："我永远是个记者。"在这句朴实的话中，饱含着他对党和人民军队的寸草春晖之情。

王唯真：一位英雄记者的往事

俞劲松

经历过 20 世纪 60 年代的人，大概不会忘记那篇著名的通讯《九颗红心向祖国》，不会忘记那位为了祖国的尊严和荣誉敢于在远离故乡的巴西狱中与敌人做殊死斗争的新华社记者。

30 多年过去了，昔日有着铮铮铁骨的儒雅汉子如今已白发苍苍。可他的心没有老，那份关心国家、关注人民的激情一如当年，他依然伏在案头不停地学习、思考……

他，就是原新华社著名记者王唯真。

慷慨激昂赴国难

王唯真生于 1923 年，祖籍福建泉州。其父王雨亭早年参加过辛亥革命和讨伐袁世凯的斗争。

王唯真的童年是在菲律宾度过的，受父母影响，他很善良纯真。那时候，中国国力衰弱，旅外华侨常受屈辱。一次，几个菲律宾流氓无事挑衅，打伤了王唯真，他哭着跑回家。父亲见状，不但没有安慰他，反而训他："哭什么？没出息！大丈夫头可杀，泪不可流。我们中国人只能自己救自己。"父亲的话语唤醒了年仅十岁的王唯真，他懂得了坚强自尊的道理。从此，他的腰间别着一把弹簧刀，既是为保护自己，也为保护小同伴。

"七七"事变爆发了。日本的侵略引起菲律宾华侨的极大愤慨。一批批华侨青年登上归国的航船，奔赴硝烟的战场。王雨亭当时受廖承志和成仿吾的委托，介绍华侨青年回国到陕北公学和抗日军政大学学习。眼看着父亲介绍成百上千的青年人回国抗战，王唯真着急了，他跑到父亲书房，提出了回国打仗的请求。

王雨亭愣住了，他没有想到 14 岁的儿子会有这样的想法，便说："真儿，你尚未成年，且体弱多病，打仗的事，以后再说吧。"

王唯真见父亲不接受他的请求，就辩解道："体弱可以锻炼，疾病可以战胜，况且我动作轻捷灵敏，打仗是没有问题的……"

父亲被缠得有点恼了："好了好了，不要再说了。小孩子要听话，你长大了自然会送你回国的。"

第一次请战失败了，王唯真并不甘心，爱国的热情在他心中熊熊燃烧，他下定决心要说服父亲让他回国抗战。过了几天，王唯真趁父亲心情平静时，坐在了他的对面："爸，都说'国家兴亡，匹夫有责'，我也是匹夫，可以回国抗日了吧？"父亲被王唯真稚气的话语逗笑了："什么是'匹夫'？你才多大？你政治上要求进步是好的，但你独立生活的能力太差，缺乏社会经验，完全不了解社会的复杂性，你现在离开家，会死无葬身之地的……"

父亲的话语震动了王唯真，他想不通。社会经验不足，可以锻炼嘛，父亲为什么不让我走？

王唯真按捺不住自己激动的心，抓起笔给父亲写了封信，倾吐了自己的心声，指出父亲不让他参战，是因为私心太重。

看到儿子的信，王雨亭又惊又喜。喜的是儿子能有这样的爱国热情；惊的是儿子如此的大胆。他何尝不想让真儿回国呢？只是他太小，时势又那么难料。王雨亭陷入了矛盾中……

就在此时，一起震动马尼拉华侨社会的事件促使王雨亭做出了送子回国的决定。

王唯真当时就读于南洋中学，是学生会的学术委员。思想活跃的他常邀请名人学者来校做报告。校长对此从不干涉。可这次，他请来了共产党员张昭明介绍国内抗战形势，校长不乐意了。他把王唯真叫到办公室，一阵叫嚣，责令王唯真作检查。王唯真见校长如此蛮横，遂拍案而起，怒斥校长。心虚的校长哆嗦着大声叫嚷："好！好！你侮辱校长，我开除你！"开除令一下，全校哗然，同学们纷纷罢课，指责校长的不公正行为，声援王唯真。

学上不成了，父亲决定亲自送儿子回国抗战。1938 年 10 月，王唯真在父亲的陪同下，登上了北归的客轮。15 岁的他站在甲板上，默默地向马尼拉告别：菲律宾，你是美丽的，但抗战的祖国需要我，我属于祖国，属于中华民族！再见了，菲律宾，再见了，马尼拉！

北上抗战的路途不是平坦的。王雨亭父子到达香港时，日军占领了广州，路断了。王唯真在庄希泉（新中国成立后为全国侨联主席）家住了半年。1939 年 6 月，他终于踏上了去延安的路途，父子分别，王雨亭对儿子牵挂不已，他慷慨写下："这是个大时代，你要踏上民族解放战争的最前线，我当然要助成你的志愿，绝不能因为'舐犊之爱'而忘了我们的民族意识。别矣真儿！但愿你虚心学习，勿忘我平日教你的有恒七分，达观三分，锻炼你的体魄，充实你的学问，造就一个健壮而又有

智慧的现代青年，来为新中国而努力奋斗！"这感人的临别赠言如今被
卢沟桥抗日战争纪念馆所收藏。

　　带着父亲的祝愿，王唯真在经历了日本飞机的轰炸扫射、国民党军
警和便衣特务的肆意干扰以及疟疾等疾病的考验之后，于 1939 年底到
达了延安。起先，他非常渴望上前线打仗，组织上却安排他暂留延安，
并劝他趁年轻时多学点革命理论。告诫他说：没有革命的理论就没有革
命的实践，毛主席说过，中国如果有 200 个真正精通马克思主义的人，
革命的胜利就不成问题。就这样，王唯真留在了延安，如饥似渴地学起
了革命知识，并在青干校和青年艺术剧院力所能及地做起了文艺工作。

苦中作乐传新闻

　　1941 年 8 月，王唯真从青艺调到《解放日报》任美术编辑，11 月
又转调到新华社。从此开始了他的新闻生涯。

　　抗战时期的延安新华社，弥漫着一股如同战场一样紧张的氛围。大
家没有节假日，夜以继日地持续工作着。为了保证中央能及时掌握第二
次世界大战各战场战局的发展和变幻莫测的国际形势，十几名译电员、
编辑和电台抄报员挤在三间窑洞里，拿着事先削好或准备好的铅笔、钢
笔昼夜不息、轮流工作。"嘀嗒嘀嗒"的发报声和激动人心的广播声昼
夜响彻在延安的上空。在新华社，王唯真首先担任英文翻译，不久又调
到广播科任编辑。他的工作多是在夜间进行的。因为来自全世界的新闻
要到深夜才能收译完毕。每天，他和广播科的李伍、陈笑雨三人都要处
理 150 多篇稿子，工作非常紧张：他们首先要以极快的速度把译电稿全
部过目一遍，见到错字就改，见到疑问即退交译者重查原文。边看边分
类标题，快速地从中选写重要新闻，然后登记在送稿本上，由提着马灯
的通讯员跑到清凉山西侧的《解放日报》编辑部，供报纸和参考消息

用。新华社 1942 年秋至 1944 年春的国际新闻，都由王唯真编撰。

那时，新华社的工作条件异常艰苦。王唯真的办公地点是一个大土窑，为防止倒塌，用木架支撑着。窑洞的门窗用白纸糊上，代替玻璃。他和副社长吴文焘等四人共用一盏小煤油灯，灯坏了，就点上麻子油灯芯草取亮。寒冬的深夜，延安的气温有时降到零下 30 摄氏度，窑洞里的木炭火不足保温，刺骨的寒风常常刮破窗纸，直灌入洞里。从亚热带归来的王唯真极不适应这种气候，他的手常常冻僵，写不成字。看到同事忙得不亦乐乎，他急得火烧火燎，便一遍遍地跑到炭火边烤手，稍觉暖和，就立即跑回去写作。

战时的延安衣服非常短缺，每人每年只领半套衣服（领上衣不领裤子，领裤子就不领上衣）。夏天他在河里洗澡，先洗衣服，把它晾在石头上，洗完澡后把半干半湿的衣服穿在身上；冬天没有条件洗澡、洗衣服，王唯真身上长了虱子，抓不胜抓。棉被很短很薄，冬天冻得直哆嗦，他就把被子裹在身上用绳子系住被子脚端睡觉。手脚的冻疮，任它自生自愈。延安的食品也紧缺，只有在会餐时才能吃到馒头。平时的菜量很少，种类更少，夏天时他常常采些野葱、野蒜、苦菜调剂口味，冬天连这些野味都没有……

环境是艰苦的，可大家依然热情似火，精神饱满。从南洋归来时，王唯真曾带来质量很好的毛毯和被褥，有一位同志没被子盖，他就把厚毯子送给了他。延安大生产运动中，他除参加集体开荒种地之外，还帮人理发、种南瓜，忙得不亦乐乎。他会弹吉他、吹口琴，舞也跳得不错，是清凉山俱乐部主任，常常组织青年人活动，为艰苦的生活平添了一分乐趣。

就在这样的艰苦岁月里，王唯真思想、业务一步步地成长、成熟起来，曾经被选为"模范工作者"。他运用平日积累的国际问题资料，写了一系列长篇述评和专论，如《南洋殖民地人民的胜利》《印荷谈判经过》《菲律宾的"独立"》等，在《解放日报》上发表。1946 年夏天，为了揭露蒋介石发动全面内战的阴谋，他写了《告侨胞书》，在延安新华广播电台用粤语、闽南语和国语播出，这是延安广播电台第一次对华侨播音。

大义凛然护国威

新中国成立后，王唯真历任新华社国际部东方组组长、香港分社副总编，越南分社社长。1961 年，他又被派到巴西任记者。在巴西，王唯真采写了大量新闻、通讯等，向国内外报道当地的政治动向、社会状况和风土人情。同时，他也把中国人民的友好情谊带给了巴西人民。他期待着两国的建交。然而，当时的世界并不太平，冷战的阴云笼罩着全球，以美国为首的一些西方资本主义国家一方面企图封锁扼杀新中国，另一方面积极渗入第三世界，图谋干预这些国家的内政，阻挠他们与新中国的交往。在巴西，由于古拉特政府对内采取了某些维护民族利益、限制外国资本的措施，对外奉行了不干涉和自决的原则，引起了美国的不满，1964 年 4 月 1 日，他们暗中唆使巴西亲美右翼势力发动政变，推翻了古拉特政府。

早在 1964 年 2 月，王唯真就赶回北京向组织汇报巴西政治形势，预言可能会发生政变，同时他向家里人交代说此去可能凶多吉少。行前，王唯真带着妻子陈萍和三个孩子特意来到天安门广场照相留影。

政变发生的第二天深夜，巴西警方包围了新华社驻巴西分社所租的公寓，企图秘密绑架王唯真等人。早有准备的王唯真十分镇静，他关闭了门窗，告诫同伴要坚持到天亮，并用电话与外界联系，通知巴西与外国通讯社记者到现场采访。

一切安排妥当后，王唯真拿出衣服，去洗澡、整容。这时，响起了激烈的敲门声。电话铃也开始吵闹。"快开门！快开门！否则我们要砸了！"……猛烈的砸门声惊起了同事鞠庆东，他赶紧将消息告诉浴室里的王唯真。"就洗完了。"王唯真安详地回答。他们又把时间拖了一段……

门被砸开了。警察拿着警棍和枪支，疯狂地冲向王唯真等四人，一阵拳打脚踢。一个40多岁的女警官匆匆走进来，沙哑地叫着："把他们统统杀掉，留着干什么！"被枪逼着面向墙壁的王唯真转过身来，轻蔑地说："开枪吧！"他扒开上衣，露出胸膛，横眉怒目。凶狠的警察一枪托把王唯真打倒在地，皮棍、枪托、拳头又一次暴雨般落到他身上，他昏了过去。

四个人被带到警察厅里，新一轮的迫害开始了。警察将王唯真、马耀增、苏子平、鞠庆东四人拖进一间又小又黑的屋子轮番进行严刑拷打，并威胁说要枪毙他们。

打够了以后，警察将九名中国人员（另五名是在王唯真被捕三小时后入狱的）丢在了阴暗的牢房里。此时的王唯真腹中饥饿，遍身疼痛，身体十分虚弱。同志们问候他，他答道："不要管我，坚持斗下去！"

在巴西狱中的斗争是残酷的，除了严刑拷打外，还有更严重的考验在等着九位中国人员。

1964年4月4日深夜，巴西政变当局准备把九人送往台湾，并对九人说飞机已准备好。决定一出，王唯真愤怒地高呼："这是可耻的绑架！""你们硬要绑架的话，搬去的将是九具尸体，绝不会有一个活人！"王耀庭带领大家振臂高呼："抗议政治迫害！抗议绑架行为！"九人当场宣布绝食，并将满身的伤痕给在场的巴西各界人士看，一时舆论大哗。在中国政府和国际力量的压力下，巴西政变政府被迫取消了决定。

硬的手段不行，就来"软"的。这时，一个神秘人物出现了。他自称是当地的华侨，常常带着水界和食品来慰问九位中国人，半夜时到，天亮时走，他对王唯真说："你是一个了不起的记者，你写的新闻都拜读了，好极了，有才学。你是一个伟大时代的代表人物，你应该写自传，我给你出版。你要是去台湾，前途无量。"一听此话，王唯真就猜出他是国民党特务，便怒斥道："蒋介石是我们手下的残兵败将，你们的日子不长了！"

绑架、策反都失败了。巴西当局又对九人开始了秘密审讯，企图用"神经战术"拖垮他们。他们捏造了一封信，拿出一支手枪，硬要九人承认是他们搞间谍活动的工具。王唯真抓住伪造信件上署的"陈同志"三个字，轻蔑地说："你们太不高明了吧！中国人写信署名，哪有自己称自己是同志的？你们问信是谁的，告诉你，是你们的！"机智的语言令对方茫然四顾、哑口无言。

愚蠢的捏造毫无效果，巴西警方改变了手法，他们要将九人分成三组，关在三座军事监狱里。王耀庭和王唯真明白政变当局想割断九人间的联系，分化瓦解，各个击破，甚至下最后的毒手。他立即与王耀庭商量对策，决定再次实行绝食斗争。七个月的监狱生活已使九人面黄肌瘦、疲惫不堪了。绝食每持续一小时，九人的体力就要付出极大的消耗。偏偏这时，巴西警察拿着鸡、肉、火腿、苹果、巧克力来了，他们在王唯真等中国人面前大啃大嚼。卑劣的诱惑动摇不了大家的决心。

在巴西人看来，中国人的意志犹如钢铁长城，摧不垮折不断。可私下里，和大家一样，王唯真已做好了为祖国牺牲的准备。一天夜里，遭受折磨后极度虚弱的他，挣扎着起来，摊开稿纸，给妻子写了一封遗书："在当前最重要的时刻，我没有辜负党和人民的期望。如果我一旦牺牲，希望你好好教养三个孩子，让他们长大成人后，做一个真正的无产阶级战士，做一个优秀的革命接班人。"

王唯真等九人被捕的消息传出后，引起我国党政部门和人民群众团体极大的关注，他们纷纷发表声明，强烈抗议巴西政变当局的暴行，并积极采取了营救措施。国际和巴西国内的正义舆论也纷纷声援。在强大的压力下，拿不出证据的巴西当局只得尴尬地将九人交给了军事法庭公开审讯，并早已定好了"判决书"，要判九名中国勇士十年徒刑。"判决书"一公布，九名中国人员愤怒地发表了批驳书。王唯真代表九人大义凛然地写道："'判决书'是一篇国际关系史上少有的凶恶的政治迫害事件的供词，它是巴西当局 9 个多月来对无辜被捕的九个中国人的凶恶的政治迫害案的继续和发展。判决书根本不理我们的辩护律师和所有证人提出的大量、确切的证明我们无罪证据，而仅仅重复了检察官的造谣污蔑……"义正词严的材料引起了人们的共鸣。乌云永远遮不住太阳，邪恶永远敌不过正义。又经过一阵短兵相接的斗争之后，在巴西和全世界正义力量的强烈声援及平托律师的大力帮助下，九人终于获得了自由，于 1965 年 4 月回到了北京。

归来后的王唯真受到党和国家的重视，1967 年任新华社代社长。"文革"开始后，一些著名正直的老记者被打倒，他不能接受：他们为新中国的成立立下了汗马功劳，怎么一夜之间成了"敌人""走资派"呢？想不通他就向上提意见，保护了一大批记者编辑。1967 年 8 月、9 月间，中央"文革"小组指示新华社派 1000 多人到"全国各地斗争最前线去学习锻炼"。这一指示先由王力口头下达，后又为陈伯达、姚文元二人重新确认。但王唯真坚持不执行，他要求必须将口头指示改为书面指示。惯于将责任下卸给他人的陈伯达、姚文元一伙不得不下达书面批示，但却将 1000 多人改为 40 人。王唯真大为震动，自作主张把这 40 人的派出撤销了。在这件事情上既防止了一起大乱，也保护了新华社干部，使他们免予后来被错划为"五一六"反革命分子。

"文革"中，新华社一部分受蒙蔽的群众提出要销毁邓小平、刘少奇等当时被打倒的领袖们的历史照片。王唯真竭力反对，并下达命令："历史照片，一张不许动！"他组建了新华社图片战备小组，保存了一大批珍贵的历史图片。

20世纪60年代北京西单东北角，有一块巨型毛泽东语录牌，一些造反派在语录牌下面张贴了许多大字报，称"王唯真是叛徒，在巴西与台湾特务有接触"。这一做法震动了北京，许多北京市民涌到西单与造反派辩论。外国通讯社也纷纷报道了这一消息。远在巴西、曾为九人辩护的平托律师从报上看到消息后，给我国政府拍来电报，指出"王唯真是叛徒"的说法纯属捏造。后来，周总理发话了："王唯真在监狱里的情况中央很清楚，不存在叛徒问题。"

在目睹中央"文革"小组一系列令人费解的行动之后，王唯真毅然辞去了新华社代社长的职务。可中央"文革"小组并没有放过王唯真，他被打成"反革命黑干将"，关进了"牛棚"，在此期间，经受了种种难以想象的折磨。十一届三中全会之后，他恢复了工作，而身体因长期非人的虐待，已垮了下来。

每当谈起自己的一生，老人总是很从容。他说，我的身体虽然不好，但精神上很充实。我的一生，是认真走过来的。若说遗憾的话，便是为人民做的事太少了。

他们拍摄了中国首次核试验

刘　勤

1964 年初夏，一辆军用专列缓缓停靠新疆大河沿火车站——那些年，这个西部小站常有这样的情景出现，中国正在秘密研制原子弹、导弹和氢弹，许多参试人员和器材物资就是经由这里抵达西北核试验基地的。

八一电影制片厂代号"兵 9 号"摄影队一行数人也在这里下了车。他们的任务是拍摄第一颗原子弹爆炸，向中央政治局汇报，并为核专家的科研提供资料。30 多年前，中国拍摄重大新闻事件主要还是靠电影。

这是一支成员经过严格挑选的队伍，标准是"政治上合格，业务上过硬"。编导杨采、廖峰。杨采是摄影师出身，兼摄影队副队长。柴森、郑治国、杨映梅均为资深摄影，有战地摄影经历；郑治国和柴森还是不久前拍成的《地雷战》的摄影。大家多是 30 岁出头的年龄。

试验场在大戈壁中

西北核试验场位于罗布泊西北部。罗布泊号称死亡之海，据说当初为试验基地选点时，人们曾在沙海中发现一队异族的木乃伊，真想不出是什么吸引着他们来到这里，并最终葬身在寸草不生的大漠深处的。20世纪 50 年代末基地初建，从扛来第一根枕木开始，数以千万计的解放军官兵和工人在困难时期空着一半肚子的情况下建起了基地。

摄影队住在兵站的帐篷里。方圆几百公里的戈壁滩上，白、绿两色帐篷绵延着望不见头尾。数千位参试人员来自解放军各总部、各军兵种和军科院、中国科学院等 20 多个单位。1962 年毛主席曾在罗瑞卿《关于加强原子能工业领导的报告》上批示：很好，要全力以赴办好这件事。试验场内外随处可见这条语录，有些是用卵石摆在帐篷周围空地上的。从东北来的部队甚至带来了贝壳，镶出的标语别致而讲究。

摄影队员们当初都是留下决心书离开八一厂的。20 世纪五六十年代，战争的危险似乎一直没有远离中国。中国政府指斥核讹诈、核垄断，但在还没有自己的核武器时，这种抗议和指斥毕竟不够有力量。如今中国即将开始核试验，在此事面前，油然而生一种庄严感是很自然的。

拍摄原子弹爆炸对摄制组来说是一项从未遇到过的难题。据说爆炸时火球的亮度相当于几十个太阳，拍摄时加多少滤色镜，曝光怎样控制，都需要进行反复的试验。编导杨采、廖峰在采访中不断积累核专业方面的知识，有时为一个技术性名词往返请教好几次。爆炸之前他们跑遍了爆心上风方向的所有山头、高岗，以选择合适的拍摄角度和地点。爆炸时间要根据 12 小时天气预报确定，拍摄地点要根据爆炸的时间确定，他们预先准备了十几套拍摄方案。

在原子弹爆炸前种种准备活动中，有一项是按防护指挥部的统一要求进行安全防护训练。防护服上下连体，橡胶材料制成，密不透气。防护面罩有能讲话和不能讲话之分，一种是猪嘴形，另一种有一个大象鼻子似的长管，管子装在挎包里。白天大漠上五六十度高温，训练结束时防护服里倒出的是大量汗水。无论是在帐篷里写拍摄提纲还是整备机器，他们都戴着面罩，从开始时戴几分钟就恶心到后来能连续戴几小时，渐渐达到了训练标准。

训练场严重缺水。流经沙漠的河水是苦的。从几百公里外运来的清水只供 21 所洗片专用。廖峰记得他曾用一杯水洗了澡又洗了贴身的衣服。试验总指挥张爱萍也和大家一样喝苦水，他号召大家吃完西瓜不要把皮扔掉，因为它比苦水好多了。

摄影师郑治国还曾在沙漠中迷路。

一次试爆前，要去爆炸的下风口选择一个易于从早期蘑菇云的降尘中收取样品的地点。郑治国跟其他单位的几位参试人员一起半夜起身上了路。天亮前沙漠上突然刮起了大风，吉普车在呼啸的沙暴中剧烈地颠簸摇荡，眼看就要被掀翻。大家跳下车来就地卧倒，身体立即被席卷的风沙埋了半截，衣服也被撕破了。勉强站起来继续赶路，早已不辨东南西北。

迟迟不见郑治国归来，摄影队的同事很着急。傍晚时分报告了司令部，司令部决定第二天天一亮就派直升机寻找。杨采来到高岗上点火、鸣枪、放信号弹，后半夜郑治国终于回来了。原来几个人在沙漠中转了一天一夜时远远望见了一根电线杆，接着发现了电线杆附近几乎被风沙埋没的公路——通往场区的公路。

比起郑治国这次的有惊无险，杨采着实受过一次"硬伤"。

试爆前一个月左右，在马兰参加了试验委员会会议的杨采坐车返回试验场。为了减轻"搓板路"的颠簸，吉普车开得很快。过甘草泉哨所十几公里的时候，车在拐弯的时候撞到了山坡上。同车的另外两人被甩出车外，杨采因为扶手抓得牢，被翻倒的汽车压在下面。后面跟上来的小车上坐着两位年龄较大的专家。他们无力搬动压在杨采身上的车子，只得派司机速回哨所报告。杨采被救出来时已经失去了知觉，胸部受伤，锁骨、左臂骨折，重度脑震荡。

在基地后方医院，杨采和一同受伤的总参防化部作战处处长受到了精心的治疗和护理。护士们还捉来蝴蝶放在病房里。女孩子们一定以为，这些她们喜爱的东西也能让她们的病人开心。

原子弹爆炸是这样拍下来的

1964 年 10 月 16 日，中国成功爆炸了第一颗原子弹。那腾空而起的巨大火球和火球演变成的蘑菇状烟云，一次次出现在银屏上，成为亿万观众眼中的经典画面。

16 日清晨，按照预先分工，大家分头出发到达各自的工作位置。距爆心 14 公里处的小山包上有一个简易工事，这里地势较高，视野开阔，是摄影队的主拍摄点，由郑治国在这里拍摄。

工事中面对爆心方向布置了四台电动摄影机，另一台机器由郑治国手持。爆炸之前，整个试验场静悄悄的。郑治国正在工事中待命，基地司令员张蕴钰来了，握着郑治国的手，嘱咐他一定要注意安全。

我国第一颗原子弹的爆炸当量为两万吨。当年原子弹在人们心目中多少有着神秘色彩，又是第一次核试验，"万无一失"的把握是否可以杜绝一切的意外？以一般心理推测，不会完全没有一点点紧张。但他们每个人都十分出色地完成了自己的任务。

原子弹爆炸时为零时。零前 6 秒，郑治国将四台摄影机一一开动；零前 3 秒，查看机器全部运转正常；起爆时他背向爆心靠在工事的角落里，虽然紧闭双眼，依然感到眼前一片刺眼的白光闪过。这闪光使天地之间一时没有了界限，凭借事先放置的一块石头，他才找准了爆心的方向。爆炸的冲击波过后，郑治国跃出工事，抢拍原子弹爆炸后变化的过程。

试爆时杨采、廖峰、杨映梅及协助他们的外单位的两位摄影师在指挥所和主控站一带活动。试爆前半小时，张爱萍及专家们来到距爆心几十公里的指挥所中，张爱萍一面与前方联系，一面向北京的周总理汇报。爆炸后周总理在电话中急切询问是否真是核爆炸的声音，连连称好的声音，在现场听得清清楚楚。离指挥所不远的两座小山包上汇集了数千位参试人员，他们有些是二机部造原子弹的，有些专程从北京赶来，许多官兵已经在基地干了好几年。蘑菇烟云升起来的时候，现场一片欢腾，每个人都跳了起来。我们后来经常看到这个镜头。

拍摄核试验还有一些特殊的内容，比如炮伞取样。

炮伞取样就是把取样伞发射到蘑菇状烟云顶端，收取核爆炸的早期放射性样品。炮伞取样的困难和危险在于，炮兵阵地在原子弹威力范围内，要在火球升腾为蘑菇状烟云之前的短暂时间里做好发射准备，等烟云基本稳定时发射取样伞，再赶在烟云的放射性微尘降落地面之前撤离现场。

柴森跟随炮兵部队拍摄。15时为爆炸零时，他们隐蔽在地下工事内，凝神屏息，听着主控站传来的倒计时指令。几乎就在"起爆"指令发出的同时，工事猛地摇动了一下，接着是原子弹爆炸的一声巨响。约一分钟，光辐射和冲击波掠过工事顶部，指挥员命令打开防护门，炮兵们冲向炮阵地。在不到五分钟时间里取样伞已被发射到位。

柴森是第一个冲出工事的。由于距爆心不足十公里，直径一两千公尺的红火球好像就在头顶上，整个炮阵地被笼罩在巨大的蘑菇烟云之下。柴森沉着地将炮兵部队的作业及空中景象完整地摄入镜头，还用近景和特写拍下了烟云的各个部分。

拍摄效应物也是重要的一部分。原子弹有四种杀伤因素：光辐射、冲击波、瞬时辐射和放射性沾染。为了得出这些因素对不同物质杀伤威力的准确数据，及这些物质在不同地形、不同防护条件下对杀伤力的不同反应，众多科研单位和解放军各军兵种都在核试现场开展了效应试验。动物、植物、武器、房屋等效应物在爆心上风方向成扇形分布了几十公里。对爆炸瞬间爆心近距离效应物的拍摄，如楼房化为灰烬，动物毛皮脱落等是由二十几台改造自"二战"时期德国"莱斯"摄影机的遥控摄影机完成的。这种摄影机外形粗笨，如同一个铁疙瘩，就是在冲击波中翻滚几下也不要紧。更多效应物的反应形态是手持摄影机拍摄的。大家身穿防护服进入放射性沾染地区，编导廖峰记得他们每人身上带着三支测量放射性沾染的剂量笔和一盒同样作用的胶片，有时仅仅向拍摄对象探一下身或跨近一步，剂量显示刻度就急剧上升。

上不告父母　下不传妻儿

核试验保密方面的规定和教育一直非常严格和充分。

"上不告父母，下不传妻儿""守口如瓶"是对所有参试人员的保密要求。没有一位"兵9号"队员的妻子知道丈夫的去处。她们也并不多问，一句"执行保密任务"就让夫妻之间有了默契。

继第一颗原子弹之后，他们中的大部分又参加了氢弹等多次核试验的拍摄，八一厂还专门组建了摄制国防科研片的保密片室，又称第四制片室。原子弹的安装、运输属核心机密，前几次核试验中只由柴森一人拍摄，即使是与同一摄影队人员之间也是不介绍、不打听。历次核试验样片送回厂后要由专门的洗印小组负责冲洗，剪接台上的废片也要一张张清点回收。杨映梅的女儿还记得母亲曾经说过的，父亲千里迢迢回厂送样片，不进家门，裹着从基地穿回的棉大衣睡在洗印车间地上，待样片冲洗好后交到保密员手里才算安心。

时至今日，杨采、廖峰、郑治国都曾在采访接触到核试验的某些话题时下意识地"刹车"，比如原子弹的核心构造，从何处运往试验场等。他们会说，"这个我不能告诉你"或"不知这个现在还保不保密，还是不要谈。"

有一个小故事，是杨采跟着摄影队到达马兰那天发生的：马兰是基地大本营，楼房、街道、花园，如同一个小社区。附近是呼什塔拉一个有40多户居民的小镇。初来乍到的杨采不由有些疑惑：这样也能保密？他特意换了便衣踱到招待所外，遇见一维族老乡便上前搭讪，问这里怎么会有那么多军人。老乡看他一眼，答了句"不知道"后就闭上嘴再没二话。谁知回到招待所不久就有基地保卫科的人来找，原来老乡把他当作可疑分子报告了。

他们后来怎样了

和"两弹一星"的其他参与者一样，他们做过的事情曾经长期不为人们所知。他们拍下的镜头多数只在极小的范围内放映，有些则作为资料长期存放在片库中。许多年里，他们一年中多一半时间是在试验场度过的，工作环境总是那一片大戈壁。

柴森1968年在拍摄海军部队军事演习时因直升机失事牺牲，时年40岁，两个孩子正读小学。他的妻子、八一厂美术师王寅一直把消息瞒着自己的母亲。七年后母亲病危，问起一向待自己很好的女婿为什么没来看望。王寅说，他一去基地连信都不准写，您是知道的。母亲也就信了。

杨映梅1968年在试验基地拍摄参试部队某部毛泽东思想宣传队的演出时，在毛泽东、刘少奇的人名上出现口误，被打为现行反革命，受到"留党查看两年，送回原籍"的处理。他和妻子带着两个年幼的女儿搬往家乡湖南，十余年后才平反回到八一厂。

郑治国不久前应北京市政协文史资料编委会的邀请撰写回忆录，文中写道："我当时参加核爆试验的拍摄工作，年仅 35 岁，自愿放弃了温暖的家庭生活和对家人的责任……现在我已近古稀之年，回首已经过去的一切，无憾无悔。"

廖峰继核试验后又编导了多部军教片。他是摄影"发烧友"，拍出的照片让人叹为观止，也喜欢绘画、爬山和钓鱼。谈到当年的基地生活，他的态度轻松平和，还记得戈壁滩上打排球——那球总是一下滚出好远好远。

杨采长期担任第四制片室领导工作，20 世纪 80 年代中期离休。他说自己在国防科研领域工作的 18 年是一生中最有意义的岁月。

图书在版编目（CIP）数据

历史的眼睛 / 刘未鸣，刘剑主编 . — 北京：中国
文史出版社，2018.7
（纵横精华 . 第一辑）
ISBN 978 - 7 - 5205 - 0393 - 8

Ⅰ . ①历… Ⅱ . ①刘… ②刘… Ⅲ . ①中国历史—近
现代 Ⅳ . ①K25

中国版本图书馆 CIP 数据核字（2018）第 138756 号

责任编辑：胡福星

出版发行：中国文史出版社

社　　址：北京市海淀区西八里庄路 69 号　　邮编：100142
电　　话：010-81136606　81136602　81136603（发行部）
传　　真：010-81136655
印　　装：廊坊市海涛印刷有限公司
经　　销：全国新华书店
开　　本：787 × 1092　1/16
印　　张：18
字　　数：223 千字
版　　次：2018 年 8 月北京第 1 版
印　　次：2022 年 1 月第 2 次印刷
定　　价：52.00 元